中国文库
哲学社会科学类

西洋文化史纲要

雷海宗　撰　王敦书　整理导读

上海古籍出版社

图书在版编目(CIP)数据

西洋文化史纲要/雷海宗撰,王敦书整理导读. －上海:上海古籍出版社,2011.9
(中国文库　第5辑)
ISBN 978－7－5325－6005－9

Ⅰ.①西…　Ⅱ.①雷…　Ⅲ.①文化史－研究－西方国家　Ⅳ.①K500.3

中国版本图书馆CIP数据核字(2011)第142039号

责任编辑：占旭东
责任校对：何列丽
整体设计：翁　涌　李　梅
责任印制：王铁生

西洋文化史纲要
Xiyang Wenhua Shi Gangyao
雷海宗　撰　王敦书　整理导读

上海古籍出版社　出版
http://www.guji.com.cn
E－mail:guji@guji.com.cn
上海瑞金二路272号　邮编：200020
北京瑞古冠中印刷厂印刷　新华书店经销
2011年9月第1版　2011年9月第1次印刷
开本：880毫米×1230毫米　1/32　印张：13.375
字数：341千字　印数：1－4500
ISBN 978－7－5325－6005－9
定价:30.00元

“中国文库”出版前言

“中国文库”主要收选20世纪以来我国出版的哲学社会科学研究、文学艺术创作、科学文化普及等方面的优秀著作。这些著作，对我国百余年来的政治、经济、文化和社会的发展产生过重大积极的影响，至今仍具有重要价值，是中国读者必读、必备的经典性、工具性名著。

大凡名著，均是每一时代震撼智慧的学论、启迪民智的典籍、打动心灵的作品，是时代和民族文化的瑰宝，均应功在当时、利在千秋、传之久远。“中国文库”收集百余年来的名著分类出版，便是以新世纪的历史视野和现实视角，对20世纪出版业绩的宏观回顾，对未来出版事业的积极开拓，为中国先进文化的建设，为实现中华民族伟大复兴做出贡献。

大凡名著，总是生命不老，且历久弥新、常温常新的好书。中国人有“万卷藏书宜子弟”的优良传统，更有当前建设学习型社会的时代要求，中华大地读书热潮空前高涨。“中国文库”选辑名著奉献广大读者，便是以新世纪出版人的社会责任心和历史使命感，帮助更多读者坐拥百城，与睿智的专家学者对话，以此获得丰富学养，实现人的全面发展。

为此，我们坚持以邓小平理论和“三个代表”重要思想为指导，深入贯彻落实科学发展观，坚持贯彻“百花齐放、百家争鸣”的方针，坚持按照“贴近实际、贴近生活、贴近群众”的要求，以登高望远、海纳百川的广阔视野，披沙拣金、露钞雪纂的刻苦精神，精益求精、探赜索隐的严谨态度，投入到这项规模宏大的出版工作中来。

“中国文库”所收书籍分列于6个类别，即：(1)哲学社会科学类

（哲学社会科学各门类学术著作）；(2)史学类（通史及专史）；(3)文学类（文学作品及文学理论著作）；(4)艺术类（艺术作品及艺术理论著作）；(5)科技文化类（科技史、科技人物传记、科普读物等）；(6)综合·普及类（教育、大众文化、少儿读物和工具书等）。计划出版约1000种，分辑出版。自2004年以来，已先后出版四辑，每辑约100种，分精平装两类。2011年时值辛亥革命100周年，特将"中国文库"第五辑作为"纪念辛亥革命100周年"特辑推出，主要收选民国时期原创性人文社科类名著。

"中国文库"所收书籍，有少量品种因技术原因需要重新排版，版式有所调整，大多数品种则保留了原有版式。一套文库，千种书籍，庄谐雅俗有异，版式整齐划一未必合适。况且，版式设计也是书籍形态的审美对象之一，读者在摄取知识、欣赏作品的同时，还能看到各个出版机构不同时期版式设计的风格特色，也是留给读者们的一点乐趣。

"中国文库"由中国出版集团发起并组织实施。收选书目以中国出版集团所属出版机构出版的书籍为基础，并邀约其他数十家出版机构参与，共襄盛举。书目由"中国文库"编辑委员会审定，中国出版集团与各有关出版机构按照集约化的原则集中出版经营。编辑委员会特别邀请了我国出版界德高望重的老专家、领导同志担任顾问，以确保我们的事业继往开来，高质量地进行下去。

"中国文库"，顾名思义，所收书籍应当是能够代表中国出版业水平的精品。我们希望将所有可以代表中国出版业水平的精品尽收其中，但这需要全国出版业同行们的鼎立支持和编辑委员会自身的努力。这是中国出版人的一项共同事业。我们相信，只要我们志存高远且持之以恒，这项事业就一定能持续地进行下去，并将不断地发扬光大。

"中国文库"编辑委员会

中国文库

（第五辑）

【哲学社科类】

孙中山著作选编　陈铮选编 ………………………… 中华书局
黄兴集　湖南省社会科学院编 ………………………… 中华书局
宋教仁集　陈旭麓主编 ………………………… 中华书局
廖仲恺集　广东省社会科学院历史研究所编 ………… 中华书局
朱执信集　广东省哲学社会科学研究所历史研究室编 … 中华书局
中国政治思想史　陶希圣著 ………………… 中国大百科全书出版社
民国政制史　钱端升等著 ………………………… 上海人民出版社
民国政党史　谢彬撰　章伯锋整理 ………………… 中华书局
经学历史　皮锡瑞著　周予同注释 ………………… 中华书局
清代学术概论　梁启超著　朱维铮校订 …………… 中华书局
新唯识论　熊十力著 ………………………… 上海书店出版社
逻辑　金岳霖著 ………………………… 中国人民大学出版社
科学与玄学　罗家伦著 ………………………… 商务印书馆
中国古代经济史稿　李剑农著 ………………… 武汉大学出版社
中国近代经济史　汪敬虞主编 ………………………… 人民出版社
中国交通史　白寿彝著 ………………………… 团结出版社
中国经济原论　王亚南著 ………………… 中国大百科全书出版社
中国经济思想史　唐庆增著 ………………………… 商务印书馆
财政学　何廉、李锐著 ………………………… 商务印书馆
货币与银行　杨端六著 ………………………… 武汉大学出版社
刑法学　蔡枢衡著 ………………………… 中国民主法制出版社
乡土中国　费孝通著 ………………………… 人民出版社
文化人类学　林惠祥著 ………………………… 商务印书馆
优生概论　潘光旦著 ………………………… 北京大学出版社
西洋文化史纲要
　雷海宗撰　王敦书整理导读 ………………… 上海古籍出版社
西学东渐记　容闳著　徐凤石　恽铁樵等译
　钟叔河导读、标点 ………………… 生活·读书·新知三联书店
中国现代语法　王力著 ………………………… 商务印书馆
语言学史概要　岑麟祥编著　岑运强评注 …… 世界图书出版公司

蔡元培教育论著选　高平叔编 ………………… 人民教育出版社

陶行知教育论著选　董宝良主编 ……………… 人民教育出版社

中国报学史　戈公振著 ……………… 生活·读书·新知三联书店

陆费逵文选　陆费逵著 ………………………………… 中华书局

张元济论出版　张元济著　张人凤　宋丽荣选编 …… 商务印书馆

韬奋文录新编　邹韬奋著 …………… 生活·读书·新知三联书店

【史学类】

国故论衡　章太炎撰　庞俊　郭诚永疏证 …………… 中华书局

国史大纲　钱穆著 ………………………………… 商务印书馆

通史新义　何炳松著 ……………………………… 商务印书馆

台湾通史　连横著 ………………… 生活·读书·新知三联书店

武昌革命史　曹亚伯著 ……………… 中国大百科全书出版社

辛亥革命与袁世凯　黎澍著 ………… 中国大百科全书出版社

北洋军阀史　来新夏等著 ………………………… 东方出版中心

中国国民党史稿　邹鲁编著 ……………………… 东方出版中心

中华民国外交史　张忠绂编著 ……………………… 华文出版社

西洋史　陈衡哲著 ………………… 中国大百科全书出版社

欧化东渐史　张星烺著 …………………………… 商务印书馆

清末立宪史　高放著 ……………………………… 华文出版社

【文学类】

秋瑾诗文选注　郭延礼　郭蓁编选 ……………… 人民文学出版社

邹容集　张梅编注 ……………………………… 人民文学出版社

陈天华集　刘晴波　彭国兴编　饶怀民补订 …… 湖南人民出版社

于右任诗词选　杨中州选注 ……………………… 河南文艺出版社

南社诗选　林东海　宋红选注 …………………… 人民文学出版社

鸳鸯蝴蝶派作品选　范伯群编选 ………………… 人民文学出版社

文学研究会小说选　李葆琰编选 ………………… 人民文学出版社

创造社作品选　刘纳编选 ………………………… 人民文学出版社

太阳社小说选　李松睿　吴晓东编选 …………… 人民文学出版社

湖畔派诗选　刘纳编选 …………………………… 人民文学出版社

浅草－沉钟社作品选　张铁荣编选 ……………… 人民文学出版社

《语丝》作品选　张梁编选 ……………………… 人民文学出版社

未名社作品选　黄开发编选 ……………………… 人民文学出版社

新月派诗选　蓝棣之编选 ………………………… 人民文学出版社

象征派诗选　　孙玉石编选 ………………………… 人民文学出版社
新感觉派小说选　　严家炎编选 ……………………… 人民文学出版社
现代派诗选　　蓝棣之编选 ………………………… 人民文学出版社
论语派作品选　　庄钟庆编选 ……………………… 人民文学出版社
京派小说选　　吴福辉编选 ………………………… 人民文学出版社
东北作家群小说选　　王培元编选 ………………… 人民文学出版社
七月派作品选　　吴子敏编选 ……………………… 人民文学出版社
西南联大文学作品选　　李光荣编选 ……………… 人民文学出版社
九叶派诗选　　蓝棣之编选 ………………………… 人民文学出版社
荷花淀派小说选　　冯健男编选 …………………… 人民文学出版社
山药蛋派作品选　　高捷编选 ……………………… 人民文学出版社
红楼梦辨　　俞平伯著 …………………………………… 商务印书馆
中国诗史　　陆侃如、冯沅君著 …………………… 百花文艺出版社
中国文学发展史　　刘大杰著 ……………………… 复旦大学出版社

【艺术类】

万木草堂论艺　　康有为著 ………………………… 荣宝斋出版社
中国绘画史　　潘天寿著 …………………………… 团结出版社
中国绘画理论　　傅抱石著 ………………………… 江苏教育出版社
中国雕塑艺术史　　王子云著 ……………………… 人民美术出版社
中国陶瓷史　　吴仁敬　辛安潮著 ………………… 团结出版社
中国戏剧史　　徐慕云著 …………………………… 东方出版中心
洪深戏剧论文集　　洪深著 ………………………… 东方出版中心
焦菊隐戏剧论文集　　焦菊隐著 …………………… 华文出版社
中国古代乐论选辑　　吴钊　伊鸿书　赵宽仁　古宗智
　　吉联杭编 ……………………………………… 人民音乐出版社
素月楼联语　　张伯驹编著 ………………………… 华文出版社
中国书法理论体系　　熊秉明著 …………………… 人民美术出版社
夏衍电影论文集　　夏衍著 ………………………… 东方出版中心
银幕形象塑造　　赵丹著　赵青整理 ……………… 东方出版中心

【科技文化类】

自然辩证法在中国　　龚育之著 …………………… 北京大学出版社
科学家谈 21 世纪　　李四光等著 ………… 中国大百科全书出版社
继承与叛逆——现代科学为何出现于西方
　　陈方正著 ………………………… 生活·读书·新知三联书店

中国医学史　　陈邦贤著 ………………………………………… 团结出版社
化学史通考　　丁绪贤著 …………………………… 中国大百科全书出版社
科学概论　　王星拱著 ………………………………………… 武汉大学出版社
竺可桢科普创作选集　　竺可桢著 ………… 中国大百科全书出版社

【综合普及类】

书林清话　　叶德辉著 …………………………………………… 华文出版社
文坛五十年　　曹聚仁著 ……………… 生活·读书·新知三联书店
张菊生先生七十生日纪念论文集
　　胡适　蔡元培　王云五等编 ………………………… 商务印书馆
佛教常识问答　　赵朴初著 …………………………………… 华文出版社
词心笺评　　邵祖平著 ……………………………………… 复旦大学出版社
西潮与新潮　　蒋梦麟著 ……………………………………… 东方出版社

出版说明

中国传统学术,经历清后期的低迷徘徊之后,从清末民初起,涌现出了一批大师级的学者。他们以渊深的国学根底,融通中西,不仅擘划了学术研究的新领域,更开创了一种圆融通博且富于个性特征的治学门径与学术风范,而后者也正是当今学术界,经历了十几年的曲折后出现的"世纪回眸"热潮所尤为心仪的核心问题。本丛书辑取其中尤具开创性而篇幅不大者,并约请当今著名专家为之导读,不仅梳理其理论框架,剔抉其精义要眇,更着重揭櫫其学术源流、历史文化背景,及撰作者当时特定的情境与心态,从而在帮助读者确切理解原著的同时,凸现大师们的学术个性。相信这一设计,会比单出原著,或笼统抽绎当时学风特点,来得更切近可靠。原著是垂范后世的经典之作,导读为鞭辟入里的精赅之论,珠联璧合,相得益彰。这也许是本丛书有别于坊间同类丛书不可替代的特点而弥足珍藏。汉人将庋藏要籍的馆阁比作道家蓬莱山,有"汉家石渠阁,老氏蓬莱山"之称,后世遂称藏书阁为"蓬莱阁",因借取而为本丛书名。

目　录

《西洋文化史纲要》导读…………………………… 王敦书(1)

序　论……………………………………………………(3)

第一编　西洋文化酝酿时期——黑暗时代(476—911)
……………………………………………………………(5)

第一章　背景——罗马帝国之灭亡(376—476)…………(5)

第二章　黑暗时代之政治与社会(476—911)……………(6)

第三章　黑暗时代之宗教与教会…………………………(17)

第四章　黑暗时代之文艺…………………………………(23)

第二编　西洋文化第一期封建时代(911—1517)上
——封建盛期(911—1321)………………………(30)

第五章　封建时代之政治与社会(911—1321)…………(31)

第六章　封建时代之社会与经济…………………………(47)

第七章　封建社会之向外发展——十字军………………(58)

第八章　封建国家之进展——法国(987—1328)………(68)

第九章　封建国家之进展——英国(1066—1327)………(73)

第十章　教会与宗教信仰…………………………………(78)

第十一章　神道学与书院哲学……………………………(87)

第十二章　科学与迷信…………………………………………（95）
第十三章　教育与大学之兴起………………………………（98）
第十四章　封建时代之文学…………………………………（103）
第十五章　封建时代文化之综合——但丁…………………（116）

第三编　西洋文化第一期封建时代下:封建末期
——封建文化之破裂…………………………………（121）
第十六章　政治一统主义之推翻……………………………（122）
第十七章　封建贵族之衰微与王权国家之兴起
——百年战争………………………………………（131）
第十八章　地理发现运动……………………………………（140）
第十九章　宗教与哲学………………………………………（143）
第二十章　意大利文艺复兴——总论与政治………………（146）
第二十一章　意大利文艺复兴——人文主义与新文学……（152）
第二十二章　意大利文艺复兴之外播——德,英,法………（160）

第四编　西洋文化第二期——旧制度时代(1517—1815)
……………………………………………………………（168）
第二十三章　宗教改革——德国……………………………（170）
第二十四章　宗教改革——法国与瑞士……………………（181）
第二十五章　宗教改革——英国……………………………（186）
第二十六章　旧教改良………………………………………（189）
第二十七章　资本主义之兴起与新教之伦理观……………（197）
第二十八章　君主专制国家之兴起…………………………（202）
第二十九章　新科学之初兴…………………………………（208）
第三十章　新哲学之初兴……………………………………（214）
第三十一章　新文学…………………………………………（218）
第三十二章　文艺复兴宗教改革时代之回顾

（1300—1600）……………………………（220）
第三十三章　旧制度时代之政治与社会…………（230）
第三十四章　唯理主义与开明专制……………（235）
第三十五章　旧制度时代之哲学………………（245）
第三十六章　旧制度时代之科学………………（253）
第三十七章　旧制度时代之文学………………（255）
第三十八章　旧制度时代之美术………………（266）
第三十九章　旧制度时代之末运………………（269）

第五编　西洋文化第三期——欧美文明时代(1815后)
……………………………………………（272）
第四十章　中等阶级革命与民治主义…………（274）
第四十一章　实业革命与社会革命……………（279）
第四十二章　国家主义、帝国主义与和平大同主义 ………（291）
第四十三章　美国之富强与西洋文化重心之渐渐转移……（296）
第四十四章　欧美文明时代之哲学……………（301）
第四十五章　科学之发达与科学态度之普遍…………（307）
第四十六章　欧美文明时代之宗教……………（315）
第四十七章　科学与人生观……………………（323）
第四十八章　社会科学与社会理想……………（329）
第四十九章　欧美文明时代之文学……………（347）
第五十章　欧美文明时代之美术………………（381）
第五十一章　西洋文化之新局面与新趋向…………（387）

《西洋文化史纲要》导读

王敦书

雷海宗(1902—1962)字伯伦,是中外驰名的历史学家,一生在高等学校从事历史教学和研究工作,以博闻强记、自成体系、贯通古今中外著称,名列《中国大百科全书·外国历史卷》专设条目。

一、雷海宗生平

1902年,雷海宗生于河北省永清县一个中农家庭,父亲为当地基督教中华圣公会牧师,自幼在旧学和新学两方面都打下了相当扎实的基础。1917年,入北京崇德中学,1919年转入清华学堂高等科学习。在五四运动和新思潮的影响下,雷海宗树立起强烈的爱国思想和献身科学的志向。1922年清华毕业后,公费留美,在芝加哥大学主修历史学,副科学习哲学。1924年,入该校研究院历史研究所深造,撰写博士学位论文《杜尔阁的政治思想》。1927年,获哲学博士学位,深受导师美国著名史学家詹姆斯·汤普逊的器重,时年25岁。与外国学生相比,中国留学生自然以中国学问见长,雷海宗以纯外国历史为研究对象而获得优秀成绩,这是难能可贵的。

1927年,雷海宗回国任南京中央大学史学系副教授、教授和系主任,兼任金陵女子大学历史系教授和中国文化研究所研究员。他不但讲授外国史,而且以史学家应兼通中外、改造旧史学为己任,进而研究和讲授中国史,发表《孔子以前的哲学》、《克罗奇的史学论——历史与记事》、《评汉译〈世界史纲〉》等文章。已故著名英国史学者蒋孟引先生回忆道:"那时雷先生还很年轻,却是全校宣扬的名教授。我慕名选课,果然十分满足,收获很多,从此爱好外国史,确定了一生学业的方向。"①

1931年,雷海宗转任武汉大学史学系和哲学系合聘教授,发表《殷周年代考》一文。他采用新的方法,提出"按温带人类生理,普通四世当合百年"的观点,对已确知的中国历朝各世君主在位的总年代作出统计,以证明这一看法的妥当,从而推断周室元年当在公元前1030与前1020年之间,因此肯定《竹书纪年》关于周室元年为公元前1027年的说法,并进一步认为盘庚迁殷适为公元前1300年,汤王中原当在公元前1600年左右。

1932年后,雷海宗返任母校清华大学和抗日战争期间昆明西南联合大学历史学系教授、系主任及代理文学院院长。1937年抗日战争爆发前,他在清华大学发表的著述,除《汉武帝建年号始于何年》和有关中外历史的多篇书评外,主要有《皇帝制度的成立》、《中国的兵》、《无兵的文化》、《世袭以外的大位承继法》、《断代问题与中国历史的分期》和《中国的家族制度》等论文。1938年后,他将以上数篇的题目略加修改后,再加上《此次抗战在历史上的地位》、《建国——在望的第三周文化》两篇文章合编成《中国文化与中国的兵》一书,由商务印书馆1940年出版,该书为雷海宗的代表作。其后,他为《战国策》半月刊和重庆《大公报·战国副刊》撰稿,其主要文章《历史的形态与例证》、《中外的春秋时代》、《外交:春秋

① 蒋孟引:《雷海宗先生给我的教益》(待发表)。

与战国》和《历史警觉性的时限》，后编入林同济主编的《文化形态史观》一书，由上海大东书局 1946 年出版。此外，直到 1949 年全国解放，他铅印出版多卷本《中国通史选读》，不断发表文章，如：《张伯伦与楚怀王》、《雅乐与新声——一段音乐革命史》、《司马迁与史学》、《全体主义与个体主义与中古哲学》、《古代中国外交》、《海战常识与太平洋大战》、《中国古代制度》、《近代战争中的人力与武器》、《法属非洲——西方的第二战场》、《世界战局总检讨》、《历史过去的释义》、《春秋时代政治与社会》、《东周秦汉间重农抑商的理论与政策》、《章学诚与蓝鼎元〈饿乡记〉》、《时代的悲哀》、《两次大战后的世界人心》、《欧美民族主义和前途》、《理想与现实》、《如此世界、如何中国》和《人生的境界(一)——释大我》，等等。至于政论性杂文，多不胜数，不赘述。

1948 年后期，全国解放的形势日益明朗，当局动员雷海宗“南飞”，为他准备了机票。出于对祖国的热爱，雷海宗毅然决定留在北平清华园，迎接解放。新中国成立后，他积极地参加了土地改革、抗美援朝和思想改造等运动，政治立场和世界观发生转变。雷海宗认真学习马克思列宁主义的经典著作，并对自己过去的历史观点和政治活动进行了自我批判，决心为社会主义新中国贡献力量。1951—1952 年间，雷海宗在《大公报》、《进步日报》和《历史教学》等刊物发表了一系列学术性批判文章，并将稿费捐献。这些文章是：《美帝“中国门户开放政策”的背景》、《耶苏会——罗马教廷的别动队》、《耶苏会的别动队活动》、《中国近代史上宗教与梵蒂冈》、《二十世纪的罗马教廷与帝国主义》和《近代史上的梵蒂冈与世界罗马教》等。

解放后，雷海宗最初仍在清华大学历史系任教，并发表《古今华北的气候与农事》的论文，探讨古书中所见的古代华北的气侯与农事，指出其后逐渐发生的变化，并对今后华北的气候状况和农业发展提出了自己的意见，既具有重要的学术价值，又具有现实意义。

1952年秋后，根据全国高等学校院系调整，雷海宗调任天津南开大学历史系教授和世界史教研室主任，主要从事世界史学科建设，讲授世界上古史、世界近代史和物质文明史，编写出《世界上古史讲义》一书，被教育部定为全国高校交流讲义。1956年，他发表《上古中晚期亚欧大草原的游牧世界与土著世界》一文，此文具有颇高的学术价值和拓荒意义。1957年，雷海宗发表了《世界史分期与上古中古史中的一些问题》一文。他强调生产力，特别是生产工具的作用，认为人类的历史依生产工具而论，可分为石器时代、铜器时代、铁器时代和机器时代。从社会性质来说，石器时代属于原始社会，铜器时代属于部民社会，铁器时代包括古典社会和封建社会，机器时代包括资本主义社会和社会主义社会。奴隶制在雅典和罗马的短期特殊发展，只能视为封建社会的变种发展。马克思所说的亚细亚生产方式属于铜器时代，可用中国和日本历史上指半自由民身份的"部民"一词来称这个时代为"部民社会"。铁器时代的前一阶段，马克思称为古典社会，"古典时代"的意识是有世界性的。古典社会和封建社会属于同一铁器时代的前后两个阶段，实际都是封建社会而稍有不同。

在此期间，雷海宗还为《历史教学》撰写了一系列比较通俗易懂、深入浅出的教学参考性文章，如《关于世界上古史一些问题及名词的简释》、《世界史上一些论断和概念的商榷》、《关于公元纪年各种西文名词的意义及中文译名问题》、《读高中〈世界近代现代史〉上册》、《历法的起源和先秦的历法》、《基督教的宗派及其性质》等。这些文章充分体现了一位史学大师对普通中学历史教学事业的关注，而且在简明扼要的阐述中显示了渊博学识与真知灼见。

1957年，雷海宗被错划为右派后，健康情况急剧恶化，停止了教学活动，学术研究也难以进行。但他仍精心译注斯宾格勒所著《西方的没落》一书的有关章节，其译文和注释有许多独到之处；并抱病仔细指导和校改拙译《李维〈罗马史〉选》,使笔者较好地完成选译外国史学名著的任务。1961 年底摘掉右派帽子后,为了把有限余生和满腹学识献给人民,尽管身患不治之症,步履艰难,他还是于 1962 年春乘着三轮车来到教室重上讲台,精神抖擞地为一百多名学生讲授《外国史学名著选读》和《外国史学史》两门课程,一直坚持到该年 11 月底难以行动时为止。

1962 年 12 月,雷海宗因尿毒症和心力衰竭,过早地离开人世,年 60 岁。雷海宗为建设祖国的历史科学和发展教育事业,献出了毕生的力量,做出了巨大的贡献。当代不少知名学者出自他的门墙,至今仍深深怀念他。著名世界史学家齐世荣曾写道:"近年来,我常常想,如果雷先生今天健在,世界史学科在这位元老大师的指导下,定能取得更大的成绩。雷先生离开我们已经四十多年了。他的博大精深、贯通中西的学问,是我永远赶不上的。但他勤奋治学的精神,对学生热心培养、极端负责的态度,则是我要时刻学习的。"①

二、雷海宗的治学特点和历史观

以上简要介绍了雷海宗的生平及其重要著述。总起来看,雷海宗的学术思想和学术成就主要有以下四个特点:

第一,博古通今、学贯中西,重视跨学科研究。雷海宗一贯主张,历史学家只有在广博的知识基础上才能对人类和各个国家民族的历史与文化有总的了解,才能对某些专门领域进行精深的研究,得出真正有意义的认识。他的多方面的著述体现了这一主张。他一生读书孜孜不倦,精通多种外语,不仅贯通古今中外的历史,而且在哲学、宗教、文学、艺术、地理、军事、政治、气象、生物和科技

① 齐世荣:《一代名师——雷海宗先生》,《历史教学》,2001 年,第 1 期。

等领域都有渊博的知识和精辟的见解。在数十年的教学实践中，他曾先后讲授史学方法、中国通史、中国上古史、殷周史、秦汉史、西洋通史、世界上古史、世界中古史、世界近现代史、西洋近古史、西洋文化史、外国史学史、外国史学名著选读、物质文明史等各种课程。

雷海宗讲课极有条理，深入浅出，鞭辟透里，内容丰富，生动活泼。他讲解历史事件既材料翔实，又将因果关系分析得清晰透彻，使人听了感到余兴未尽。每节课他计时精确，下课时恰好讲完一个题目，告一个段落，下节课再讲新的，前后衔接自如。他记忆力极强，走上课堂，只拿几支粉笔，但讲得井井有条，滔滔不绝，人名、地名、史实年代准确无误。美国史专家丁则民先生在《忆念伯伦师》文中说："听过他的课程的学生，普遍认为他是学贯中西的历史学家。在解放前的旧大学，讲授历史课能达到这样炉火纯青使人百听不厌的程度，可说是罕见的了。"①

这一切都表明雷海宗学问渊博，研究精深，口才好，思路清楚，教学认真负责，又讲究教学方法，这才能使讲课成为一门艺术，挥洒自如，引人入胜。他在清华西南联大为非历史系本科生开设的中国通史课，选课人极多，课堂总是挤得满满的，其中还有不少慕名而来的旁听者，已故著名世界史学家吴于廑先生就是这样的旁听者，当时他已是南开大学经济研究所的研究生了。

第二，以一定的哲学观点来消化史料，解释历史，自成体系。雷海宗治学严谨，掌握丰富的史料，重视史实的准确性，对乾嘉学派的考据训诂和19世纪德国朗克学派的档案研究均颇推崇。但是，他强调真正的史学不是烦琐的考证或事实的堆砌，于事实之外须求道理，要有哲学的眼光，对历史作深刻透彻的了解。有价值的史学著作应为科学、哲学和艺术的统一：要做审查、鉴别与整理材

---

① 丁则民：《忆念伯伦师》（待发表）。

料的分析工作;以一贯的概念与理论来贯穿说明史实的综合工作;用艺术的手段以叙述历史的表现工作。三者之间,分析是必要的历史基础,有如选择地点,准备建筑材料;综合为史学的主体,乃修建房屋本身;艺术则是装饰而已。

在历史认识论方面,雷海宗认为,历史学研究的对象普遍称为"过去",而过去有二:一为绝对的,一为相对的。把过去的事实看为某时某地曾发生的独特事实,这个过去是绝对的和固定不变的。但是,史学的过去是相对的。历史学应研究清楚一件事实的前因后果,在当时的地位,对今日的意义,使之成为活的历史事实。历史的了解虽凭借传统的事实记载,但了解程序的本身是一种人心内在的活动,一种时代精神的表现,一种宇宙人生观用于过去事实的思想反应。所以,同一的过去没有两个时代对它的看法完全相同。他以孔子为例,认为孔子之为孔子,已经过去,万古不变,但这个绝对的孔子,人们永远不能知道。不仅史料漏载的孔子言行已不可知,即使有文献可征,其当时的心情、背景和目的,大部也永不能知。历史上和今日所"知"的孔子,是不同时代的后世对上述"不可知"的孔子的主观认识。由此,他提出了主观相对主义的认识论:"绝对的真实永难求得,即或求得也无意义。有意义的过去,真正的历史知识,是因时而异、因地而异的对于过去的活动的认识。这个认识当然是主观的。"(参见《历史过去的释义》和《历史警觉性的时限》)

雷海宗的历史认识论是与他的宇宙观和人生观分不开的,具有"天人合一"的思想和一定的宗教色彩。他采用佛家语"大我"、"小我"作为哲学名词来观察人生的境界,把个人看成宇宙的缩影,个人就是小我;把宇宙看为个人的扩形,宇宙就是大我。他认为:宇,空间,整个的太空,在物质方面是因果的世界。宙,时间,有机的发展,在心灵方面,是复杂的意志,无穷的希望,整个是有意义的。时空无限的宇宙之能有意义,是人类给予它的。上下四方古往今来的一切,都在人的方寸之中。人类总想在方寸所造的宇宙中求解脱和出路,但追问所得的答案各代不同,至今尚无一个令人长久满意的解脱方法或最后出路。可以勉强猜想,宇宙中大概有不知是一个什么的力量,要自知自觉,生命就是这种力量的表面化。人类,表现一种相当高的知力和觉力,但绝不代表最高可能的知力和觉力。人生中偶然会因过度悲喜和过度奇异的遭遇,而出现某种一纵即逝的心境和经验,突感超过普通人生,好似与宇宙化而为一,明白了宇宙最后的真理。伟大的诗品,不朽的艺术,超绝的音乐,都是此种心境下的产物。然而,于此种心境最浓厚深刻的,是真正的宗教家,如耶稣、释迦、庄周之类的创教圣者。禅定修行,杂念全消,一片光明,内不见身心,外不见世界,最后达到无碍自在、不生不灭的永恒境界。雷海宗觉得,最好将此种经验视为宇宙中的自我表现力可能高于今日的预示。他由此展望:或进步不已的今日人类,或高于人类的新的灵物,对于宇宙必有大于我们的了解,终有一天能彻底明了宇宙,与宇宙化一,小我真正成了大我,大我就是小我。(参见《人生的境界(一)——释大我》)

就历史观和整个历史体系而言,雷海宗深受德国历史哲学家斯宾格勒的文化形态史观的影响。他认为有特殊哲学意义的历史,在时间上以最近的五千年为限,历史是多元的,是一个个处于不同时间和地域的高等文化独自产生和自由发展的历史。迄今可确知七个高等文化,即埃及、巴比伦、印度、中国、希腊罗马、回教和欧西。这些时间和空间都不相同的历史单位,虽各有特点,但发展的节奏、时限和周期大致相同,都经过封建时代、贵族国家时代、帝国主义时代、大一统时代和政治破裂与文化灭绝的末世这五个阶段,最后趋于毁灭。

与斯宾格勒不同,雷海宗认为,中国文化的发展有其独特之点。其他文化,除欧西因历史起步晚尚未结束外,皆按照上述五个阶段的进展,经形成、发展、兴盛、衰败一周期而亡。唯独中国文化四千年来却经历了两个周期。以公元383年淝水之战为分界线，由殷商到“五胡乱华”为第一周期。这是纯粹的华夏民族创造中国传统文化的古典中国时期。它经历了殷商西周封建时代、春秋贵族国家时代、战国时代、秦汉帝国时代和帝国衰亡与古典文化没落时代(公元88至383年)。但中国文化与其他文化不同，至此并未灭亡，经淝水之战胜利后，却返老还童直至20世纪又经历了第二周期。第二周期的中国，无论民族血统还是思想文化，都有很大变化。胡人不断与汉人混合为一，印度佛教与中国原有文化发生化学作用，这是一个“胡汉混合、梵华同化”的综合中国时期。第二周的中国文化在政治和社会上并无新的进展，大致墨守秦汉已定的规模，但在思想文艺上，却代代都有新的活动，可与第一周期相比，共经五个时期，即宗教时代、哲学时代、哲学派别化与开始退化时代、哲学消灭与学术化时代、文化破灭时代。另一方面，南方的开发与发展则是中国第二周文化的一项伟大的事业与成就。中国文化之所以能有第二周，这是与吸收融合胡人的血统和印度的文化，以及由民族优秀分子大力发展南方分不开的。

雷海宗在解放前的历史观和史学体系大致如此，从根本上看来，这与马克思主义的唯物史观是相径庭的。但是，他的贯通古今中外的渊博学识，打破欧洲中心论和传统王朝体系的努力，独树一帜的囊括世界的历史体系，以及强调中国历史和文化的特色，重视胡人血统、印度佛教和南方开发对中国文化的贡献的看法，在当时学术界是颇为难得和有显著影响的。有的学者以他的名字来形容其学术成就：声音如雷，学问如海，史学之宗。

第三，追求真理，锐意创新，勇于发表自己的独立见解。雷海宗生活成长于中学与西学，新文化与旧文化相互冲击激荡的时代，又远赴美国留学，他决心吸取西方新的理论和思想来研究中国与世界的历史，改造旧史学，创建新史学。

从美国回来后不久，年轻的雷海宗就向中国史学界介绍意大利著名哲学家克罗奇的史学理论,翻译克氏名著《历史学的理论与实际》的第一章"历史与记事",认为"他的学说颇足以调剂我们中国传统史学偏于'记事'的弊病"。同时,他又发表对汉译《世界史纲》的书评。该书原著者威尔斯是西方著名作家,中译本的校译者多是中国学术界的前辈名人和崭露头角的青年学者。然而,雷海宗却对《世界史纲》原书和中译本的出版,提出了十分尖锐的批评,充分显露出不畏权威、敢于阐发个人意见的精神。其后,他撰写《殷周年代考》,根据温带人类的生理和平均寿命来推断殷周的年代。这种采取其他学科的研究成果应用于史学领域的方法,是十分新颖的。《中国的兵》是雷海宗的另一成名作。关于中国的兵制历代学者都有研究,但雷海宗另辟蹊径,研究"兵的精神",从当兵的成分、兵的纪律、兵的风气和兵的心理等方面来考察中国的兵,由之探究中华民族盛衰的轨迹和原因。至于他接受斯宾格勒的文化形态史观,建立中国文化两周说的体系,也是其锐意创新的表现。可惜的是,无论是克罗奇还是斯宾格勒的历史哲学体系都属于唯心史观的范畴,未能真正反映人类历史发展的客观规律。

解放后,雷海宗开始学习马克思主义,觉得找到了真理,感到自己"发现了一个新的世界;辩证唯物主义和历史唯物主义的世界观使我好似恢复了青年时期的热情"。他力求按照马克思主义的观点,运用丰富的史料,编写了《世界上古史讲义》一书,对世界上古史作了系统的阐述。其特色在于有自己的体系,不断创新,既摆脱了他原来发挥的斯宾格勒的形态学史观的框架,也不完全沿用苏联教科书的一般结构,尤其是:(1)把中国史放在世界史之中,打通了中国史和世界史之间的界限,以世界史为背景概述了上古中国的历史,并通过对比从经济、政治、文化、人民性、民族性各方面说明古代中国在世界历史上所占的地位,强调中国人学习世界史,要从中国的角度来看世界。(2)重视各地区、各种族之间的相互关系和影响,从整体和全局来把握世界史。特别是有专章集中论述亚欧大草原的游牧部族及其与中国、希腊和罗马等地区国家的关系与迁徙。(3)结合奴隶制度和奴隶社会的整个历史,分析了两种不同类型的奴隶制度在三种不同地区的发展,并就从奴隶社会转入封建社会的总问题提出了上古史上这方面的三个疑难问题。此外,诸如对物质文明和精神文化的重视,将希腊、罗马的历史合起来分章节叙述,具体到对金属器的使用与作用、希腊哲学的兴起与发展、罗马皇帝制度以及东方宗教与基督教的兴起等问题,也都有创见。至于《世界史分期与上古中古史中的一些问题》一文,再一次表现了他敢于打破禁区,按照自己对于马克思著作的理解和对实际历史的认识,独立发表自己观点的精神。

第四,热爱祖国,积极评价和弘扬中华文化。雷海宗具有强烈的爱国心,热爱中国的历史和文化。面对祖国积弱和文化衰老的现实,他着重从当今的时代出发,对中国和世界各地区国家的历史与文化进行比较研究,探讨中国历史发展的特点,评价中国传统文化的积极和消极方面,谋求在20世纪建设中国的途径。

雷海宗从军队、家庭和皇帝制度三个方面来考察和评价中国的传统文化。他认为文武兼备的人有比较坦白光明的人格,兼文武的社会也是光明坦白的社会,这是武德的特征。东汉以下,兵的问题总未解决,乃是中国长期积弱的一个重要原因。就家族而言,汉代恢复古制,大家族成为社会国家的基础,此后维持了两千年。大家族是社会一个牢固的安定势力,中国经“五胡之乱”而能创造新文化,至少一部分要归功于汉代大家族制度的重建。但大家族与国家似乎不能并立,近代在西洋文化冲击下,大家族制遭到破坏。大、小家族制度,各有利弊,当去弊趋利,采中庸之道加以调和,建立一个平衡的家族制度。在政治制度方面,秦汉以来,皇帝制度统治中国,直至近代。在西方势力摇撼下,经辛亥革命,这个战国诸子所预想,秦始皇所创立,西汉所完成,曾经维系中国二千余年的皇帝制度，以及三四千年曾笼罩中国的天子理想，一股结束。废旧容易，建新困难，在未来中国的建设中，新的元首制度是一个不能避免的大问题。一个固定的元首制度是最为重要的，因为政局的稳定与否，就由元首产生时的平静与否而定。古代罗马帝国的制度，或可供将来的参考。

从一二·九运动到卢沟桥事变，这是雷海宗一生中的一个重大转折点。前此，他是一个基本上不参与政治的学者，中国文化两周乃至三周说的体系尚未最后完成。抗日战争的烽火，燃起了他满腔的爱国热情。雷海宗开始积极议政，将学术与政治联结起来，不仅确立中国文化两周说，并进一步提出第三周文化的前景。他强调中国之有两周文化是其他民族历史上所绝无的现象，是我们大可自豪于天地间的。他检讨自己前此的注意力集中于传统文化的弱点，对中华民族的坚强生命力，只略为提及，但抗战开始后，这种缄默已不能继续维持了。当前，欧西文化发展到帝国主义时代(相当于中国古代战国中期阶段)，其时代特征是大规模的战争和强权政治，发展趋势是走向大一统帝国的建立，而中国文化已发展到第二周的末期，面临建设第三周崭新文化的伟大局面。抗日战争不只在中国历史上是空前的大事，甚至在整个人类历史上也是绝无仅有的奇迹，它比淝水之战更严峻，更重要，中国文化第二周的结束和第三周的开幕，全都在此一战。中国前后方应各忠职责，打破自己的非常记录，通过取得抗日战争的胜利，使第三周文化的伟业得以实现。雷海宗慷慨激昂地写道：生逢二千年来所未有的乱世，身经四千年来所仅见的外患，担起拨乱反正、抗敌复国、更旧创新的重任——那是何等难得的机会！何等伟大的权利！何等光荣的使命！

解放后，他热爱新中国，积极参加各项运动，改造思想，他说自己从思想感情上体会到了“为人民服务”的丰富内容和真正意义。此后，他在南开大学的全部教学实践、政治活动和学术生涯，直至

1962年抱病重上讲台，都深深地体现着他的爱国热情和奉献精神。

三、《西洋文化史纲要》的重要意义及其体系结构

雷海宗以精通世界史著称，《中国大百科全书·外国历史卷》将他作为中国的世界史学家收入条目。但是，雷海宗未曾正式出版过大部头的世界史专著，也没有大量发表外国史方面的学术论文。其博士论文《杜尔阁的政治思想》在美国用英文写就，未发表。50年代初按马克思主义唯物史观编写的《世界上古史讲义》一书，在付印前因其被划为“右派”而中辍。在《历史教学》和《进步日报》等报刊登载的文章大多带有学术批判和通俗普及性质。正式的学术论文只有《上古中晚期欧亚大草原的游牧世界与土著世界》和《世界史分期与上古中古史中的一些问题》两篇。而且，真正能代表雷海宗大半生的学术观点的应该是他在三、四十年代的作品。但这时期他发表的世界史方面的学术论文也只有《世袭以外的大位承继法》、《历史的形态与例证》、《全体主义与个体主义与中古哲学》等屈指可数的几篇。至于《海战常识与太平洋大战》、《世界战局总检讨》、《两次世界大战后的世界人心》、《时代的悲哀》等文，多属时事评论性质，即使今日回顾起来，可以认为它们能反映雷海宗当时对世界历史发展的一些看法和思想，毕竟不是正规的学术之作。因此人们不禁为作为世界史名家的雷海宗未能留下系统的世界史著作传给后人而感到遗憾。

与大多数名教授一样，雷海宗献身于教育事业，以神圣的课堂讲学作为自己的主要职业与终身使命。除中国史外，他讲授多门西洋史课程，其世界史方面的深湛造诣和精辟见解都通过课堂教学深印在学生的脑海中，记录在他们的笔记本上。但是，事过境

迁,岁月流逝。进入21世纪,昔日的雷门弟子都已进入老年,甚至纷纷去世,笔记本更遗失无存了。雷海宗讲课不写讲稿,但往往准备一份极其详细的提纲发给学生,供学生作提纲挈领的了解和深入研究的指导。这里面倾注着他的心血,体现了他的研究心得和学术成果。幸而武汉大学图书馆保存着1931年雷海宗在该校历史系讲授《欧洲通史》(二)一课的详细铅印提纲,上海师范大学历史系老教授季平子先生也珍藏着雷海宗30年代前后讲授西洋史课程的部分手抄提纲。这些提纲能系统地反映雷海宗当年在西洋史方面的观点和成就。现以武汉大学的《欧洲通史》(二)提纲为本,参照季平子先生提供的部分提纲,并增加季先生提纲中关于西洋美术史的两章,定名《西洋文化史纲要》,由上海古籍出版社出版,公之于世,以飨读者。

《西洋文化史纲要》(公元5世纪—20世纪初)全书除序论外,共分五编五十一章,每章末开列外文参考书目,合计约三百余种。《纲要》一书的特点是:

第一,全部提纲体系完整,层次鲜明,子目详尽细致,分(甲)、(一)、(A)、(1)、(a)(i)、(子)等七个层次,覆盖面极广而条理一目了然。内容极其丰富,既有综合比较,又有具体分析,因系提纲而言简意赅,精辟透彻,一语中的。

第二,打破国别界限和王朝体系,以全局的眼光将西洋(欧西)文化作为一个有机整体,抓住重大的社会政治变革和文化思想变迁,从各个方面来考察论述欧西文化的酝酿、形成、成长和发展的各个阶段与变化。

第三,着重探讨阐发西洋宗教、哲学、科学、文学和社会科学的嬗变发展及各个流派的兴替,19世纪尤详,颇能补充半个世纪以来我国缺乏西洋文化史佳作的不足,适合当前的需要。

因此,本《纲要》的重要性,就在于:(1)从雷海宗的学术思想和学术成就来说,《纲要》在很大程度上填补了雷海宗留下的、过去未曾公开发表的世界史研究方面的空白。(2)更重要的是它的学术价值,这虽然是七十年前雷海宗的讲课提纲,但无论就其整体结构言,还是在具体问题的分析论述上,至今仍有重大学术价值,可供我国世界史工作者和研究生参考,启人深思。以下,就《纲要》一书的定名、体系、结构和精华略作说明。

《纲要》原名《欧洲通史》(二),现更名为《西洋文化史纲要》,因这更能反映雷海宗的历史观和史学体系,也更符合《纲要》一书的内容。《欧洲通史》(二)是 1931 年雷海宗在武汉大学历史系讲授此课程的提纲。大概武汉大学历史系原设整个欧洲通史的课程,《欧洲通史》(一)的主要内容应为古希腊罗马史。雷海宗在武汉大学只任教一年,很可能他到校就接手教《欧洲通史》(二),未教过《欧洲通史》(一),因而只留下《欧洲通史》(二)的提纲。如果本《纲要》沿袭《欧洲通史》(二)之名,则会因缺少《欧洲通史》(一)而显得残缺不全。但更重要的是,按照雷海宗的历史观,可以说他未必赞成使用"欧洲通史"一词。如前所述,雷海宗主张:历史是多元的,是一个个处于不同时间和地区的高等文化独自产生和自由发展的历史,迄今可确知有埃及、巴比伦、印度、中国、希腊罗马、回教和欧西七个高等文化。早在 1928 年,雷海宗在中央大学任教时,就在该年 3 月 4 日《时事新报》发表《评汉译〈世界史纲〉》一文(后又在 1931 年中央大学文学院历史系主办的《史学》第 1 期转载),认为时间上和空间上人类史都不是一息相通的,人类史实际上是好几个文化区域各各独立的发展演变,因此世界通史根本无法写出,若勉强写成,要么是"一部结构精密不合事实的小说",或者是"前后不相连贯的数本民族专史的勉强合成的一本所谓世界通史"。关于欧洲通史,他在《纲要》一开始的序论中指出,欧西文化是"外表希罗内质全新之新兴文化",后来在 1936 年发表的《断代问题与中国历史的分期》(载清华大学《社会科学》第 2 卷第 1 期)一文中提出,欧西文化和希腊罗马文化"推其究竟,是两个不同的个体","无论由民族或文化重心来看，都绝不相同”。而欧西文化存在的时间，从公元5世纪酝酿期开始直至今日，恰恰是《欧洲通史》(二)所包括的年代。至于“西洋”与“欧西”的关系，雷海宗在本书“序论”开宗明义的第一句话，就界定“西洋”有“泛义”、“广义”、“狭义”三种不同意义，狭义的西洋专指欧西(19世纪后包括美洲)，亦即《纲要》所覆盖的空间范围，而且后文又采用“西洋文化第一期”、“西洋文化第二期”作为编名。此外，本书的特点之一是对西方的宗教、哲学、文学等有详细的讨论，皆属文化史的范畴。因此，本《纲要》以《西洋文化史纲要》为名，似乎比《欧洲通史》(二)之名更贴切醒目，也更易引起学术界的兴趣和注意。

雷海宗接受斯宾格勒的理论，认为每个高等文化在诞生前先有酝酿时期，其后分为形成、成长、成熟、大一统和衰亡五个发展阶段。《纲要》一书将直到20世纪的西洋文化的发展分为四个阶段：西洋文化酝酿时期(公元476—911年)；西洋文化的形成时期，亦即西洋文化第一期(公元911—1517年)；西洋文化的成长时期，亦即西洋文化的第二期(公元1517—1815年)；西洋文化的成熟时期，亦即西洋文化第三期(公元1815年至今)。*

西洋文化的酝酿时期，相当于西洋史传统所谓的“黑暗时代”，构成《纲要》全书的第一编，包括第一到四章，分别从罗马帝国的灭亡和黑暗时代的政治、社会、宗教与文艺等方面来进行探讨。其中关于查理大帝、基督教的教皇地位、修道运动和修道士的活动的论述都值得重视。

西洋文化第一期相当于西洋史上的“封建时代”，又以公元

---

* 雷海宗于1931年写此《纲要》，当时西洋文化第三期刚度过一百年，远未结束。按照雷海宗的史学体系，西洋文化大约至2200年左右进入大一统的第四期，再过三百年，至2500年左右进入政治破裂与文化灭亡的第五期。

1321年为分界线，分为封建盛期和封建末期两个阶段。《纲要》第二编覆盖封建盛期，包括第五至十五章，主要分两大方面。第一方面包括欧西封建时代的政治、社会、经济、向外发展和国家进展等内容，以封建制度和封建国家的发展为重点。第二方面包括教会与宗教信仰、神道学与书院哲学、科学与迷信、教育与文学等内容，以基督教和封建文化为核心。雷海宗以1321年作为欧西封建盛期与末期之分界线，乍一看来有些费解，但看完第十五章的标题和内容后，可有所悟。该章名"封建时代文化之综合——但丁"，对但丁的重要著作《帝王论》、《新生命》、《神曲》作了全面的探讨和细致的分析，认为托马斯·阿奎纳斯用哲学体(拉丁文)为知识阶级总汇信仰知识，而但丁用诗体(方言)为全体人民总汇信仰知识。雷海宗称但丁为西洋封建时代文化之综合代表，而但丁殁于1321年，因此以但丁之去世作为西洋封建盛期的结束年代也就可以理解了。雷海宗对但丁的分析和看法有其独到之处，读者自可仔细玩味。此外，第五章的(辛)、(壬)两节关于封建制度下之一统观念和教皇一统观念之实现的论述，以及第十、十一章关于基督教会的宗教信仰、宗教生活和知识生活的阐发，亦精彩纷呈，供人采撷。

《纲要》第三编覆盖西洋文化封建末期，包括第十六至二十二章。所谓封建末期，主要意味着旧的封建制度和封建文化趋于崩坏，出现了带有资本主义性质的新变动。前者指象征封建政治一统观念的神圣罗马帝国之破裂和教皇政权之丧失，以及封建贵族的衰微和书院哲学之破裂。后者则指王权国家之兴起、新航路的开辟、宗教改革家威克立夫与胡斯的出现和文艺复兴运动。文艺复兴是本编的重头戏，占了三章篇幅。我国学术界历来重视文艺复兴研究，成绩显著。然而，雷海宗在本编中关于意大利城市国家专制制度和独裁政治学说的代表人物马基雅维利的《君论》与卡斯蒂格里奥尼(Castiglione)《官论》的分析，以及对人文主义和个人主义(包括塞利尼[Cellini]的自传)的探讨论述都有新意和创见。至于第十六章中涉及中古德国秘密社会的司法制度之子目虽不多几笔,但浮光耀金,饶有趣味。对西方黑社会史感兴趣者似可按图索骥。本编未讨论达·芬奇等美术大师的成就,可能雷海宗另有关于西洋封建时代和意大利文艺复兴时期美术之专章,惜佚失,未能找到,暂付阙如。

《纲要》第四编覆盖西洋文化第二期,相当于西洋史上"旧制度时代",雷海宗有时称之为"贵族国家时代"和"形式完成时代"。本时期又分成三个阶段:旧制度及其文化的成立(公元1517—1648年),包括第二十三至三十二章;旧制度极盛时代(公元1648—1789年),包括三十三至三十八章;以及旧制度之末运(公元1789—1815年),仅包括第三十九章。本编有三大重点:宗教改革运动、君主专制国家和资本主义新文化(宗教观、伦理观、哲学、科学、社会科学、文学)的兴起与发展。其中,第二十七章资本主义之兴起与新教之伦理观,第三十二章文艺复兴宗教改革时代之回顾以及第三十四章唯理主义与开明专制,乃才华横溢的大手笔之作,充分显示了雷海宗的渊博学识、深刻洞察和宏观调控驾驭能力。我国学术界解放后接受苏联的观点,研究宗教改革时对新教伦理与资本主义兴起的关系有所忽视,80年代马克斯·韦伯的理论传入后始注意及此。雷海宗在七十年前全面论述新教的工作伦理观与中等阶级的兴起及商业革命的实现之间的关系,殊为可贵。第三十九章综合考察旧制度时代的末运,较简略,但对浪漫主义的全方位探究,深有所见。

第五编包括第四十至五十一章,探讨19世纪和20世纪初期西洋文化的历史,这时西洋文化已进入第三期,其特点之一是欧西文化空间范围的扩大和美国的兴起与强盛,故称欧美文明时代。本编的重点主要有两大方面。其一为19世纪以来欧美社会、经济、政治和国际局面的重大变化,涉及中产阶级革命、实业革命、社会革命(都市问题、劳工运动、妇女运动)、民治主义、国家主义、帝国主义、大同主义、国际主义、和平主义等各个领域。其二为19世纪以来西洋思想文化的新发展,包括:科学理论和科学发明之大盛与科学态度之普遍,宗教势力的日愈薄弱和宗教保守派、改进派及改教派之分歧,哲学之人生化、哲学系统之渐消和哲学派别之涌现,思想界之混乱、人生观问题的突出和人生观派别之纷纭,社会科学方法之演变和各门社会科学的繁荣,社会理想和教育事业的发达,文学与美术的千头万绪,等等。最后,第五十一章"西洋文化之新局面与新趋向"所展示的,是年近而立的雷海宗对1930年时动荡不安的西洋文化、世界局势和人类命运的观察、思考和展望,环顾政治、社会、思想、文化各个方面,耐人寻味。

以上,我们以《纲要》一书的各编为单位,从各方面横向地综合考察雷海宗对西洋文化各个时期与阶段的论述。如果换一角度,把政治、社会、哲学、宗教、科学、文学各作为一个专题,将《纲要》各编、各章、各节中有关每一个专题的论述单独纵向地连结贯串起来探讨,我们则会对雷海宗关于西洋文化在各专门领域内发展的看法得出系统的认识,当会有新的收获和体会。

《纲要》一书博大精深,高瞻远瞩,内容丰富,是雷海宗在世界史方面留下的宝贵遗产。但它毕竟是一部提纲,未正式发表,尚属草稿,且写于七十年前,许多内容和论点有待充实阐发,乃至作出修正。全书有大量人名、地名、书名和专门名词,无译名,多为英文,亦有法文、德文和拉丁文,原铅印提纲印刷错误极多,改不胜改,笔者虽就个人所知做了一定的改正,但限于时间、能力和精力,遗漏、看不出、不清楚和查不到的失误仍多,敬希海内外方家协助指正。在本书最后校阅时,曾得到南开大学历史学院黎国彬教授的大力帮助,谨此致谢。

西洋文化史纲要

雷海宗　撰
王敦书　整理

序　论

（甲）西洋与欧西

（一）泛义的西洋——巴比伦，埃及，希腊罗马，回教，欧西

（二）广义的西洋——希腊罗马，欧西

（三）狭义的西洋——欧西（十九世纪后包括美洲）

（乙）欧西（狭义西洋）文化之产生

（一）酝酿时期——黑暗时代（476—911）

（A）希罗文化与欧西文化之交替

（B）欧西文化之形成

（1）外表希罗内质全新之新兴文化

（2）新文化之象征

（a）罗马公教——天主教（Roman Catholicism）

（b）拉丁语（Latin）

（二）产生——十世纪间

（丙）西洋文化之地理——空间

（一）发祥地点与文化重心——西欧中欧

（二）十五世纪后

（A）蔓延于新大陆

（B）影响普及于全世界

（三）十九世纪后美洲（尤其北美）于文化各方面皆与西欧中欧完全打成一片

(丁) 西洋文化之分期——时间

(一) 酝酿时期——黑暗时代(476—911)

(二) 第一期——封建时代(911—1517)——所谓“中古”,“中世纪”

(A) 封建文化之极盛(911—1321)

(B) 封建制度与封建文化之破裂(1321—1517)

(三) 第二期——旧制度时代(1517—1815)

(四) 第三期——欧美文明时代(1815 以下)

(戊) 民族

(一) 日耳曼民族

(二) 拉丁民族

第一编　西洋文化酝酿时期
——黑暗时代(476—911)

(甲) 政治与社会

(一) 日耳曼民族之建国

——由部落渐进至封建国家

(二) 封建制度之形成

(乙) 宗教与教会

(一) 教会势力之日大

(二) 日耳曼民族之基督教化

(丙) 文艺

(一) 文化传述者(Transmitters)及其工作

(二) 创造文艺之衰微

第一章　背景——罗马帝国之灭亡
(376—476)

(甲) 罗马帝国内部之自亡(180—376)

(乙) 外寇之入侵——Barbarians

(一) 匈奴(Huns)之西进

(二) 日耳曼人(Germans)之进入罗马帝国(376—378)

(丙) 基督教

(一) 定为国教(392)

(二) 此系罗马帝国成日耳曼人与教会之势力范围

(A) 日耳曼——政治实力
(B) 教会——人心信仰 } 任何社会之大势力

(丁) 罗马城之倾陷(410)

(戊) 日耳曼王国之成立于各地

——西罗马帝国只余高卢(Gaul)北部未被占据

(己) 罗马帝国西部之灭亡(476)

参 考 书

Thorndike, L,——History of Medieval Europe, chap. 2—5

Munro and Sellery——Medieval Civilization, pp. 34—41

Hodgkin, T.——Italy and Her Invaders, Vol. II, Bk. III, chap. IX, secs. 1—7

Gummere——Germanic Origins

Cambridge Medieval History, Vol. I, pp. 323—359

Robinson, J. H.——Readings in European History, Vol. I, pp. 28—33, 35—39, 44—51, 57—59

第二章 黑暗时代之政治与社会 (476—911)

(甲) 476 年之西欧

(一) Burgundian 国——Rhone 河流域

(二) Visigoth 国——Gaul 西南部及西班牙

(三) Vandal 国——非洲北部

（四）日耳曼势力——意大利(Odoacer)

（五）Anglo-Saxon 诸国——不列颠

（六）罗马势力——Gaul 北部(Syagrius)

——实际亦为独立国

（乙）476 后之新兴日耳曼民族国家

（一）Ostrogoths 之立国

（A）脱匈奴而独立

（B）先在东罗马帝国扰乱

（C）至西方攻意大利之 Odoacer(488)

（D）Theodoric 在意大利立国

（二）法兰克人(Franks)之立国

（A）Clovis(481—511)之攻 Gaul 北部

（B）败 Syagrius 而立国(486)

（丙）日耳曼民族诸国之内政

（一）民族与民族关系

（A）拉丁人占多数

（B）贵族与平民

（1）日耳曼领袖与当地罗马富贵者变为贵族阶级

（2）普通日耳曼人与一般拉丁人为平民——佃奴

（C）宗教与民族

（1）日耳曼人皆为异教徒或 Arian 异端派基督徒——Ulfilas (311—383)

（2）拉丁人大多数为正统派(Athanasian)基督徒

（a）两民族不能合作之主因——同教异派各自为正

（b）法兰克人渐占优势主因之一

——由异教皈依正统基督教(496)

（二）王位

（A）大半无固定承继法——刺杀之多

（B）法兰克人行诸子承继制——杀夺亦多

（三）罗马法制之保留

(A) 旧省区与城区——长官往往为罗马人

(B) 税赋少于罗马帝国时代

(C) 拉丁人仍用罗马法

(1) 日耳曼人用日耳曼法

(2) 日耳曼习惯法多用拉丁文写出

（四）经济生活

(A) 农业为主

(1) 大地主制度之日盛

(2) 自投制（Commendation）

(B) 旧城市之衰微与工商业之退步

(1) 城市之衰退

(a) 街道生草

(b) 空地日多渐成田园

(2) 城市城府无形消灭
——只余主教为城市长官

(3) 少数城市完全荒弃

(a) 无人居住

(i) 拉丁人口之减少

(ii) 日耳曼人不惯城居而畏高楼大厦——鬼怪故事之兴起

(b) 旧城有成豺狼居所者

(4) 工商业大半限于地方或完全停顿

(a) 交通阻滞

(b) 秩序不宁

（五）社会制度之演变

(A) 日耳曼人当初为权利阶级

(1) 禁止与拉丁人联婚

(2) 法兰克国为例外——但法兰克人之赎命金

(Wergeld)倍于拉丁人

(B) 新贵族阶级之渐兴

(1) 封建贵族——拉丁人日耳曼人混合而成

(2) 在王左右——由王赐田地与权利

(丁) 日耳曼诸国之消长

(一) Vandals——为东罗马帝国所灭(534)

(二) Burgundians——为法兰克人所并(534)

(三) Ostrogoths——为东罗马帝国所灭(555)

(四) Visigoths——为回教徒所灭(711—713)

(五) Anglo-Saxons

(A) 大混乱(450—600)

(B) 七国之成立

(C) 开始统一(828)——Alfred the Great(871—901)

(六) 法兰克人——继续发展

(戊) 法兰克民族之发展

(一) 背景与重要

(A) 未离原始根据地

(1) 其他日耳曼族皆为拉丁人所腐化

(2) 法兰克人仍保留其原始民族之康健
——故能统一西方

(B) 皈依正教

(1) 其他日耳曼族皆为异端教徒
——与本地拉丁人不能合作

(2) 法兰克人由异教直接皈依正教(496)
——故能与本地人合作发展

(二) Merovingian 朝代

(A) 攻取 Gaul 全部及日耳曼一部

(1) Burgundy (534)

(2) Provence (536)——原属 Ostrogoths

(3) Bavaria (555)

(B) 法兰克国之分裂倾向

(1) Clovis 死后(511)之分为三国

——由王族三支治理

(a) Austrasia——莱因河下游之两岸(法兰克人故乡)

(b) Neustria——Gaul 北部(最早征服地)

(c) Burgundy——Gaul 南部

(2) 各地贵族渐趋独立

(C) 末期之庸主辈出

(1) Dagobert (629—639)为最后明主

(2) 此后王权皆操宫宰(Major domus, Mayor of the Palace)之手

(D) Carolingians 家之世袭宫宰

(1) Dagobert 前即为宫宰

(2) 渐操三国全权

(3) Charles Martel (714—741)之败回教徒于 Tours (732)

(三) Carolingian 朝代

(A) Pepin III (741—751—768)

(1) 与教皇联络——法兰克人信正教

(2) 篡位(751)

(3) 由教士 St. Boniface 行加冕礼

——先此由武士举于盾上而立为王

(B) Pepin III 与教皇

(1) 教皇之危机

(a) 与东罗马皇帝之冲突

——毁像(Iconoclasm)问题(726)与皇帝 Leo III (717—740)

(b) Lombard 人

(i) 六世纪后期侵入意大利

(ii) 欲统一意大利

(2) Pepin 与教皇之联络

(a) 教皇承认 Pepin 篡位(751)

(b) Pepin 败 Lombards 而以其地之一部与教皇

(i) 教皇国之起源

(ii) 伪造之 Donation of Constantine

（己）查理大帝 Charlemagne（768—800—814）

（一）武功

(A) 每年亲征

(B) 征服地——除英国外西土几皆征服

(1) Lombard 国(774)——自立为 Lombard 王

(2) Spanish March

(3) Bavaria

(4) Saxony——Saxon March

(C) 以武力宣传基督教——Saxons 反抗最烈

（二）文治

(A) 中央政府

(1) 官吏之渐兴

(2) 贵族议会

(a) 贵族与大教士所组合——助王行政

(b) 部落时代之全民议会无形消灭

(B) 地方政府

(1) 全帝国分为若干州区(Counties)

(a) 每州由国王委任州伯(Count)

(i) 司法权与军权

(ii) 职为终身

(b) 各地主教——王命与州伯合作治土

(2) 边疆新征服领土划为边镇(Mark, March)

(a) 由镇将(Margrave; Count of the Mark)治理镇压

(b) 军事最为重要

(i) 镇抚本地人民

(ii) 防野人入侵

(3) 巡阅使(Missi dominici)

(a) 按时巡阅全国

(i) 防制州伯渎职

(ii) 增进国王利益

(b) 防弊端之方法

(i) 出巡时多为两三人同行

(ii) 每年调换出巡地方

(三) 查理与教会

(A) 教会由国王治理

(1) 教皇只为宗教之首而非教会之首

(2) 各国教会实际独立——附属国王

(B) 教皇地位之微弱

(1) 名义上地位甚高

(2) 实际上之困难

(a) 与东罗马帝国之冲突

(b) 与 Lombards 之冲突

(c) 受法兰克人牵制

(d) 受罗马城中人民牵制

(i) 由城中人民选举为主教

(ii) 选举时之弊与斗杀

(iii) 城民往往与教皇为难

(C) 查理之登帝位——教皇 Leo III

(1) Leo III 承认查理为其主上

(a) 以圣彼得陵墓钥匙及罗马城旗帜奉与查理称臣

(b) 因曾受 Pepin III 封地

(2) Leo III 之无道

(a) 被罗马人驱逐(799)

(b) 逃至查理处

(3) 查理之处理法

(a) 送教皇回罗马

(b) 亲至罗马审教皇定其无罪

(4) 查理为皇帝(800)

(a) 或出教皇自动

(b) 意义

(四) 查理与文艺

(A) 文学之提倡

(B) 教育之促进

(1) 宫中学校

(2) 地方学校

(a) 主教礼拜堂

(b) 修道院

(C) 昙花一现之“文艺复兴”

(庚) 帝国之破裂与封建制度之成立

(一) 查理大帝继者之昏庸

(A) Louis the Pious (814—840)

(1) 无能庸碌而笃信宗教

(2) 生时分国封子——全国大乱

(B) 分乱倾向

(1) 帝国分为两部或三部

(a) 西部——西法兰克国(后日之法国)

(b) 东部——东法兰克国(后日之德国)

(c) 中部——意大利与 Alsace-Lorraine 地

(2) 各地贵族之日趋独立

(C) Carolingian 朝之灭亡

(1) 东法兰克国(911)

(2) 西法兰克国(987)

（二）野蛮人之入寇与各地之分割

（A）北人（Northmen；Norsemen；Normans；Vikings；Danes；Varangians；Russ；Scandinavians）

（1）侵入内地——八世纪末以后

（a）循河泛舟直下

（b）焚杀抢劫

（2）殖民与侵略

（a）Normandy

（i）百年间不断侵略占据

（ii）西法兰克王封北人领袖于其地为公爵(911 或 912)——Normans

（b）不列颠

（i）占据边地——称 Danes

（ii）渐与本地人同化——Alfred the Great

（c）爱尔兰——占据与同化

（d）西班牙——占据与同化

（e）冰岛

（i）人类初次发现(九世纪末)

（ii）殖民

（f）Greenland

（i）发现(九世纪末)

（ii）殖民(十世纪)

（g）Vinland

（i）探航(1000 左右)

（ii）因产野葡而称葡萄地——为今之 Labrador 或 Newfoundland 或 Nova Scotia 或 New England

（h）俄罗斯

（i）俄国之起源

——Kiev（c.850）

——Novgorod（c.859）——Rurik

（ii）称 Varangians 或 Russ

（ii）东罗马帝国

（i）由俄国循黑海侵略

（ii）帝国纳贡

（iii）北人(Varangians)组皇帝卫队(十世纪后期)

（B）回教徒

（1）征服 Sicily 全部(827—902)

（a）Palermo 为国都(831)

（b）十一世纪始灭

（2）意大利南部(837—915)

——915 教皇 John X 逐之

（C）匈牙利人(Hungarians；Magyars)

（1）入匈牙利(九世纪末)

（2）侵略各地(十世纪前期)

（a）Bavaria

（b）Saxony

（c）Thuringia

（d）Franconia

（e）Lombardy

（f）Gaul

（g）Flanders

（D）捷克人(Czechs)与 Wends

（1）原在 Bohemia 与 Elbe 及 Oder 河间

（2）侵略日耳曼土(十世纪初)

（3）东法兰克王 Henry I（919—936)设新边镇以防之

（a）Meissen

（b）Brandenburg

（三）大乱之结果——封建制度最后成立

（A）中央政府权柄愈微

（B）各地贵族乘机揽权

（1）州伯镇将完全独立

（2）土匪间有成贵族诸侯者

（C）各地人民自卫——寨垒之蜂起

参 考 书

Thorndike——Medieval Europe, chap. 7,11,12

Munro and Sellery——Medieval Civilization, pp. 50—59

Oman——The Dark Ages

Kitchin——History of France, Vol. I

Thatcher and McNeal——Source Book for Medieval History, pp. 27—37,51—57

Ogg——Source Book of Medieval History, pp. 47—59,124—129

Henderson——Historical Documents of the Middle Ages, pp. 319—329

Bryce——The Holy Roman Empire, chap. 5,6

Duncalf and Krey——Parallel Source Problems in Medieval History, Problem I

Robinson——Readings in European History, Vol. I, pp. 157—168

Gjerset——History of the Norwegian People, Vol. I, pp. 69—92

Haskins——The Normans in European History, chap. 2

Beazley——The Dawn of Modern Geography, Vol. II, chap.2

Mauver——The Vikings

Johnson, A. H.——The Normans in Europe

Keary——The Vikings in Western Christendom

Mavor——An Economic History of Russia, Vol. I, pp. 6—21

Leger, L.——A History of Austria-Hungary, chap. 5

第三章　黑暗时代之宗教与教会

（甲）希腊教与罗马教之分裂

（一）罗马教皇与君士坦丁堡教主及皇帝之争

（A）权利之争

（B）教义(文化)之争

（二）分裂

（A）初次重要分裂(482)

——Zeno 皇帝之教义纲要 Henoticon

（B）最后之决裂(1054)

——实际东西早已成为二教

（乙）教皇之地位

（一）背景

（A）主教阶级之成立

（B）教皇制度之成立

（二）黑暗时代之教皇

（A）西方宗教元首

（1）名义上占教会中最高地位

（2）教会行政各地独立——教皇非教会行政元首

（B）教皇之困难

（1）东罗马皇帝之牵制

——Justinian (527—565)又征服意大利大部

（2）Lombards 侵入意大利(六世纪后期)

——欲统一半岛

（C）教皇与法兰克人之联络

（1）受 Pepin 及 Charlemagne 之封

(2) 受法兰克人保护

——于政治上成法兰克王之臣下

(三) 理论上教皇地位之提高——伪造文件

(A) The Donation of Constantine (八世纪中期)

(B) The False Decretals (九世纪中期)

——Pseudo-Isidorian Decretals

(丙) 宗教信仰与宗教思想

(一) 已成立之信仰——St. Augustine (354—430)

(A) 上帝国(The City of God)

(B) 概括过去未来之历史观——"The Christian Epic"

(二) 教皇 Gregory the Great (590—604)

(A) 讲演

(1) 四十篇尚存

(2) 地狱之重要

(B) 诗歌——Gregorian Chants

(C) The Pastoral Rule

(1) 主教指导信徒之方法

(2) 实用心理学之名著

(D) Moralia

(1) 圣经中 Book of Job 之解释

(2) 隐意解释(allegorical interpretation)名著

(E) 意大利先圣传记与神迹(Dialogues on the Lives and Miracles of the Italian Saints)

(1) 鬼神遍满千变万化之世界

(2) 神迹世界

(3) 圣骨(relics)之崇拜

(三) 宗教思想与宗教哲学

(A) Alcuin (726—804)

(B) John Scotus Erigena (818—880)

（丁）修道运动之进展——Monasticism

（一）背景

（A）修道运动之步骤

（1）家中修行

（2）旷野独自修行

（3）修道院中团体修行

（B）修道兴起后教士之两级

（1）世俗教士(Secular Clergy)

（2）清修教士(Regular Clergy)

（二）Benedictine 修道制度

（A）St. Benedict of Nursia(480—543)

（1）罗马贵族

（2）创立修道院于罗马城南之 Monte Cassino (529)

（B）St. Benedict 之修道规则(Regula)

（1）望道期(novitiate)一年

（2）修道士三誓

（a）清贫

（b）贞操

（c）服从

（3）廿四小时之分配

（a）七时修行读书——二时读书

（b）七时工作

（c）七时睡卧

（d）三时饮食消遣

（4）院长——方丈(abbot)

（a）由修道士全体公选

（b）修道士须绝对服从方丈

——外来信件须经方丈之手

（5）每院完全独立

(a) 与他院无行政关系

(b) 但须受所在地主教之监督

(C) Benedictine 修道制度之普遍西欧

(戊) 修道士之宣传工作

(一) 重要

(A) 乡间之基督教化

(1) 392 年间基督教为城市宗教

(2) 宗教狂之修道士宣传后乡间始皈依教会

(3) 旧文化及异教之绝迹

(a) 五世纪后西欧皆入教

——Sicily, Sardinia, Corsica 为例外

(b) 七世纪异教绝迹

——平民迷信为其惟一遗留之痕迹

(B) 教皇地位之提高

(1) 传教之修道士多为教皇所派遣

——故皆宣称教皇之权威

(2) 修道士乐意服从教皇

——以脱各地主教之干涉

(二) St. Augustine of Canterbury

(A) Gregory the Great 遣至不列颠(597)

(B) 建礼拜堂于 Canterbury——St. Martins, Cathedra

(1) Augustine 为其地主教长

(2) Canterbury 至今为英国教会中心

——York 后又添一主教长

(C) Anglo-Saxons 之皈依

(三) 爱尔兰传教士

(A) 背景

(1) 五世纪时信基督教

(a) St. Patrick

(b) 全族往往加入修道运动

(2) 民族迁徙

(a) 爱尔兰人(Scots)大帮移至苏格兰(500 左右)

(b) 一部不列颠人逃避爱尔兰人及 Anglo-Saxons 而移至大陆之 Brittany

(c) 迁徙之爱尔兰人民中有修道士

(B) 著名爱尔兰传教士

(1) St. Columba (521—597)

(a) 至苏格兰(565)

(b) 建修道院于 Iona 岛

(2) 其他传教士之活动地

(a) Shetlands 群岛

(b) Hebrides 群岛

(c) Orkney 群岛

(d) 冰岛

(e) 德国各地

(3) St. Columban (543—615)

(a) 至 Gaul 东部

(b) 建修道院多处于 Vosges 山中

(c) 传教于莱因河上游之 Alamanni 族地

(d) 至意大利建修道院于 Apennines 山中——死于院中

(4) St. Amandus (七世纪前期)

(a) 南至 Basques 地

(b) 北至 Flanders 及 Hainault

(5) Willibrord

(a) 七世纪末之 Anglo-Saxon 传教士

(b) 至 Frisia 传教——设 Utrecht 主教区

(C) 爱尔兰修道院渐归教皇统治

(1) 当初完全独立

(2) 七、八世纪间皆皈 Benedictine 律

(四) St. Boniface——Winfrith(八世纪)

(A) Anglo-Saxon 修道士

(B) 至莱因河东日耳曼区宣传

——Frisia, Thuringia, Hesse, Bavaria

(C) 改良法兰克教会

(D) 劝法兰克主教发誓拥护教皇(747)

(E) 为 Pepin III 行加冕礼为王(751)

(F) 回 Frisia 传教(753)——次年遇害于其地

(己) 日耳曼人之基督教

(一) 教士之基督教

(A) 消极厌世主义——St. Augustine

(B) 和平主义——厌战

(二) 日耳曼人之旧宗教

(A) 积极乐世主义

(B) 尚武精神

(1) 全民武装

(2) 天堂 Walhalla 乃武士之乐国

(三) 基督教之变质

(A) 外表仍旧

(1) 消极

(2) 和平

(B) 内容大变

(1) 积极

(2) 战争

(C) 两性之冲突——至今犹然

参 考 书

Thorndike——Medieval Europe, chap. 6, 9

Robinson——Readings in European History, Vol. I

Henderson——Selected Historical Documents of the Middle Ages, pp. 274—314, 319—329

Thatcher and McNeal——Source Book of Medieval History, pp. 432—484

Cambridge Medieval History, chap. 8

Dudden——Gregory the Great, 2 vols

Workman, H. B.——The Evolution of the Monastic Ideal, pp. 183—216

Munro and Sellery——Medieval Civilization, pp. 60—86, 114—136

Emerton——Medieval Europe, pp. 41—88

第四章　黑暗时代之文艺

(甲) 特征

(一) 文学仍用拉丁文——Anglo-Saxon 与 Saxon 除外

(二) 旧文化残余之整理传述工作

(三) 文学之宗教色彩浓厚

(乙) 旧文化残余之传述者(Transmitters)

(一) Martianus Capella(五世纪)

(A) 身世

(1) 非洲人

(2) 新柏拉图主义者(Neo-Platonist)

(B) 名著——De Nuptiis Mercurii et Philologiae

(1) 寓言体裁

(2) 七艺(Seven Liberal Arts)

(a) 初级三艺(Trivium)

(i) 文法(Grammar)——拉丁文

(ii) 理论学(Dialectics)

(iii) 修辞学(Rhetoric)

(b) 高级四艺(Quadrivium)

(i) 几何学(Geometry)

(ii) 算学(Arithmetic)

(iii) 天文学(Astronomy)

(iv) 音乐(Harmony)

(3) 后代课本

(二) Boethius (c.480—525)

(A) 身世

(1) 罗马贵族

(2) 东戈特王 Theodoric 之臣

(3) 遭谗下狱

(4) 死刑(525)

(B) 特点

(1) 仍好旧学——为学问而学问

(2) 仍通希腊文

(3) 但旧学已多不能了解

(C) 译品

(1) Aristotle 之逻辑著作——成后代课本

(a) The Categories

(b) On Interpretation

(c) Porphyry's Introduction to the Categories

(2) 其他译品皆佚

(D) 名著——哲学的安慰(De Consolatione Philosophiae)

(1) 狱中著以自慰

(a) 基督教不能安慰之

(i) Boethius是否基督徒不可确知

(ii) 名义上十九已信教

(b) 内容为希腊哲学名著择录

(2) 后代风行

(三) Cassiodorus (480—565)

(A) 身世

(1) Theodoric臣

(2) 晚年建修道院

(a) 入院修行

(b) 鼓励学术

(B) 名著——The Institutions

(1) 修道士宝鉴

(2) 内容

(a) 上卷为圣经指南——圣经与先圣著作择录

(b) 下卷为七艺大纲

(四) Isidore of Seville (c.570—636)

(A) 西班牙Seville之主教长

(B) 名著——辞源(Etymologiae)

(1) 唾余残篇知识之搜集

(2) 毫无意识见解

(丙) 文学

(一) 意大利

(A) Ennodius (473—521)

(1) 身世

(a) 主教

(b) 诗人

(i) 喜读拉丁古籍

(ii) 摹仿Virgil——失败

(2) 著作

(a) 教育指南——修辞学之提倡

(b) 婚诗 Epithalamium——隐意方法

(B) Arator (540)

(1) 诗人

(2) 著作——十二使徒传

(a) 隐意法

(b) 后代风行

(二) Gaul

(A) Fortunatus (540—600)

(1) 身世

(a) 意大利游学

(b) 游历家

(c) Poitiers 主教

(2) 著作

(a) 旧式拉丁诗——青年著作

(b) 圣诗

(B) Gregory of Tours (538—594)

(1) 身世

(a) 日耳曼人

(b) 读 Virgil 与 Sallust

(c) Tours 主教

(2) 名著——法兰克民族史(Historia Francorum)

(a) 第一段

(i) 天地原始至 397 年

(ii) 神话附会——无历史价值

(b) 第二段

(i) 397—511

(ii) 根据今日已失之古代史料

(c) 第三段

(i) 511年后

(ii) 根据当事人之口传

(d) 第四段

(i) 当时事纪

(ii) Gregory 个人之经验

(C) Einhard 或 Eginhard(c.771—844)

(1) 查理大帝之秘书

(2) 名著——查理大帝本纪(Life of Charlemagne)

(三) 日耳曼(德国)

(A) Saxon 民族创新文学——用 Saxon 文字

(B) 名著——救主传(The Heliand)

(1) 著于825—835年间——著者不可考

(2) 耶稣故事之日耳曼化

(a) 耶稣为王

(b) 门徒为忠心之武士

(四) Anglo-Saxon 文学(威尔斯附)

(A) Gildas (c.516—570)

(1) 威尔斯人

(2) 名著——不列颠民族史

(a) 用拉丁文

(b) 内容

(i) 由罗马入侵至当代

(ii) 六世纪史重要材料

(B) Caedmon (c.658—731)

(1) 身世

(a) Anglo-Saxon 牧牛人

(b) "Father of English Song"之称号

(2) 宗教诗——圣经故事

(C) Cynewulf (800)

(1) 梦境诗与隐意解释法

(2) 名篇——The Dream of the Rood

(D) 七世纪著名史事诗——Beowulf

(1) 六世纪故事——著者不可考

(2) 英雄——Beowulf

(3) 地点——丹麦

(E) Bede——The Venerable Bede (c.672—735)

(1) 身世

(a) 修道士

(b) 拉丁文及希腊文

(2) 名著——(Ecclesiastical History of the English People)

(a) 用拉丁文

(b) 下至 731 年

(c) 根据已失之文件与传说及个人经验

(F) Nennius (796)

(1) 著"不列颠史"——根据 Eusebius 与 Gildas

(2) 最早提及 King Arthur

(G) Alfred the Great (c.849—871—901)

(1) 译品——译为 Anglo-Saxon 文

(a) Boethius——The Consolations of Philosophy

(b) Gregory the Great——The Pastoral Rule

(c) Orosius——Universal History

(2) 指导翻译

(a) Bede——Ecclesiastical History

(b) Gregory——Dialogues on the Italian Saints

(H) The Anglo-Saxon Chronicle

(1) 九世纪开始记录

(2) 各地同时记录

参　考　书

Thorndike——Medieval Europe, pp. 124—125, 222—223

Jameson——Short History of European Literature, chap. 14, 15

Taylor——The Medieval Mind, Vol. I, chap. 5—10

Taylor——The Classical Heritage of the Middle Ages

第二编　西洋文化第一期封建时代(911—1517)上——封建盛期(911—1321)

(甲) 封建盛期之政治与社会(911—1321)

(一) 封建制度——封建国家

(二) 一统观念——教皇与皇帝

(三) 经济生活

(A) 佃庄制度——农业

(B) 城市与工商业

(乙) 宗教与哲学(911—1321)

(一) 宗教之极盛——信仰与组织

(二) 宗教哲学——书院哲学

(丙) 文艺(911—1321)

(一) 宗教文学

(二) 贵族文学

(三) 平民文学

第五章　封建时代之政治与社会
(911—1321)

(甲) 背景

(一) 罗马帝国末期封建形式之复起

(二) 日耳曼人之部落制度

(三) 九世纪之大乱——四方蛮人之入侵

(四) 各地贵族强盗之乘机蜂起

(乙) 封建制度之意义

(一) 主权之分化——中央政府无权

(二) 田地皆为采田

(A) 非自由买卖之主有田

(B) 采田之代价为徭役

(三) 法律规定之阶级制度

(丙) 封建制度普遍实现之方法

(一) 帝王之分封诸侯(Infeudation)

(二) 诸侯之再封小贵族(Subinfeudation)

(三) 主有田之封建化(Feudalization of allodial lands)

(丁) 封建制度之分析

(一) 封采(Fief)之种类

(A) 田地

(1) 罗马

(a) Precarium

(b) Colonus

(2) 日耳曼——Charles Martel

恩泽制(Beneficium)

(B) 职位——薪俸

(1) 官吏

(2) 常备军

(C) 征厘权(tolle)

(二) 君臣礼

(A) 君臣关系之背景

(1) 自投制(Commendation)——罗马与日耳曼

(2) 同志团(Comitatus)——日耳曼

(B) 封建礼(Investiture)

(1) 称臣礼(Homage)

(2) 发誓礼(Fealty)

(3) 授采礼(Investiture)

(三) 臣下(Vassal)之义务

(A) 忠信尽责(Fidelity; Vassalage)
——起源于同志团与自投制

(B) 军事徭役(Military Service)
——每年四十日

(C) 宫中职务

(1) 陪审(Jury Service)

(2) 顾问

(3) 节期之仪式典礼责任

(D) 钱财义务

(1) 承继税(Relief)——两方面

(2) 出让税(Alienation Fee)

(3) 助金(Feudal Aids)

(a) 主上长子升为武士时

(b) 主上长女出阁时——再嫁则无责任

(c) 主上被掳勒赎时

(E) 东道义务(Entertainment)

(四) 主上(Lord)之义务

(A) 忠信(Fidelity)——不增加税役

(B) 公道(Justice)——主上法庭

(C) 保护(Protection)——外人攻击时

(五) 主上之特别权利

(A) 嫁娶权(Marriage Right)——主上对先臣之寡妇孤女有为之择配之全权

(B) 抚幼权(Wardship; Guardianship)——主上抚养先臣未成年之遗孤并得经营享受其遗产

(C) 没收权(Forfeiture)——臣下不忠时

(D) 归主权(Escheat)——臣死无嗣时

(戊) 封建贵族

(一) 贵族之定义

(A) 采田为贵族之必需表记

(B) 田以外之封采无贵族性

(二) 贵族之等级

(A) 国王——第一贵族(Primus inter pares)

(B) 诸侯或大臣(Vassals-in-Chief)

(1) Dukes, Counts, Earls(英)

(2) 主教方丈

(C) 次臣(Rear Vassals)

(1) 陪臣(Subvassal)

(a) 大臣之臣——国王之陪臣

(b) 名称

(i) Barons——法,德

(ii) Knights, Lords——英

(2) 陪臣之臣——大臣之陪臣

(3) 陪臣之臣之臣——国王陪臣之陪臣

(4) 以下等级由此类推

(三) 采田承继法

(A) 长子承继法(Law of Primogeniture)

(1) 英国

(2) 法国(有例外)

(B) 诸子承继法——德国

(四) 武士道(Knighthood and Chivalry)

(A) 武士之资格

(1) 贵族而建惊人功者

(2) 贵族而受特别训练者

(a) 侍童(Page)——七至十四岁

(b) 马弁(Squire)——武士马弁

(c) 武士(Knight)——由其他武士或教会封派

(B) 武士与贵族之生活

(1) 战争——宫垒(Castle)

(2) 战戏

(a) 二人斗(Jousts)

(b) 群人斗(Tournaments)

(3) 游猎

(C) 限制贵族战争之方法

(1) 教会方面

(a) 上帝的和平(The Peace of God)

(i) 十至十一世纪

(ii) 勉强战士保护不战者(Non-Combatants)——教士,农民,工商,妇孺

(b) 上帝的息战(The Truce of God, 1027)

(i) 礼拜三晚至礼拜一晨息战

(ii) 圣节息战

(iii) 最后一年中只余八十日为战期

(c) 十字军——教皇政策

(2) 城市方面——城市联盟之兴起

(a) Hanseatic League

(b) Swabian League

(c) Rhenish League

(3) 国王方面

(a) 可能时则禁止臣下私斗

(b) 国王最后武力统一全国

(己) 封建制度之理论与实际

(一) 理论

(A) 君臣之忠信关系

(B) 权利义务界限分明

(二) 实际

(A) 封建制度非有系统之法制

(B) 君臣关系之复杂

(1) 一臣数君之现象——Liegelord 与 Liegeman

(2) 君为臣之臣之现象

(C) 法律与规例之违犯

(1) 强权即公理之社会

(2) 君臣战争

(庚) 封建国家

(一) 国家法制之萌芽

(A) 军政——封建军队

(B) 政务与司法——臣下朝会时之顾问与陪审责任

(C) 财政——助金与特税

(二) 东法兰克国——德国

(A) Carolingian 朝之灭亡(911)

(B) 各地大诸侯(当初部落酋长)之独立——Dukes

(1) Saxony

(2) Franconia

(3) Lotharingia

(4) Thuringia

(5) Swabia——原名 Alamannia

(6) Bavaria

(C) 新王——Conrad of Franconia (911—918)

(1) 诸侯公选

(2) 无权

(D) 新朝代——Saxon 朝(919—1024)

(1) 统一工作及其失败——宗教诸侯邦之设立

(2) 神圣罗马帝国之成立

(E) Salian 朝代(1024—1125)

(F) Lothair II of Saxony (1125—1137)

(G) Swabian 或 Hohenstaufen 朝代(1138—1250)

——1250 年后神圣罗马帝国之破裂

(三) 意大利半岛(900)

(A) 无国王

(1) 教皇反对

(2) 分子复杂——日耳曼人(Lombards),教皇,东罗马帝国,回教徒

(B) 分据

(1) Friuli 公国

(2) Montferrat 侯国(Marquis)

(3) Tuscany 侯国

(4) 教皇国

(5) Spoleto

(6) 其他小诸侯国无数——外有东罗马及回教势力区

(四) 西法兰克国——法国

(A) Carolingian 朝代之亡(987)

(B) Capetian 朝代(987—1328)

(1) Hugh Capet(987—996)

(a) 原为 Duke of France

(b) 只辖 Ile de France 及其他数小区

(2) 新王无权

(a) 地盘小于大诸侯

(b) 第一有权之王——Louis the Fat (1108—1137)

(C) 西法兰克国境内之封建诸侯邦

(1) Flanders

(a) 为东西两法兰克国国王之臣

(b) 渐渐统一境内

(2) Champagne

(a) 两王之臣

(b) 未能统一境内

(3) Burgundy

(a) 分为二

(i) Upper Burgundy

(ii) Lower Burgundy

(b) 又合为一(938)

(i) 都会在 Arles

(ii) 故改称 Kingdom of Arles(934—1032)

(c) 又分裂(1032)

——名义上属东法兰克王(神圣罗马皇帝)

(i) Franche Comté (Free County of Burgundy)

(ii) Savoy

(iii) Dauphiné

(iv) Provence

(4) Toulouse——Languedoc

(a) 先称 Marquisate of Gothia

(b) 后称 Duchy of Narionne

(c) 最后 County of Toulouse

(5) Gascony

(a) 由 Vascones (Basques)得名

——六世纪 Basques 入侵

(b) 十一世纪后期为 Aquitaine 所并

(6) Aquitaine

(a) 西法兰克国境内最大诸侯邦

(b) 内部附属小诸侯甚多

(i) Poitou

(ii) Perigord

(iii) Limousin

(iv) Auvergne

(7) Brittany

(a) 属 Duke of Normandy

(b) 等于属英王

(8) Anjou——十二世纪统一

(9) Normandy

(a) 成立(911—912)

(b) 西法兰克境内最统一之侯邦

——与 Flanders 同

(i) 直辖臣下

(ii) 征服英国(1066)

(五) 西班牙半岛

(A) Barcelona

(1) 即当初之 Spanish March

(2) 包括 Catalonia 与 Rousillon

(B) Aragon

(C) Navarre

(1) 在 Pyrenees 山两面

(2) 属 Asturias 王

(D) The Asturias——Leon

(1) 当初回教徒惟一未征服之地

(2) 后改名 Leon

(E) Castile

(六) 英国

(A) Edgar the Peaceful 死后(975)之衰微

(B) 丹麦王 Swein 征服之(1013)

(1) 其子为英王——Cnut (1016—1035)

(2) Cnut 二子无能(1035—1042)

(C) Edward the Confessor (1042—1066)

(1) 先逃亡在 Normandy

(2) 即位后用 Norman 人

(3) Normandy 公爵 William 拜会之

(D) William the Conqueror 征服英国(1066)

(1) 此后英法关系之复杂

(2) 封建制度之输入

(a) 国王权大——如在 Normandy

(b) 贵族皆 Norman 人

(七) 苏格兰

(A) 混乱状态——有无权之王

(B) 英王 Edward I (1272—1307)之干涉(1291)

(C) 苏法联合抗英

(D) Robert Bruce 大败英人于 Bannockburn (1314)——苏格兰仍维持独立

(E) 贵族势力始终强大

(八) 威尔士

(A) 被英王 Edward I 征服

(B) 划为郡县(Shires)

(C) 称英太子为威尔士亲王(Prince of Wales, 1301)

(九) 爱尔兰

(A) 英王 Henry II(1154—1189)之侵略

(B) 英王 John(1199—1216)之继续侵略

(C) 英王势力只达 Dublin 一带

(十) Scandinavia 三国——Denmark, Sweden, Norway

(A) 国王由贵族公选

(B) 1000 年左右始基督教化

(1) 传教士

(a) 丹麦——德国传教士

(b) 瑞典,挪威——英国传教士

(2) 十二世纪时教会始组织坚固

(十一) Bohemia

(A) 国王公选

(B) 九世纪皈依罗马教

(C) 神圣罗马帝国之一部

(十二) 波兰

(A) 国王公选——1000 年左右组织王国

(B) 十世纪皈依基督教——Bohemia 传教士

(C) 贵族强大——三级议会代表有单独否决权(liberum veto)

(十三) 匈牙利

(A) 国王公选

(B) 归化基督教——国王 St. Stephen (997—1039)

(C) 贵族势力甚大——Golden Bull (1222)定贵族自由与免税

(辛) 封建制度下之一统观念

(一) 意义

(A) 混乱世界之一统理想

(B) Christendom 之观念——一统之宗教为象征

(二) 神圣罗马帝国(962)

（A）东法兰克王 Otto I the Great (936—973)

（1）战败东方入侵之蛮人

（2）至罗马请教皇行皇帝加冕礼(962)

（B）神圣罗马帝国之领土

（1）德国
（2）意大利北部 } 不能统一之大原因

（C）理论上之神圣罗马帝国

（1）皇帝

（a）古代罗马皇帝之承继者

（b）欧洲(西欧)诸国国王之主上

（2）皇帝之产生

（a）德意志王或罗马王——德国诸侯选举

（b）罗马皇帝——教皇封派

（D）帝国内之宗教邦

（1）各地诸侯不忠于皇帝

（2）皇帝封主教方丈为各地小诸侯以与世袭大诸侯对抗

（三）教皇势力之膨胀

（A）教皇政治地位提高之背景

（1）伪造文件

（a）教皇为西方政治元首

（b）教皇为教会元首

（2）修道士与修道社——修道士忠于教皇以抗各地主教及王侯之干涉

（B）Cluny 修道社

（1）设于 Burgundy 之 Cluny

（2）只受教皇管理——不受政治或当地教会干涉

（3）灵修理想之复兴与 Cluny 声名之日大

（4）注重理智生活

（a）修道士多受高等教育

(b) 设学校

(5) 制度

(a) 社长或方丈(Abbot)由前任指派

(b) Cluny 以外之新修道院只有副主持(Prior)

(i) 由社长指派

(ii) 受社长指导

(c) 社长得招聚全体副主持大会

(C) 十一世纪之教会改良运动

(1) 教会弊端

(a) 教士之婚娶与封建化

(i) 上阵打仗

(ii) 游猎

(iii) 不斋戒祷告

(b) 圣爵买卖与私人包揽(Simony)

(c) 俗人封爵(Lay Investiture)
——帝王贵族之封主教方丈

(2) Cluny 修道社之提倡改良

(a) 局部成功

(i) 教士婚娶之禁止(1018)

(ii) 圣爵买卖之防止——皇帝 Henry Ⅲ (1039—1056)

(b) Cluny 最后目的

(i) 提高教皇地位以统一教会

(ii) 前此教会各国分立

(3) 教皇制度之改良——教会彻底改良之初步

(a) Cluny 修道士被选为教皇(1049)

(b) 红衣主教院(College of Cardinals)之设立(1059)

(i) 前此教皇由罗马城人民选举——故无权

(ii) 此后教皇完全独立

(D) Hildebrand (1025—1085)——Gregory VII (1073—1085)

(1) 严厉执行教会改良政策

(2) 教皇为天下主上之理想——The Dictatus(1075)

(a) 教皇无误说(Papal Infallibility)

(b) 教皇为教会元首

(i) 委任废免主教

(ii) 高于宗教大会(Church Councils)

(c) 教皇为政治元首——Theocracy

(i) 教皇即皇帝——宗教高于俗世

(ii) 教皇乃皇帝国王之主上得扶立废免之

(d) 教皇为上帝世间代表(Vicegerent of God on Earth)

(i) 乃全世主人

(ii) 司天堂锁钥

(四) 教皇与皇帝之争——两一统观念之冲突

(A) 皇帝 Henry IV(1056—1106)

(1) 压制德国诸侯以谋统一

(2) 委派主教

(B) Gregory VII 禁 Henry 委任主教(1075)

(1) 公文来往

(2) 教皇逐皇帝出教会

(a) 德国诸侯纷起为乱

(b) 主教辅助皇帝

(C) Henry 之忍辱于 Canossa (1077)及其结果

(1) 复位平乱

(2) 诸侯立新王

(3) Gregory 又逐 Henry 出教会

(4) 德国主教废 Gregory 而立新教皇

(5) Henry 攻入罗马城由新教皇立为皇帝(1084)

(6) Gregory 死于南意大利(1085)

(D) 解决——Henry V (1106—1125)

(1) Concordat of Worms (1122)

(a) 德国

(i) 主教选举须在皇帝面前执行

(ii) 主教须先由皇帝封建始能受教皇或其代表之祝圣

(b) 意大利与 Arles

(i) 主教先受祝圣礼

(ii) 六月内政治主上必行封建礼

(2) 主教选举法之改良——教皇谕令(1139)

(a) 主教由当地教士选举
——普通信徒无干涉权

(b) 但国王干涉权仍未废除

(3) 教会之胜利——国家正式承认教会有干涉国家官吏(有诸侯地位之主教)之权

(壬) 教皇一统观念之实现——Innocent III(1198—1216)

(一) 宗教帝国之伟大

(A) 中央政府——教皇廷(Papal Curia)

(1) 教皇——宗教帝国之专制皇帝

(2) 红衣主教院——国务院

(3) 各地之教皇代表(Papal Legates)

(B) 地方政府

(1) 主教长及主教

(a) 向教皇负责——选举后教皇得否认之

(b) 主教有教士团(Cathedral Chapter of Canons)辅助之

(2) 神父及下级教士[名义上主教神父会吏为上级教士,实际只主教为上级(贵族或权利地位),以下皆为下级平民]

(a) 由主教祝圣——向主教负责

(b) 与人民直接发生关系

(3) 修道士

(a) 特别官员

(b) 直接受教皇支配

(C) 教会法庭

(1) 教会法(Canon Law)

(2) 司教士案件与宗教或道德案件

(3) 教皇廷为最高上诉法庭

(D) 财政

(1) 人民之什一税(Tithe)

(2) Peters Pence 及其他特税

(E) 军备

(1) 十字军

(2) 各国军队之利用——Albigensian Crusade (1208)

(F) 教会之特别权威

(1) 逐出教会(Excommunication)

(a) 小逐

(b) 大逐

(2) 停止圣礼(Interdict)——两种

(3) 异端审问所(Inquisition)——Innocent III 时代萌芽

(二) 宗教帝国之势力——第四次教廷宗教大会(Fourth Lateran Council, 1215)

(A) 到会代表

(1) 主教四百余人

(2) 方丈八百余人

(3) 王侯代表

(B) 代表地方

(1) 极西——Greenland

(2) 极北——Iceland

(3) 极东——Cyprus, Little Armenia, Syria(十字军势力)
——东罗马帝国此时为拉丁帝国,亦有代表

(C) Innocent 主席

(1) 提议改良教会议案

(2) 代表承认通过

(三) 列国主上之 Innocent III

(A) Aragon

(1) 国王 Peter II 正式承认教皇为主上

(2) 每年入贡二百五十金币

(B) 英国

(1) 英王 John 与教皇之冲突

(a) 选举 Canterbury 主教长问题(1206)

(b) 教皇之行动

(i) 停止英国圣礼(1208)

(ii) 逐 John 出教会(1209)

(iii) 废 John 而令法王 Philip Augustus 入英为王(1213)

(2) John 认教皇为主上(1213)
——并应许年贡千磅

(C) 法国

(1) 国王 Philip Augustus 不肯认教皇为主上

(2) 法王离婚案

(a) 王后为丹麦公主 Ingeborg

(b) 离婚后教皇勉强法王收回

(D) 神圣罗马帝国——Innocent 干涉皇位承继问题

(E) Sicily——国王承认教皇为主上

(F) 其他各国——Castile; Leon; Portugal; Norway; Hungary; Armenia

参 考 书

Thorndike——Medieval Europe, Chap. 13,14,15,23,24
Munro, D.C.——History of the Middle Ages, Chap. 13,pp. 122—134
Munro and Sellery——Medieval Civilization, pp. 137—187,406—431
Seignobos——Feudal Regime, pp. 1—2,27—65
Luchaire——Social France, Chap. 8—10
Bateson——Medieval England, Chap. 1,2,8
Robinson——Readings in European History, Vol. I
Thatcher and McNeal——Source Book for Medieval History
Emerton——Medieval Europe, pp. 174—209, 582—592
Sedgwick——A Short History of Italy, pp. 67—78
Henderson——History of Germany in the Middle Ages
Kitchin——History of France, Vol. I, Bk. III
Ogg——Source Book for Medieval History
Mathew, A. H.——The Life and Times of Hildebrand
Coulton——A Medieval Yarner
Tout——Empire and Papacy
Fisher——The Medieval Empire
Bryce——The Holy Roman Empire

第六章　封建时代之社会与经济

（甲）总论

（一）农业

（A）封建制度之基础——封建社会之下层

（B）佃庄制度

（二）工商业

（A）城市之兴起

(B) 行会之兴起

(乙) 佃庄(Manor; Vil; Villa)在封建社会之地位

(一) 百分九十人民之世界

(二) 全社会之基础——Oratores; Bellatores; Laboratores

(三) 社会机体之细胞

(A) 经济个体

(1) 自给自供

(2) 例外——铁;食盐;香料;磨石

(B) 政治个体

(1) 庄主维持治安

(2) 庄主法庭

(C) 宗教个体

(1) 佃庄即教会最小之个体——牧区(Parish)

(2) 神父掌理佃庄上一切宗教生活

(a) 洗礼

(b) 婚礼

(c) 圣餐礼

(d) 忏悔礼

(e) 傅油礼

(f) 葬礼

(丙) 佃庄之分析

(一) 房屋之鄙陋

(A) 草顶,无窗,无地板——人畜同居

(B) 坚固重要之建筑

(1) 庄主宫垒

(2) 礼拜堂

(二) 田地之种类

(A) 耕田

(1) 分两部或三部——每人于每部上皆有田地

(2) 种类

(a) 佃奴佃户田

(b) 庄主田 Demesne

(c) 神父田 Glebe

(B) 草田 Meadow Land——秋季割草喂畜

(C) 草地 Pasture——牲畜自由吃食

(D) 林地——公用

(E) 荒地

(三) 佃庄上之农业

(A) 旧法——二田法 Two-field System

(B) 新法——三田法 Three-field System

(1) 三田法——八世纪发明

(2) 禾稼轮流法 Rotation of Crops

(丁) 佃庄上之人民

(一) 庄主 Lord of the Manor 及其人员

(A) 一庄庄主

(B) 多庄庄主(王侯,大贵族,主教,方丈)

(1) 管家或调查员 Steward

(2) 每庄上之司务 Bailiff

(C) 庄主田上之经理 Reeve

(二) 佃农之等级

(A) 佃户 Villein

(1) 其田乃租田

(2) 其义务有合同规定

(B) 佃奴 Serf

(1) 为田地附属品

(2) 其义务乃世袭的

(C) 工人——亦佃奴或佃户

(1) 磨户

(2) 面包工人

(3) 酒户

(4) 牧羊人与牧猪人——草地

(5) 技工——木匠,铁匠

(D) 佃奴佃户阶级之混乱

(1) 联婚——阶级从母

(2) 田地承继之混乱

(三) 神父 Priest

(A) 由庄主指派而主教委任之

(B) 有田 Glebe

(戊) 佃农之义务

(一) 工作

(A) 庄主田上之工作——每星期工作三日

(B) 神父田上之工作

(C) 庄主或司务或经理指定之工作

(二) 租税

(A) 租粮或租金

(B) 承继税 Relief

(C) 节期礼物

(三) 听庄主或其代表之命令

(A) 词讼由庄主法庭解决——罚金归庄主

(B) 婚姻听庄主指定

(己) 工商业与城市之兴起

(一) 城市之兴起

(A) 黑暗时代与封建初期之商业

(1) 无大规模之商业

(2) 只有地方之集市 Market 或市会 Fair——市镇 Market Town

(B) 城市地点(一部为罗马旧市区)

(1) 利于通商之地

(a) 河岸

(b) 海岸

(c) 政治中心——宫垒或大城或主教驻地

(d) 修道院

(2) 利于防卫之地(城皆有墙)

(a) 宫垒附近

(b) 山麓或山中

(C) 城中人民

(1) 佃农之谋求自由

(a) 个人之逃逸

(i) 入城市

(ii) 一年一日后即成自由人

(b) 全区之革命或交涉独立——Normandy 农民革命及其失败(997)

(2) 佃农之解放

(a) 工作税粮改为固定之租金(十二世纪后)

(i) 佃农工作不勤

(ii) 现金之方便

(b) 解放后则实际成自由人

(二) 工商组织——行会 Gilds

(A) 商会 Hanse; Merchant Gild

(1) 全城商人联合组织

(2) 封建主上之承认

(a) 商人个人之自由

(b) 免农业责任与税赋

(c) 离城经商之自由

(d) 主上辖区内通商特权

(3) 向主上纳特别税

(4) 金融业之开始——但教会禁止放利

(B) 工业行会 Craft Gilds

(1) 每城每业自组行会——专利权

(2) 工业行会会员

(a) 主人 Master-workmen——同时多为商会会员

(b) 附属主人之人员非会员

(i) 学徒 Apprentices

——期限三年至十一年

——地位有似佃奴

(ii) 工匠 Journeymen

——得为主人

——间或组织工匠行会

(3) 工会会章

(a) 货色及货价之划一

(b) 工作时间之划一

(i) 时间甚长

(ii) 但假期甚多——礼拜日与圣节

(c) 学徒

(i) 数目之规定

(ii) 学习年限之规定

(d) 会员患难相助

(e) 行会组织

(i) 选举委员

(ii) 通过规律

(iii) 公断法庭

(iv) 会费

(三) 城市之独立运动

(A) 政治组织

(1) 行会

(2) 互助会 Brotherhoods

(3) 市会 Communes——包括全市市民(Burgess; Burghers; Bourgeoisie; Citizens; Townspeople; Middle Classes)

(B) 独立方式

(1) 和平交涉——自治

(2) 武力革命——自治或独立

(C) 城市宪章 Charter

(四) 城市之政治生活

(A) 党派竞争——意大利之教皇党与皇帝党

(B) 城际之竞争与战争——意大利

(庚) 意大利之城邦

(一) 背景

(A) 政治独立之背景

(1) 东罗马帝国与 Lombards 之争

(2) 教皇与皇帝之争

(B) 商业兴盛之背景

(1) 中枢地位——地中海东部南部与欧洲西部北部之中枢点

(2) 代君士坦丁堡而包揽地中海西部商业

(二) Venice

(A) 建立

(1) 五世纪避难人所立

(2) 数百年之野人侵略与人口之增加

(B) 早年政治

(1) 自治

(a) 先行委员制

(i) 全城分十二区

(ii) 全区委员 Tribune 一人

(b) 后改行总统制 Doge

(i) 初次选举(697)

(ii) 期限终身

(iii) 总统多以子为辅——子多继位

(2) 承认东罗马皇帝

(a) 总统多由皇帝承认

(b) Venice 商人在东罗马帝国有通商特权

(C) 政治发展

(1) 总统权柄之限制(1032)

(a) 不得以其子为辅

(b) 顾问委员两人之产生

(c) 元老院之设立

(2) 政府之扩展(1172)

(a) 顾问委员由二人增至六人

(b) 议会之产生

(i) 贵族性——间接选举

(ii) 人数——480 人

(c) 总统

(i) 由议会特派委员会选定

(ii) 由人民承认

(D) 商业

(1) 工业不重要

(2) 商业始终占重要地位——故 Venice 政府为贵族式

(3) 商业普遍地中海世界

(三) Lombardy 城市(Communes)

(A) 背景

(1) 每城皆有神圣罗马皇帝所派主教或伯爵 Count 治理

(2) 十一世纪之革命

(a) 乘教皇皇帝之争而逐主教或伯爵

(b) 自设政府——组市会 Communes

(3) 败皇帝军队(1176)

——Frederick Barbarossa(1152—1190)

(B) 自治政府(十二世纪)

(1) 执政 Consuls

(a) 六人至十二人

(b) 期限最多一年

(2) 议会

(a) 顾问委员会——助执政

(b) 市府议会——数百人

(3) 市民大会 Parlamento——讨论重要问题

(四) Tuscany 城市

(A) 背景

(1) 原为伯爵邦 County

(2) 教皇与皇帝之争

(a) 女伯爵 Matilda 临死以之遗教皇(1115)

(b) 皇帝否认遗书——言 Tuscany 宜归还主上

(3) 各城乘机独立

(B) 政治——与 Lombardy 同

(五) 政治发展——Lombardy 与 Tuscany(十三世纪)

(A) 政争无已与商业之损失

(B) 独裁元首 Podesta 之设立

(1) 每年改选

(2) 资格与条件

(a) 必须为外人

(b) 不得携带家眷

(c) 不得在城内置产

(辛) 法国城市

(一) 南部城市——与意大利大同小异

(A) 执政

(B) 顾问委员会

(C) 议会

(D) 十三世纪少数城市亦有独裁元首

(二) 中部城市

(A) 未得自治权

(B) 只减少封建担负与责任

(三) 北部城市

(A) 组织市会 Communes

(1) 与主上交涉

(2) 或革命独立

(B) 行政——市长一人

(C) 议会——十二人至百人

(四) 特点

(A) 无城际战争

(B) 承认王权或诸侯主权

(壬) Flanders 城市

(一) 十一世纪之兴起

(A) 由交涉或革命而强伯爵与以政权

(B) 政治

(1) 由富族组织议会

(2) 议员自派承继人

(二) 织绒布业之重要

(三) 重要城市——Bruges, Ghent, Ypres

(癸) 德国城市

(一) 政治

(A) 直隶皇帝之自由城(Imperial Cities; Free Cities)

(B) 十三世纪后半期始完全自治

——Frederick Ⅱ死后(1250)

(二) 区域

（A）莱因流域——Rhenish League(十三世纪)

（B）南区——Swabian League(1376)

（C）北区——Hanseatic League(十三世纪)

（三）经济

（A）农业仍甚重要

（B）城内仍有农田

(甲）英国城市

（一）英国完全为农业国

（二）城市 Boroughs

（A）面积甚小

（B）国王权柄甚大

（三）城市自治——由王允许

（A）自收税赋——以定额交与王官

（B）国会中代表(十三世纪)

参　考　书

Thorndike, chap. 13, 17, 18,19

Seignobos——The Feudal Regime, pp.3—26

Luchaire——Social France, pp.381—428

Sedgwick——Italy in the 13th Century, I, chap.13;II, pp. 215—218

Robinson——Readings in European History, I, chap. 18

Blok——History of the People of the Netherlands, I, pp.215—251

Jones,G.——The Trades of Paris, II

Villari——First Two Centuries of Florentine History

Brown, H.F.——Venice, chap.1—6

Butler, W. F.——The Lombard Communes, chap.1—6

Duffy——Tuscan Republics, chap.1—7

Bemont and Monod——Medieval Europe, chap.23

Day, C.——History of Commerce, Part II

Giry and Reville——Emancipation of the Medieval Towns

Munro and Sellery——Medieval Civilization, pp.358—365

King, W.——Chronicles of Three Free Cities, pp.314—326

Thatcher and McNeal——Source Book for Medieval History, pp. 564—612

Jacobs——Jews of Angevin England

第七章 封建社会之向外发展——十字军

(甲) 发展之背景

(一) 贵族之冒险精神

(A) 为战争而战争

(B) 贵胄幼子之求土欲

(二) 城市之商业野心——扩张市场与商业

(三) 人口之增加

(A) 饥荒甚多

(B) 贵族之求地欲

(C) 农民之求田欲

(四) 宗教热忱与十一世纪之精神觉悟

(A) 教会改良运动与教皇皇帝之争

(B) 建礼拜堂之日多

(C) 收集圣迹(relics)风气之大盛

(D) 团体异端运动之盛行(前此皆个人)

(1) Cathari或Albigensians(1208被扑灭)

(a) 只承认新约圣经

(b) 宇宙中之善恶相争——教会代表恶神

(2) Waldensians(十二世纪)

(a) 个人宗教——贫穷

(b) 反对仪式

(E) 大团体之朝圣运动

(1) 人数——由数十人或百人增至万余人

(2) 次数——由五年十年或十五年一次增至每年数次

(F) 大学之初起

(G) 文学之初盛

(H) 向外发展乃精神觉悟之一部

——主义战争代替昔日之个人野心战争

(乙) Normans 之发展——Naples 与 Sicily

(一) Naples 与 Sicily 之背景

(A) 回教势力

(B) 东罗马帝国势力

(C) 地方城市与贵族

(二) Normans 之侵入

(A) 当初为雇军

(B) 后败教皇 Leo IX(1053)

(C) 教皇 Nicholas II 承认 Normans 领袖 Robert Guiscard 为 Apulia, Calabria, 与 Sicily 之公爵(1059)

(1) Robert 承认教皇为主上

(2) Robert 侵教皇领土

(D) Naples 之完全征服(1071)

(E) Sicily 京都 Palermo 之征服(1072)

——二十年后全岛始征服

(F) 公爵改称 Sicily 王(1130)

(G) Hohenstaufen 皇帝 Henry VI(1190-1197)为 Sicily 王

(丙) 基督徒之征服西班牙半岛

(一) 背景

(A) 八世纪回教徒之克服西班牙

(B) 基督徒势力

(1) The Asturias(Leon)

(2) Charlemagne 之 Spanish March(Barcelona)

(3) 其他领土之逐渐增加——Aragon;Navarre;Castile

(C) 十一世纪初期回教徒之内斗

(二) 基督徒之发展

(A) 往往内斗——甚或助回教徒攻基督徒

(B) 总趋向为向回教势力区发展

(1) 法国贵族之协助

(2) 武装修道社之协助

(三) 十三世纪后期之西班牙半岛

(A) 葡萄牙 Portugal

(1) 成立于 1095——Castile 王 Alfonso VI 封其婿 Henry of Burgundy 为葡萄牙伯爵

(2) 十二世纪前期向教皇称臣——每年入贡金四两

(3) 教皇封伯爵为王(1179)——年贡增至百金币

(4) 十三世纪末领土已达今日疆界

(B) Aragon

(1) 教皇臣下(十一世纪后)

(2) 女王嫁 Barcelona 公爵而两国合并

(C) Navarre

(1) 未得扩张

(2) 失土于 Castile(1200)

(D) Castile

(1) 与 Leon 合为一国

(2) 占领回教领土最多

(3) 半岛中央之大国

(E) 回教领土——Granada

(丁）德意志民族之向东发展

（一）背景

(A) 日耳曼民族之西进与东方旧土之丧于斯拉夫人

(B) 斯拉夫人之西侵

（二）德国诸侯之向东发展——Holstein，Saxony 人

(A) 开垦运动(十世纪末至十三世纪)

(1) 斯拉夫人农艺幼稚

(2) 荒田水潦之地德人渐渐占领

(B) 修道社之发展(十二世纪)

(1) Premonstratensians

(2) Cistercians

(C) 武装修道社之发展(十三世纪)

(1) Teutonic Knights——征服普鲁士 Prussia

(2) Brethren of the Sword

（三）成绩

(A) 当初德族东疆为 Elbe 河

(B) 发展后之德族东方领土

(1) Elbe 与 Oder 两河间完全收复

(2) Oder 与 Vistula 两河间收复北部

(3) Vistula 河东征服新土——普鲁士

(戊)匈牙利之发展(1100 左右)

（一）Croatia

（二）Slavonia

（三）Dalmatia 岸——东罗马帝国领土

（四）Transylvania 或 Siebenbürgen——移大批德人垦殖

(己）十字军 Crusades(1095—1291)

（一）背景

(A) 普遍背景——见上

(B) 近因

(1) 意大利城市之商业野心

(a) 货物由东方经过回人征重税

(b) 意大利商人欲占东方口岸以免抽税之繁

(2) 突厥人 Seljuk Turks

(a) 新皈依回教之突厥人——野蛮之宗教狂

(b) 占据耶路撒冷(1078)

(c) 虐待基督徒

(i) 东方基督徒

(ii) 西方朝圣之基督徒

——阿拉伯人欢迎朝圣基督徒(商业利益)

——突厥人态度大变

(C) 导火线——教皇 Urban II(1088—1099)

(1) 一举三得之政策

(a) 压制希腊教

(b) 收圣地与叙利亚入教会势力范围

(c) 一笔抹煞扰乱社会安宁之武士强徒

——Peace of God;Truce of God

(2) Clermont 会议(1095)

(a) 代表

(i) 主教 250 人

(ii) 方丈 400 人

(iii) 贵族武士

(iv) 商人平民

(b) Urban II 之演说

(i) 宗教情感心理之激动

——朝圣

——"十字"对"半月"

(ii) 贵族心理之激动

——冒险精神

——增加采地

(iii) 商人心理之激动——商业利益

(iv) 民族群众心理之激动——回人残暴

(二) 十字军之定义与条件

(A) 定义

(1) 普遍意义

(a) 宗教战争

(i) 出征时军人胸前佩十字

(ii) 归国时军人背后佩十字

(b) 受教会指挥之国际军队

(2) 特别意义——收复圣地

(B) 条件

(1) 佃奴加入者立得自由

(2) 罪人立得自由

(3) 欠债缓偿

(4) 赎罪票

(5) 家小财产由教会保护

(三) 第一次十字军

(A) 群众队

(1) Urban与教士之遍地宣传

——Peter the Hermit

——Walter the Penniless

(2) 信徒与流氓组织之杂色军队

(a) 沿路之抢劫

(b) 死亡甚多

(3) 至东方后

(a) 东罗马皇帝运至亚洲

(b) 大半被突厥人屠杀

(B) 正队

(1) 法国与意大利之贵族所组织——德国皇帝仍与教皇争持故无人参加

(a) Godfrey of Bouillon——Duke of Lorraine

(b) Duke of Normandy

(c) Count of Flanders

(d) Count of Toulouse

(e) Bohemond of Norman Italy——善用兵之将帅

(2) 无精密组织

(a) 分若干队

(b) 不互相服从或合作

(3) 至君士坦丁堡(1096—1097)

(4) 围 Nicaea——暗中投降东罗马皇帝

(5) 下 Antioch——暗中投降 Bohemond

(6) 下 Edessa

(a) 乃基督教国家与回教相持数百年者

(b) Baldwin 取之

(7) 下耶路撒冷 Jerusalem(1099)——大屠杀

(8) 下 Tripoli(1102)——Raymond of Toulouse

(C) 耶路撒冷拉丁国 Latin Kingdom of Jerusalem

(1) Godfrey of Bouillon 为"圣墓保护者"——Defender of the Holy Sepulchre——其弟继位称王(1100)

(2) 封建制度——Assizes of Jerusalem(十二世纪中期之法典)

(a) 耶路撒冷王为主上

(b) 大诸侯——Edessa,Antioch,Tripoli

(c) 小诸侯——各地小贵族擅据土地

(3) 军队

(a) 封建军队

(b) 武装修道社

(i) Knights Hospitalers

——Poor Brethren of the Hospital of St. John at Jerusalem

(ii) Knights Templars——Knights of the Temple

(c) 本地土人组织之马队

(4) 商业

(a) 意大利助十字军之城市(Genoa, Pisa, Venice)于商埠中皆有自治区(Quarters)

(b) 自治

(i) 区内各有法庭

(ii) 直受本国政府管辖

(c) 免厘税

(四) 第二次十字军

(A) Edessa之丧失(1144)

(B) St. Bernard of Clairvaux之宣传

(C) 十字军(1147)

(1) 法王Louis Ⅶ

(2) 德王Conrad Ⅲ

(D) 失败——几全军覆没于小亚细亚

(五) 第三次十字军

(A) 耶路撒冷之丧失于Saladin(1187)

(B) 十字军

(1) 皇帝Frederick Barbarossa——淹死于小亚细亚(1190)

(2) 法王Philip Augustus

(3) 英王Richard the Lion-Hearted

(C) 小成功

(1) Richard征服Cyprus

(2) 下Acre

(3) 与 Saladin 定约

(a) 沿海领土一小部归基督徒

(b) 基督徒得自由至耶路撒冷朝圣——但以三年为限

(六) 第四次十字军(1202—1204)

(A) 背景

(1) 两次十字军之失败与教会威名之扫地

(2) Innocent Ⅲ宣传新十字军

(B) 新十字军决定走海路

(1) Venice 与 Genoa 皆欲助十字军以海军运输

(2) 教皇命 Venice 运输

(3) 条件

(a) 十字军纳运费

(b) 征服土地 Venice 须得一部

(C) Venice 之真正目的

(1) 十字军欲攻占埃及为海军根据地

(2) Venice 欲攻君士坦丁堡

(a) 埃及与 Venice 商业关系密切

(i) 埃及乃 Venice 木料、奴隶、金属等之市场

(ii) 埃及香料及丝运入 Venice

(b) 君士坦丁堡乃 Venice 之商业劲敌

(D) Venice 政策之成功

(1) 十字军军士之被骗与被困

(2) 被迫攻下 Zara

(a) 匈牙利海口——罗马教区域

(b) Venice 之 Adriatic 海商敌

(3) 下君士坦丁堡

(a) 拉丁帝国 Latin Empire(1204—1261)

(i) 西方人为皇帝

——封建制度

——采地之划分

(ii) 西方人为君士坦丁堡教主

(b) 东帝国领土七分之四皆归 Venice

(i) 君士坦丁堡之一部

(ii) Crete

(iii) Euboea

(iv) Corfu

(v) 海口及海岛甚多

(E) 拉丁帝国之推翻(1261)

(1) Venice 之商敌 Genoa 助东方人推翻拉丁帝国

(2) 希腊帝国之恢复

(七) 十字军运动之结束

(A) 第四次为最后之重要十字军

(1) 教会史家分别七次十字军

(2) 无意义——七乃神秘数

(B) 1204 年后之十字军运动

(1) 儿童十字军 Children Crusade(1212)

(a) 清洁儿童可胜魔力之信仰

(b) 命运

(i) 游行解散

(ii) 一部至罗马被教会遣回家乡

(iii) 一部到地中海岸

——海水不分旱路之失望

——一部为匪人运至回教地卖为奴隶

(2) 匈牙利王之攻 Syria(1217)

(3) 皇帝 Frederick Ⅱ 之十字军(1228)

(a) 以外交手腕取胜

(b) 回人割让耶路撒冷

(i) 耶路撒冷国之复兴

(ii) 不久又失——突厥人又取之(1244)

(4) 法王 St. Louis 之十字军

(a) 埃及(1248)——被俘赎回

(b) Tunis(1270)——死于其地

(C) 十字军运动之结束(1291)

(1) 失 Acre(1291)——亚洲大陆土地尽失

(2) 意大利城市仍保留其海口之通商区

参 考 书

Thorndike, chap. 16

Robinson——Readings in European History, I, chap. 15

Haskins——The Normans in European History, chap. 7

Fisher——Medieval Empire, Ⅱ, pp. 1—54

Thatcher and Mc Neal——Source Book for Medieval History, pp. 512—521, 572—573

Ogg——Source Book of Medieval History, pp. 330—333

Beazley——Dawn of Modern Geography, Ⅱ, pp. 122—131

Munro and Sellery——Medieval Civilization, pp. 248—276

Luchaire——Social France, pp. 25—28

Durny——History of the Middle Ages, chap. 20

第八章 封建国家之进展——法国 (987—1328)

(甲) 背景——987 之法王 Hugh Capet

(一) 全国土地皆属诸侯——共 56 邦

（二）国王只有么小王畿

（A）Ile de France——“法兰西”名称之来源

（B）包括巴黎及 Orleans 及其附近

（乙）法王之渐强

（一）原因

（A）朝代之长寿

（1）Capetian 朝代之嫡支(987—1328)

（2）德国朝代之短命

——911—919;919—1024;1024—1125;1125—1138;1138—1250

（B）历代君王之长寿

（1）故无幼主或摄政期

（2）王权有增无减

（C）立业与守成君王之递换

（二）渐强之方法

（A）土地之推广

（1）土地归主 Escheat——最初只收小诸侯地

（2）联婚

（3）收买——十字军时代

（4）没收 Forfeiture

（B）王畿制度之推及于新土

（1）新土皆废封建制

（2）王畿制

（a）每地有地方官 Prevots

（i）税官

（ii）法官

（b）巡查员 Baillis——巡行各地视查地方官

（C）常备军——Philip Augustus(1180—1223)

（1）封建军队不可靠

（2）常备雇军之初设

(D) 中央政府之演化与巩固

(丙) 中央政府——十二世纪以下

(一) 人员

(A) 多非大贵族

(B) 可靠人员

(1) 教士

(2) 法律家——罗马法

(3) 中等阶级

(二) 王廷 Curia Regis 之三部

(A) 国务院 Royal Council, Council of state

(B) 财政院 Chamber of Accounts

(C) 司法院 Parlement

(1) 最高法院

(2) 诸侯法院之上诉院

(三) 议会——三级议会 Estates-General(1302)

(A) 分三院

(1) 教士——第一阶级

(2) 贵族——第二阶级

(3) 中等阶级——第三阶级

(B)权限

(1) 受王支配

(2) 召聚权在王手

(丁) 名王

(一) Louis VI, the Fat(1108—1137)

(A) 第一有势之法王

(1) 前此法王不能制诸侯

(2) 王畿内亦有抗王之宫垒

(B) 征服巴黎附近宫垒

(C) 南征

（1）Count of Auvergne——罚其侵略教会

（2）Duke sf Aquitaine 行称臣礼——法国最大诸侯

（二）Louis Ⅶ(1137—1180)

（A）守成之王

（B）加入第二次十字军

（C）休其后 Eleanor of Aquitaine

——Capetian 朝代之惟一大误

（1）再嫁 Count of Anjou——英王 Henry Ⅱ(1154—1189)

（2）英王在法势力之膨胀

（三）Philip Ⅱ，Augustus(1180—1223)

（A）加入第三次十字军——未成而回国

（B）提高王权最多之法王

（1）王受臣封不行称臣礼——Archbishop of Amiens

（2）占取英王在法领土之大部及 Flanders 领土之一部(Normandy, Anjou, Maine, Touraine)

——Bouvines 之战(1214)

（a）法国北部中部尽成王土

（b）地方官 Prevots 由 38 人增至 94 人

（3）政府之改组——废贵族大臣而设国务院

（4）设常备军

（四）Louis Ⅷ(1223—1226)

（A）加入 Albigensian 十字军——王权向南发展

（B）死于途——Capetian 王惟一短命者

（五）Louis Ⅸ, St. Louis(1226—1270)

（A）Capetian 朝惟一幼主

（1）十二岁登位

（2）幸有太后 Blanche of Castile 摄政

（B）诸侯叛变之失败——太后之能干

（C）宗教信仰与道德人格

(1) 宗教仪式之严格遵守与宗教责任之严格实行

(2) 十字军

(a) 埃及(1248)

(b) Tunis(1270)

(3) 公道

(a) Vincennes 橡树下审案

(b) 为英王 Henry Ⅲ及其臣下公断

——公道名誉之铁证

(4) 教会封为圣人

(D) 提高王权

(1) 增进司法院

(2) 统一币制之初步

(a) 诸侯货币不能流行于王畿

(b) 王币得流行于诸侯邦

(3) 禁止私斗

(六) Philip Ⅲ(1270—1285)

(A) 庸主——但能勉强守成

(B) 助 Charles of Anjou 攻 Aragon

(1) 因 Aragon 王占 Charles 之 Sicily 岛

(2) 失败

(七) Philip Ⅳ, the Fair(1285—1314)

(A) 攻 Flanders

(1) 失败

(2) Flanders 永未被法征服——比利时

(B) 增加王税

(C) 三级议会之设立(1302)

(D) 与教皇之争

(1) 教皇失败

(2) 法国统一之明证

（戊）1300左右之法国

（一）诸侯邦小微弱

（A）Flanders——自治

（B）Brittany——自治

（C）Guienne与Gascony——属英王

（D）其他各邦皆被征服或忠于王

（二）国都之定于巴黎——先此转移无定

（三）国语之渐渐普遍全国——巴黎附近之方言

参　考　书

Thorndike, chap. 26

Bemont and Monod——Medieval Europe from 395 to 1270, chap. 26, pp. 421—444

Munro and Sellery——Medieval Civilization, pp. 366—375

Munro——The Middle Ages, pp. 175—192

Adams, G. B.——Growth of the French Nation, chap. 6

Robinson——Readings in European History, I, chap. 10

Cambridge Medieval History, Ⅲ, chap. 5

Davis, W. S.——History of France

第九章　封建国家之进展——英国 （1066—1327）

（甲）背景

（一）Anglo-Saxon国家

（二）William the Conqueror（1066—1087）与封建制度之成立——语言文字之变化

（乙）封建国家——由始统一

（一）各地有诸侯 Earls

（A）但每州 Shire 有王任之州长 Sheriff

——限制贵族权柄

（B）陪臣直接向国王称臣纳忠

——Oath of Salisbury(1086)

（C）各地人民直接向国王纳贡

——Domesday Book(1086)

（二）中央政府

（A）大臣

（1）卿相 Justiciar

（2）尚书 Chancellor

（a）法律顾问

（b）秘书长

（B）大议会 Magnum Concilium

（1）大贵族

（2）主教方丈

（C）王廷 Curia Regis

（1）大议会之委员会

（2）由王委派长期辅政

（三）军队——贵族武士之封建军队

（四）国王与教会——小规模之政教竞争(与教皇皇帝之争性质相同)

（A）教会势力之膨胀

（1）王权之最大限制

（2）教会法庭

（B）Henry II(1154—1189)之限制教权

——The Constitutions of Clarendon(1164)

（1）教士违犯重要王法亦须受王庭之审理

(2) 非得国王允许不得上诉教皇

(3) 有关教会田地之案件须由王庭审理

(4) 教士未得国王允许不得离国

(5) 未得国王允许教会不得逐王臣出教会

(C) Thomas a Becket 之反对

(1) Thomas 之被害(1170)

(2) Henry II 之失败

(丙) 习惯法 Common Law 及其法庭——Henry II

(一) 习惯法之兴起

(A) 王廷法官之巡行审理——Assizes

(B) 各地习惯与王法之混合

(二) 习惯法三庭(十三世纪)

(A) 财政法庭 Court of the Exchequer

(B) 刑事法庭 Court of the Kings Bench

(C) 民事法庭 Court of Common Pleas

——三庭权限渐趋混一

(三) 审罪方法

(A) 巡行法庭之发誓调查——inquisitio; the sworn inquest

(1) 每地 Hundred 十二人 jurors 向巡行法官发誓报告最近刑案——Grand Jury

(2) 受控者须以 Ordeal 定罪

(B) 陪审制

(1) Ordeal 方法之不满意

(2) 陪审员大半亦十二人——Petit Jury

(四) 公道法庭 Court of Equity(Chancery)

(A) 由尚书 Chancellor 主持(1280)

(B) 不用习惯法

(丁) 国会之兴起

(一) 背景

(A) 大议会——贵族与教士

(B) 平民初次被召加入议会为王顾问(1213)——每州四人

(C) 大宪章 Magna Charta(1215)——John(1199—1216)

(1) 原因

(a) John 之暴虐

(b) 大陆土地之丧失——Bouvines 之战(1214)

(2) 大议会勉强 John 签定大宪章

(a) 尊重教会之自由

(b) 尊重贵族之权利

(c) 不得大议会允许不征税

(d) 改良司法

(i) 犯人不得不审而监禁或受罚

(ii) 受捕者须及早受审

(iii) 陪审制之必要

(二) 国会 Parliament(十三世纪大议会渐改称此)

(A) Henry Ⅲ(1216—1272)之违反大宪章

(B) 贵族之反对与 Simon de Montfort 之国会(1265)

(1) 教士

(2) 贵族

(3) 平民

(a) 每州二武士

(b) 每城(共二十一)二市民

(C) Edward I(1272—1307)之承认国会

(1) 承认平民入会之例

(2) 模范国会 Model Parliament(1295)

(a) 教士贵族

(i) 贵族四十一人

(ii) 主教方丈九十人

(iii) 教士代表——Deans, Archdeacons, Priests(此

后无代表）

（b）平民

（i）三十七州每州二武士

（ii）一百十城每城二人

（3）国会立法之开始——Statutes

（a）Edward I公布新法——但先由国会承认

（b）英国三法——习惯法，公道法，国会立法

（D）Edward I后之国会

（1）废王（1327）——Edward II（1307—1327）

（2）国会两院之分开（1332）

——Edward III（1327—1377）

（a）贵族院 House of Lords

（i）握重权

（ii）提议新法

（b）平民院 House of Commons

（i）处附属地位

（ii）只能向国王与上院请愿

（戊）英法两国发展之比较

（一）法由不统一之封建国进为统一之封建国

（二）英由统一之封建国进至国王与贵族（国会）合作之国家

参　考　书

Thorndike, chap. 25

Maitland——The Constitutional History of England, pp. 1—23, 64—75

Chambers——Constitutional History of England, pp. 167—180, 286—301

White——The Making of the English Constitution, pp. 220—238, 298—325

Cross——A History of England and Greater Britain, pp. 139—181

Stubbs——Constitutional History of England

Cheyney——Short History of England, chap. 4—9

Robinson——Readings in European History, I, pp. 231—238

Davies, R. T.——Documents Illustrating the History of Civilization in Medieval England, chap. 2, 3

第十章　教会与宗教信仰

（甲）宗教包括全部精神生活

（一）宇宙观与上帝观

（二）人生观

（三）宗教生活——修道理想

（四）智识生活——哲学与神道学

（乙）宇宙观与上帝观

（一）地球

(A) 人类居所——北半球

(B) 地狱——魔鬼与罪人

(C) 炼罪所 Mountain of Purgatory——磨炼七大罪

(D) 乐园 Terrestrial Paradise

（二）宇宙

(A) 地球为中心——固定不动

(B) 十二重天——绕地而转动

(1) 空气

(2) 天火 Elemental Fire

(3) 九重天——每层有天使 Angels 与善人

(4) 无上天

(a) 上帝——三位一体

(i) 平民信仰——父,母,子

(ii) 神道学——父,子,圣灵

(b) 天使与先圣

(三) 宇宙之目的——St. Augustine

(A) 全宇宙为上帝于六日内所创——创世故事

(B) 为人类积功得救之场所——The Christian Epic

(1) 世界末日之信仰

(a) 天堂地狱之两界

(b) 为时甚近——世界生命比较永远生命之短促

(2) 人类历史为谋求得救之工作——原罪与本罪

(3) 人类靠耶稣赎罪功劳而得救
——上帝国与魔鬼国之冲突

(4) 靠善神与先圣灵魂帮助而得救

(a) 奇迹 Miracles 之信仰
——圣人生前死后皆能行奇迹

(b) 圣迹 relics

(5) 祈祷与教会圣礼之助力

(四) 上帝为宇宙主宰

(A) 藉用宇宙以赎人类——隐意解释

(1) 自然

(2) 历史

(B) 人类为宇宙最贵者——人为仿神形所造

(丙) 人生观——以 Christian Epic 为基础

(一) 来生之重要

(A) 天堂——永远快乐

(B) 地狱——永远痛苦

(二) 教会为得救之惟一门径

(A) 教会有神力

(1) 上帝恩德 Grace

(2) 以七礼 Seven Sacraments 施布于人类

(B) 七礼——得救必需之要道(其他皆属次要)

(1) 普遍五礼

(a) 洗礼,坚信礼,弥撒礼,忏悔礼,傅油礼

(b) 凡人必需之圣礼

(2) 特别二礼

(a) 婚姻礼,祝圣礼

(b) 一部分人需要之圣礼

(3) 七礼笼罩人类全生——由生至死

(4) 教士行礼——教士有上帝神力

(C) 洗礼 Baptism

(1) 为婴儿及成年人入教者所必需——一生只需一次

(2) 灵性重生——赦原罪 Original Sin 及成年人一切本罪

(3) 平时神父行礼——必要时普通信徒亦得行礼

(D) 坚信礼 Confirmation

(1) 成童时坚固信心之礼——一生只需一次

(2) 主教行礼

(E) 弥撒礼 Mass 或圣餐礼 Eucharist

(1) 食耶稣基督体(饼)血(酒)以壮灵性

——变质论 Transubstantiation

(2) 时常需要

(3) 神父行礼

(F) 忏悔礼 Penance

(1) 悔罪 Contrition of the Heart

——犯罪后内心悔恨

(2) 认罪 Confession——向神父陈述己罪

(3) 赦罪 Absolution

(a) 神父代表上帝赦免罪人

(b) 免下地狱

(4) 赎罪 Satisfaction

(a) 善功 Good Works——神父与罪人以处罚

(i) 苦行——祈祷,斋戒,朝圣

(ii) 善行——施舍

(b) 赎罪票 Indulgences

(i) 免善功或炼罪所痛苦或两者并免

(ii) 耶稣及先圣之功德

——功德库 Treasury of Grace

(G) 傅油礼 Extreme Unction

(1) 临死以橄榄油浇头洗罪

(2) 神父行礼

(H) 祝圣礼 Ordination

(1) 委派神父会吏由主教行礼

(2) 委派主教

(a) 先时由其他主教行礼

(b) 后归教皇施礼

(3) 被祝圣者(教士)资格之不灭性

——Indelible Character

(a) 神赐特权

(b) 故能行圣礼——与行礼者道德人格无关

(I) 婚姻礼 Matrimony

(1) 永久性 Indissoluble Character——禁止离婚

(2) 神父行礼

(三) 基督徒行为之理想标准

(A) 七大德 Seven Cardinal Virtues

(1) 四自然德 Natural Virtues——由希腊传入

(a) 慎重 Prudence——求真理

(b) 公义 Justice——公道仁义

(c) 刚毅 Fortitude——果敢与忍耐

(d) 节制 Temperance——斋戒克苦之节制(勿过度)

(2) 三神道德 Theological Virtues

(a) 信仰 Faith——信仰正道,聪明智慧

(b) 希望 Hope——希望得救

(c) 博爱 Love——包括全部道德生活

(B) 七大罪 Seven Cardinal(deadly,mortal) Sins

(1) 骄傲 Pride

(2) 贪婪 Avarice, Covetousness

(3) 情欲 Lust

(4) 恨怒 Wrath

(5) 饕餮 Gluttony

(6) 忌妒 Envy

(7) 懒惰 Sloth

(丁) 最高宗教生活——修道士理想

(一) 圣人理想——Saint

(A) 最高人格之理想

(B) 修道院为实现圣人理想之场所

(1) 克制情欲

(2) 培养灵性

(二) 修道士理想

(A) 自助

(1) 培养灵性

(2) 故有三誓——贫穷,贞操,服从

(B) 助人——为人类祈祷修善积德

(C) 慈善工作

(1) 周济贫乏招待游客

(2) 开辟荒地增进农业

(3) 教育儿童——修道院学校

（三）修道社 Monastic Orders

（A）Carthusians（十二世纪）

（1）穿毛衬衣

（2）每人独居小室

（B）Cistercians（十二世纪）

（1）废弃智识生活

（2）绝对贫穷——礼拜堂中废一切装饰

（四）著名修道士与修道社——入社会工作之修道士

（A）St. Bernard of Clairvaux（1091—1153）

（1）身世

（a）贵族出身

（b）Cistercian 修士——克制工夫与神秘经验

（c）拒绝一切教会位置

（2）爱之表现——恨恶罪恶

（a）干涉教皇选举——两人被选之危险

（b）宣传第二次十字军

（c）国际公断人

（d）攻击 Abelard 之唯理主义

（e）强 Aquitaine 公爵 William 复被废主教位

（f）告戒国王与教皇

（g）反对宗教名义之逼迫犹太人

——Mainz 某修道士

（3）神秘经验——爱上帝与上帝合而为一

（B）St. Francis of Assisi（1182—1226）

（1）身世

（a）意大利中部 Assisi 城商家出身

（b）青年浪漫生活

（c）病后之觉悟

（i）弃家舍财

(ii) 与家庭脱离关系

(2) 爱之表现——天真人格之纯爱

(a) 上帝即爱

(i) 故人类万物皆由爱而生皆善

(ii) 人与万物为平等同类

(iii) 恶无存在

(b) 无限之纯爱

(i) 助贫人——Lady Poverty

(ii) 照护大麻疯病者

(iii) 向鸟兽及无机物体宣道——火兄，飞兄

(iv) 颂美自然——太阳颂 Canticle of the Brother Sun

(3) 佛兰西修道社 Franciscan Order

(a) 佛兰西"因爱基督而乞食"

(b) 弟子之日增

(c) 修道社之创立(1210)

(i) 入世修道士——为贫苦人服务

(ii) 名称与特点

——Minorites(the Lowly)

——Mendicant Friars(绝对贫穷)

(d) 女修道社(1212)

(i) 第一女弟子名 Clare

(ii) 社名——Second Order of St. Francis

——Franciscan Nuns

——Poor Clares

(C) St. Dominic(1170—1221)

(1) 身世

(a) 西班牙 Osma 之 Prior

(b) 至 Toulouse 见异端之盛行

(c) 居法国南部宣传正教

(2) 修道社——Friars Preachers(1216)

(a) 注重智识

(b) 专事正教之宣传

(c) 包揽异端审问所职务

(d) 名人

(i) Albertus Magnus

(ii) Thomas Aquinas

(戊) 宗教一统主义

(一) 意义

(A) 教义为惟一真理——故有异端审问所

(B) 一统之宗教语——拉丁文(各地方言之繁乱)

(二) 异端与异端审问所

(A) 著名异端派

(1) Albigensians

(2) Waldensians

(B) 扑灭异端之意义

(1) 教会真理为惟一得救之道

(2) 异端者之害已害人

(a) 自己下地狱

(b) 并有诱他人下地狱之危险

(3) 故异端者必扑灭之

(C) 异端审问所(十三世纪)

(1) 法官

(a) 皆为修道士——大半为 Dominican 派

(b) 由教皇或主教委任

(2) 秘密审问

(3) 拷打苦刑

(D) 刑罚

(1) 初犯而悔罪者

(a) 斋戒祈祷

(b) 罚金

(c) 监禁

(2) 执迷不悟或再犯者

(a) “交与俗世机关”

(b) 大半火焚

(三) 教会对不敬或犯罪分子之处罚

(A) Ex Communication

(B) Interdict

参 考 书

Randall——Making of the Modern Mind, chap.1—4

Taylor, H. O.——The Medieval Mind, Book I, II, chap.18,19

Poole, R.L.——Illustrations of Medieval Thought, chap.1,2

Santayana, G.——Reason in Religion

Rauschenbusch, W.——Christianity and the Social Crisis

Robinson, J. H.——The Mind in the Making

Harnack, A——History of Dogma

Workman, E.——Christian Thought to the Reformation

Myers, P.V.——History as Past Ethics

Adams, H.——Mont-Saint-Michel and Chartres

Guerard, A.L.——French Civilization, Part II, Book I

Cambridge Medieval History, I, chap. 4,6; II, chap.16

Lecky——History of Rationalism, Part I, chap.4

Cutts, E.L.——Parish Priests and their People in the Middle Ages in England

Lea, H.C.——History of the Inquisition

Taylor, H.O.——Classical Heritage of the Middle Ages, chap.7

Montalembert——Monks of the West from St. Benedict to St. Bernard

Workman, H. B.——Evolution of the Monastic Ideal

Harnack, A.——Monasticism

第十一章　神道学与书院哲学

(甲) 神道学与书院哲学之地位

(一) 神道学 Theology

(A) 一切科学之王 The Queen of the Sciences

(B) 宗教信仰之解释

(二) 书院哲学 Scholasticism

(A) 宇宙人生之解释

(B) 以理性协助信仰

(1) 教义因信仰而无疑——神道学

(2) 但以理性解释愈足以辅助增进信仰

(C) 方法

(1) 演绎逻辑——Deductive Logic(Boethius)

(2) 真理由推演与辩论而得

(乙) 书院哲学之思想与派别

(一) 背景

(A) 教会与帝国之一统主义

(B) 团体生活之重要——武士道,佃庄,城市,行会

(C) 一统之教义与信仰

(D) 故哲学基本问题为共相与特相问题

(二) 共相特相 Universals vs. Particulars 问题之派别

(A) 共相唯真论 Realism; Extreme Realism; Platonic Realism

(B) 共相唯名论 Nominalism

(C) 折衷唯真论 Modified Realism; Moderate Realism; Aristotelian Realism

(三) 初期之书院哲学(十一至十二世纪)

(A) 共相唯真论

(1) St. Anselm(1033—1109)

(a) 身世

(i) 意大利北部 Aosta 人

(ii) Normandy 之 Bec 修道院修道(1060)
——方丈(1078)

(iii) 英国 Canterbury 主教长(1093)

(b) 思想起发点——信仰

(i) 思想目的在明了已有之信仰

(ii) 不信者无明了能力
——不见光之盲人不能明了光性

(c) 思想

(i) 神示 Revelation 与理性之协和
——两者皆上帝之表现

(ii) 上帝之存在

(子) 凡事皆有因——上帝创造宇宙,上帝为万物最后之因

(丑) 人心中完善真质 Being 观念证明上帝存在

(iii) 上帝之性质

(子) 各种善德之完全表现

(丑) 超时间空间——永远长存
——无所不在

(2) William of Champeaux(d. 1121)

(a) 身世

(i) 巴黎大学教授

(ii) Châlons 主教

(b) 思想

(i) 共相(观念)为惟一实在

(ii) 例——“人”存在

(子) “个人”不存在

(丑) 世上无数的“个人”性质根本相同,不同者只偶然之外相 Accident

(B) 共相唯名论

(1) 常识的态度——思想界中当初势力不大

(2) Roscellinus(d.c.1100)

(a) 身世

(i) Brittany 之 Armorica 人

(ii) Compiègne 之 Canon

(iii) Soissons 会议强其收回前言 recant(1092)

(b) 思想

(i) 共相观念只为名称

(ii) 特相物体为惟一实在

(C) 两派之意义

(1) 唯真论

(a) 教会为实在立体——信徒属于教会无关重要

(b) 趋极端则成射影论 Emanationalism 或泛神论 Pantheism

(i) 上帝与宇宙为一体

(ii) 每人皆可由神秘经验而归回上帝

——教会与圣道皆非必需

(2) 唯名论

(a) 教会只为信徒组合之团体

(i) 教会属于信徒

(ii) 教会可存可废全听信徒

(b) 个人信仰超于所谓教令信仰

——唯人论 Humanism

(i) 个人之心灵万能,能分析万物明了事理

(ii) 教会教义可存可废

(c) 原罪无存在——每人只有个人本罪

(d) 上帝非一乃三

(i) 天父未降世

(ii) 圣子降世受死

(iii) 圣灵为父子外之个体

(3) 最早之调和派——Peter Abelard(1079—1142)

(a) 身世

(i) 法国 Nantes 地之 Pallet 人

(ii) Roscellinus 与 William of Champeaux 弟子

(iii) 与 William 意见不合而自立学校

(iv) 在巴黎大学教授

(v) 因恋爱事件而入修道院

(vi) 异端罪——St. Bernard 攻击最烈

(子) Soissons 会议焚其著作(1122)

(丑) Sens 会议幽禁之(1140)

(b) 思想——概念论 Conceptualism

(i) 共相论——近唯名派

(子) 共相存在于特相中

(丑) 离特相则共相只为概念 Concept

(ii) 第一神道学家之 Abelard

(子) 三位一体论——三位乃三性即力 Power,仁 Goodness,智 Wisdom

(丑) 正反论 Sie et Non

——先圣著作中矛盾处甚多

——正反并列以求真理

(丙) 书院哲学之极盛(十三世纪)

(一) 背景与意义

(A) 亚里士多德 Aristotle 全集之输入

(1) 由西班牙之阿拉伯人处输入

——阿拉伯译本之拉丁重译

(2) 教会当初攻击禁止之

(3) 最后利用之而立为教会思想标准

(B) 意义

(1) 十三世纪大思想家多为折衷唯真论者

——教会信仰与亚里士多德思想之调和

(2) 共相与特相问题

(a) 共相须于特相中实现

(b) 二元论

(i) 上帝与人类

——上帝为高尚无比之创造者

——人为赋有神形之万物之灵

(ii) 教会之神授圣道 Revelation 乃救人入上帝国之惟一途径

(二) 十三世纪大哲学家 Schoolmen, Scholastics

(A) Albertus Magnus——Albert the Great(1193—1280)

(1) 身世

(a) Swabia 人

(b) Dominican 修道士

(c) 受教育于 Padua 及 Bologna

(d) 教授于 Cologne 及巴黎

(e) Regensburg 主教

(2) 思想

(a) Dominican 派思想之创立者

(b) 其思想由 Thomas Aquinas 完成

(B) Thomas Aquinas(1225—1274)

(1) 身世

(a) Naples 贵族出身

(b) Dominican 修道士

(c) 受教育于 Monte Cassino, Naples, Cologne, 巴黎

(d) Albertus 弟子——Cologne

(2) 著作

(a) 非常宏富

(b) Summa Theologiae 至今为罗马教哲学标准经典——Thanas 封为圣人

(3) 思想

(a) 哲学基本问题——真质 Being 或实在 Reality 问题 (Entia)

(i) 有质之实在 Esse in Re

(ii) 抽象之实在——如贫穷,盲,……

(b) 有质实在 Essences; Substances

(i) 纯粹实在

(子) 即上帝

(丑) 只有模范而无物质混杂

(ii) 杂质实在

(子) 由模范 Form 与物质合成

(丑) 万物皆是

(c) 模范与物质

(i) 两者皆为实在 Entia

(子) 模范为完成体 Esse in Actu

(丑) 物质为可能性 Esse in Potentia

(ii) 模范与物质相合为生 Generatio

(d) 上帝与宇宙

(i) 宇宙于上帝思想中存在

(子) 上帝思想一物而其物存在

(丑) 由上帝观之思想与实在为一

(ii) 宇宙之金字塔式

(子) 每级为物质又为模范

——为下级之模范

——为上级之物质

(丑) 人体为最高级之生体

(寅) 人体为精神生活之物质

——靠教会助力 Grace 可变此物质而达精神生活之域

(iii)宇宙之完善

(子) 宇宙之两面

——自然 Nature 与神恩 Grace

(丑) 上帝为全知故其意志必为完善

——故上帝意志所产生之宇宙必为完善

——故上帝意志之自由与定命为一

(寅) 人类意志亦为完善

——意志本善倾向于善

——恶乃由情欲而生

(C) John Duns Scotus(c.1270—1308)

(1) 身世

(a) Northumberland 或 Ireland 人——Scotus

(b) Franciscan 修道士

(c) 牛津学生

(d) 教授于牛津及巴黎

(2) 地位

(a) Franciscan 派最大哲士

(i) Franciscan 派原不注重学术

(ii)与 Dominicans 竞争而研究哲学

(b) 根据亚里士多德而攻击 Dominican 派诸思想家——故后日哲学分两派

(i) Dominican 派——Thomists

(ii) Franciscan 派——Scotists

(c) 两派思想表现两修道社精神

(i) Thomists 注重信仰与神思

(ii) Scotists 注重个人虔诚与善行——个人意志自由

(3) 思想

(a) 自由论

(i) 上帝自由创造宇宙

(子) 可不创造之

(丑) 可创造与此不同之宇宙

(ii) 道德律亦上帝自由所创

(子) 善,公义等律皆上帝自由所立

(丑) 上帝可废之而立新法(如以新约而废摩西 Moses 旧法)

(iii) 故上帝可免人行善之责

——教会之特许权 Dispensations 及赎罪票即立于此

(iv) 人类亦自由

(子) 模范自由 Formal Freedom

——可愿或不愿

(丑) 物质自由 Material Freedom

——可欲甲或欲乙

(b) 个人论

(i) 个人为人类共性 Quidditas 及个人特性 Hoecceitas 所合成

(ii) 两者不可分离——合而成“个人”

参　考　书

Randall——Making of the Modern Mind, pp.92—102

De Wulf, M.——History of Medieval Philosophy

Gilson, E.——Thomism

McCabe, J.——Abelard

Weber, A.——History of Philosophy, pp.201—252

Rogers——Students History of Philosophy, pp.197—222

Townsend——The Great Schoolmen of the Middle Ages

Church——St. Anselm

第十二章　科学与迷信

(甲) 信仰时代 Age of Faith 科学与迷信之不分

(一) 迷信之性质

(A) 人类原始时代传下之误错科学知识

——科学发达后仍然盛行

(B) 附属于宗教而无正式确定地位之信仰

(二) 迷信种类

(A) 医学迷信

(B) 禽兽迷信

(C) 草木迷信

(D) 远方地理迷信

(E) 巫术迷信

(三) 科学知识之输入

(A) 希腊科学

(B) 阿拉伯科学

(乙) 星相学 Astrology

(一) 由希腊人传下

(二) 每人命运由生时星位而定——王宫中多有星相家

(三) 贡献

(A) 星之发现

(B) 星相学渐成天文学

(四) 天文学之初起

(A) Ptolemy 之 Almagest

(B) 阿拉伯著作之输入

(丙) 炼丹学 Alchemy

(一) 由阿拉伯人传入

(A) 点金术——Philosopher's Stone

(B) 宝石——能影响人事

(C) 长生丹 Elixir of Life

(二) 贡献

(A) 试验室——矿产草木禽兽之试验

(B) 炼丹学渐成化学

(丁) 医学

(一) Galen 与 Avicenna 之输入

(二) 大学授医学

(三) 但迷信成分甚多

(戊) 地理学

(一) 地理知识之幼稚

(二) Roger of Sicily(1130—1154)

(A) 输造丝业于 Palermo

(B) 著"世界地理"

(1) 参考阿拉伯书籍

(2) 采访游历家之知识

(3) 命阿拉伯人 Edrisi 集成之(1154)

(己) 数学

(一) Adelard of Bath(十二世纪)

(A) 身世

(1) 英国人

(2) 遍游回教文化区域——西班牙,意大利,非洲北部,小亚细亚

(B) 译 Euclid 几何学为拉丁文

(C) 著作"Questions about Nature"

——提倡自然科学与理性之实地研究

(二) 代数学 Algebra——十三世纪由阿拉伯文化区输入

(三) 印度阿拉伯数目字 Hindu-Arabic Numerals 之输入

(A) Leonardo of Pisa(1202)

(B) 重要——罗马数目字与阿拉伯数目字

(庚) 科学发明

(一) 罗盘针

(二) 火药

(三) 计时钟

(四) 棉纸

(辛) 封建时代最大科学家——Roger Bacon(1214—1292)

(一) 身世

(1) 英国人

(2) 受教于牛津与巴黎

(3) Franciscan 修道士

(4) 教授于牛津

(5) 因研究自然而受逼迫

(二) 思想

(1) 攻击亚里士多德及思想权威说

(a) 亚里士多德有错误

(b) 研究自然为惟一可靠求知之路

(c) 数学为科学研究之重要工具

(2) 科学贡献——光学 Optics

(3) 预言科学发明——汽船,火车,汽车,飞机,飞桥,起重机

参 考 书

Sedgwick and Tyler——Short History of Science

Hayes and Moon——Ancient and Medieval History, pp.629—634

Haskins——Renaissance of the Twelfth Century

Thorndikc——History of Magic and Experimental Science in Middle Ages, 2 vols

Walsh——The Thirteenth, Greatest of Centuries, chap. 3

Libby——History of Science, chap. 4

Haskins, C. H.——Studies in the History of Medieval Science

Randall——Making of the Modern Mind, pp.20—31

Steele, R. R.——Medieval Lore

Robinson——Readings, I, pp.438—444,460—461

第十三章 教育与大学之兴起

(甲) 背景

(一) 教育大半为教会所包办

(二) Charlemagne

(乙) 普通教育

(一) 教会学校——拉丁学校 Grammar Schools

(A) 种类

（1）礼拜堂学校 Cathedral Schools

（2）修道院学校 Monastic Schools

（B）目的——训练教士

（C）学科——七艺

（1）初级三艺 Trivium

（a）Grammar——拉丁文,拉丁文学

（b）Dialectic——逻辑学

（c）Rhetoric——韵文散文之构造,浅近之法理学

（2）高级四艺 Quadrivium

（a）Geometry——Euclid 几何学,地理,自然历史(生物学与矿学)

（b）Arithmetic——数学,历史

（c）Music——宗教歌法,音学,调音学

（d）Astronomy——天文,物理,化学

（D）教法——用文化传述者 Transmitters 之课本

（二）俗世学校

（A）种类

（1）行会学校——行会所设

（2）贵族学校——贵族所设

（B）学科

（1）识字

（2）作文

（3）歌唱

（C）用方言教授

（丙）大学之兴起

（一）历史上的起源

（A）最初由礼拜堂附属学校演化而出

（B）修道院附属学校离城市过远故无生气

（二）精神上的起源

(A) 十一世纪之精神觉悟

(B) 新学术之表现机关——哲学,神道学……

(丁) 巴黎大学

(一) 北欧派——神道学与哲学之机关

(二) 兴起过程

(A) 著名教授

(1) William of Champeaux

(2) Peter Abelard

(B) 千百青年不远千里而来满足其求知欲望

(C) 学校之设备

(1) 初时之幼稚简陋

(a) 教室宿舍皆为租房

(b) 无书籍或讲义——学生专靠笔记

(c) 无缴费手续——学生须直接纳束脩于其受业之教授

(2) 设备之渐周——学院 Collegium

(D) 教授之地位与组织

(1) 教书执照

(a) 由主教所派教官 Chancellor 发给

(b) 教育仍为宗教事业

(2) 教授行会之成立

(a) 封建时代团体生活之普遍与必需

(b) "教授行会"Universitas 或"大学"之成立(1175)

(E) 学生之组织与团体生活

(1) 学生行会之组织

(a) 以国为单位

(i) French "Nation"

(ii) Picard "Nation"

(iii) English "Nation"

(iv) Norman "Nation"

(b) 演变

(i) 渐由国界团体变为互相对峙之学生会

(ii) 渐多变为学院 Colleges

(子) 宿舍

(丑) 膳堂

(寅) 礼拜堂

(2) 学生会与教授

(a) 教授多为学生会会员

(b) 学生会职员多为教授

(三) 学程与教育行政

(A) 大学本科

(1) 乃巴黎礼拜堂学校之扩大——教授七艺

(2) 毕业后得七艺学士学位 B.A.

(a) 对七艺作深刻之研究者则得七艺硕士学位 M.A.

(b) 硕士得进入教授行会而任课务

(3) 行政

(a) 学生会之自治

(i) 每会有会委员与监督 Proctor, Protector 各一

(ii) 由全体会员公选

(iii) 被选者多为教授

(b) 全校行政

(i) 总监督 Rector

——由四会委员与监督公选

(ii) 总监法庭

(子) 小事可自由处理

(丑) 重案交教会法庭——学校人员皆有教士 Cleric 地位

(B) 研究院

(1) 共分四院

(a) 哲学——最初之学程

(b) 神道学——继起之学程

(c) 法律——教会法

(d) 医学

(2) 学士得入研究院

——毕业后得专科硕士或博士学位

(3) 每院有院长 Dean

(四) 后日大学多仿巴黎——牛津,剑桥,Prague,维也纳

(戊) Bologna 大学

(一) 南欧派——法理学机关

(二) 组织——学生治校

(A) 学生组织学生行会 Universitas

(1) 学生行会为大学主体

(2) 巴黎以教授行会为主体

(B) 学生会之职权

(1) 立法则

(2) 定课程

(3) 聘请或辞退教授

(C) 课程

(1) 法律最为重要

(a) 罗马法(最初课程)

(b) 教会法

(2) 其他三科次要

(己) Salerno 大学

(一) 医学院最为著名

(二) 各大学多以一科著名

(庚) 后日之大学

(一) 学院之兴起 Collegium, College

(A) 学生合作租全所房屋

(B) 捐赠学院之风尚

(C) 学院之专科化——如 La Sorbonne 为巴黎之神道学院

(二) 名人创立之大学 Studium

(A) 初时大学乃无形中产生

(B) 后来大学乃教会或国家摹仿当初大学所创设

(1) Naples(1224)——Frederick Ⅱ

(2) Toulouse(1229)——教皇

(3) Prague——Charles Ⅳ(1347—1378)

(4) Heidelberg——Count Palatine

参 考 书

Thorndike, pp.389—392

Hayes and Moon——Ancient and Medieval History, pp.616—622

Haskins, C.H.——The Rise of Universities

Cambridge Medieval History, V, chap.22

Rashdall, H.——Universities of Europe in the Middle Ages, 2 vols

Rait, R.S.——Life in the Medieval University

Taylor——Medieval Mind, Ⅱ, chap. 38

第十四章 封建时代之文学

(甲) 文学与文字

(一) 拉丁文

(二) 方言

(乙) 拉丁文与拉丁文学

(一) 国际语之拉丁文

(A) 教会标准语

(B) 法律标准语

(C) 智识阶级通用语

(1) 智识阶级惟一学习之文字
——“文法”即拉丁文

(2) 乃富有生气之文字

(a) 古典拉丁文此时已成死文字

(i) 无人研究

(ii) 文艺复兴时代始又有人研究

(b) 所谓“中古拉丁文”Medieval Latin 乃活文字

(i) 字义之随时变化

(ii) 新字之创造——以应付哲学,神道学,科学之新需要

(二) 拉丁散文

(A) 法律

(1) 罗马法

(2) 教会法

(3) 法律学书籍

(B) 历史

(1) 修道院大事记或年表 Chronicles, Annals

(2) 圣人传 Acta Sanctorum

(3) 世界史——Otto of Freising(1114—1158)

(4) 专史

(C) 哲学与神道学

(D) 科学

(三) 拉丁韵文

(A) 俗世诗——大学生之放荡诗歌(证明拉丁文为活文字)

(B) 圣诗 Hymns——名篇甚多

(1) Dies Irae——Thomas of Celano

（2）Stabat Mater Dolorosa——Jacopone da Todi（十三、十四世纪间）

（丙）新民族之新语言

（一）背景——罗马帝国末期西欧之语言

（A）拉丁 Latin

（B）日耳曼 German

（C）Kelt——Gaul，Britain，Ireland

（二）Keltic 语言

（A）Welsh

（B）Cornish

（C）Erse 或 Highland Scotch

（D）Manx

（E）Breton

（F）Gaelic 或 Irisk

（三）日耳曼 Germanic 或条顿 Teutonic 语

（A）东组——Gothic

（1）Goths 与 Vandals 等族之语言——今亡

（2）Ulfilas(311—381)之圣经

（B）北组——Scandinavian 或 Norse

（1）Swedish

（2）Norwegian

（3）Danish

（4）Icelandic

（C）西组

（1）德意志语 German

（a）High German

（b）Low German

（2）Frisian

（3）Dutch

(4) Flemish

(5) Anglo-Saxon——English

(四) 拉丁语 Latin 或罗曼 Romance 语

——民间拉丁语演变而成

(A) 法兰西语 French

(1) 北组——French

(a) Ile de France

(b) Langue d'oil

(2) 南组——Provençal

(a) Provence

(b) Langue d'oc(Languedoc)

——与意大利北部及 Catalonia 语相近

(B) 西班牙文 Spanish

(C) 葡萄牙文 Portuguese

(D) 意大利文 Italian

(五) 次要文字

(A) 斯拉夫 Slavic 语

(1) 捷克语 Czech

(2) 波兰语 Polish

(B) 匈奴语

——匈牙利文 Magyar, Hungarian

(C) Basque 语

(丁) 史诗 Epic

(一) 内容性质

(A) 日耳曼民族与 Kelt 民族之传统英雄故事

——大半为口传文学

(B) 基督教化之英雄故事 Chansons de geste

(1) 新造故事

(2) 变化之旧故事

(C) 浪漫故事

(二) 爱尔兰及威尔士史诗

——The Book of the Dun Cow(before 1106)

——The Leinster Book(before 1110)

(A) Ulster 史诗组 The Ulster Cycle

(1) 未受基督教影响之半开化民族故事

——散文韵文兼用

(2) 著名故事——Taín bó Cúalnge(The Cattle Raid of Cooley)及英雄 Cuchulain

(B) Fenian 史诗组

(1) 故事多篇

(2) 英雄

——Finn Mc Cool(武士)

——Diarmait(Finn 之从人)

——Ossian(Finn 之子)

——Oscar(Finn 之孙)

(C) 其他名著——威尔士

(1) Owain Cyveiliog(1150)

(a) 著作——Hirlas

(b) 故事——著者(王子)向两武士搦战而发现其已死

(2) Gruffudd ap yr Ynad Coch

(a) 威尔士最后大诗人

(b) 吊最后威尔士王

(三) 英国史诗

(A) Beowulf(Anglo-Saxon)

(1) 七世纪史诗

(2) 后日修饰

(四) 日耳曼史诗

(A) Nibelungs 史诗组(940)

(1) 文字

(a) Prose Edda(1140—1150)

(i) Icelandic 文字

(ii) Snorri Sturluson(1178—1241)编辑

(b) Waltharius

(i) 拉丁文

(ii) 著者为修道士 Ekkehard Ⅰ(十世纪)

(c) Das Nibelungen Nôt

(i) 日耳曼语

(ii) 著者——奥地利人(1200)

(2) 故事

(a) 英雄——Siegfried

(b) 故事——六世纪日耳曼人之侵入 Gaul 及其与匈奴领袖 Attila 之竞争

(B) Poetic Edda(950—1050)

(1) Icelandic 文字

(2) 名篇——The Prophecy of the Völva(女先知向神王 Odin 述万物创造故事及初生之快乐与命运之悲哀)

(C) Sagas

(1) 散文故事

(2) Iceland 贵族家历史与传说故事

(D) Iceland 王纪

(1) 用 Sagas 体裁

(2) 著者——Snorri Sturluson

(a) Iceland 著名历史家

(b) 编辑 Prose Edda

(E) Tristan und Isold(1210)

(1) 根据法人 Chretien de Troyes 著作

(2) 著者——Gottfried von Strassburg(十三世纪前期)

(F) Parzival

(1) 故事——Holy Grail

(2) 著者——Wolfram von Eschenbach(十三世纪前期)

(五) 法国史诗——Chansons de geste

——现存百余首,每首数千行以至数万行

(A) 特点

(1) 失半开化气

(2) 完全基督教化

(B) 名篇

(1) Les Gestes du Roi 组

(a) Charlemagne 故事

(b) 名篇——Chanson de Roland

(2) Les Gestes de Guillaume 组

(a) 诗篇甚多

(b) 英雄——William Shortnose

(3) Les Gestes de Doon 组

——叛逆之 Ganelon 族故事

(C) Chansons de geste 之摹仿

(1) 希腊罗马故事之变化

(a) Virgil 诗中故事

(b) 亚历山大故事

(c) Troy 故事——Roman de Troie(1184)(著者为 Benoit de Sainte-More)

(2) 古代不列颠故事

(a) Arthur 王及其武士——原为 Kelt 故事

(i) Nennius 拉丁文历史中(700)最早提及之

(ii) Geoffrey of Monmouth 之 Historia Britonum (1136—1139)

(b) Kelt 王而抵抗 Saxons 者(516)

——相传 Arthur 死于 537 年

(3) 与 Arthur 相关之故事

(a) Holy Grail

(b) Percival

(c) Tristran et Isenlt

(d) Merlin(术士)

(D) 浪漫故事

(1) Roman de la Rose(1230—1277)

(2) Aucassin et Nicolette

(E) 著名文人

(1) Chretien de Troyes(活动于 1150—1182)

(a) Arthur 王故事之艺术化

——根据 Geoffrey Monmouth 之 Historia Britonum

(i) 死后至 Avalon 岛

(ii) 将来回而救 Kelts

(b) Chretien 诗中之浪漫恋爱成分

(2) Marie de France(活动于 1175—1190)

(a) 亦写 Kelt 故事

(b) 爱情成分

(3) Abelard(1079—1142)与 Heloise

(a) 非文学家

(b) 来往信函有文学价值

(六) 西班牙史诗

(A) The Cid(1150—1250)——西班牙之 Chanson de geste

(1) 历史根据——军阀 Rodrigo Diaz de Bivar 故事

(2) 故事——理想化之武士

（戊）抒情诗 Lyrics（1050—1250）

（一）历史

（A）起于法国南部之 Provence-Troubadours

（B）普及各国

（1）德国——Minuesingers

（2）法国北部——Trouveres

（3）英国——Minstrels

（4）意大利

（5）西班牙东北部（Catalonia，Navarre，Aragon，Valencia）——与南法文学潮流相同

（C）现存五百诗人作品——当时作品百分之五

（二）诗人

（A）贵族

（1）英王后 Eleanor 称为抒情诗后（Queen of the Troubadours）

（2）其子 Henry 及 Richard the Lion-Hearted 皆诗人

（B）第一诗人——William IX of Aquitaine（Eleanor 祖父）

（三）诗意——Andreas the Chaplain（十三世纪法人）之 On the Art of True Loving

（A）肉欲恋爱 Physical Passion

（B）浪漫恋爱 Romantic Love（Chansons de geste 中亦有之）

（1）成分——宗教理想、武士理想与肉欲恋爱之混合品

（2）条件

（a）爱情为生活中心——恋爱万能

（b）爱情改造情人之世界

（c）爱情提高情人之人格

（d）爱情之宗教性——与爱上帝爱圣母之爱相同

（四）著名诗人

（A）William Ⅸ of Aquitaine

（B）Richard the Lion-Hearted

(C) Walther von der Vogelweide(1170—1230)

(1) 德国最大抒情诗人

(2) 特点——诗中表现诗人之经验与感触(其他诗人多描写与诗人人格无关之情节)

(D) Tannhäuser(1240)

——十九世纪 Wagner 之戏曲用其故事

(E) Thibaut of Champagne(1201—1253)

(F) Pier della Vigna(十三世纪)

(1) Frederick Ⅱ之 Naples 宫中诗人

(2) 十四行诗 Sonnet 之创造者

(己) 戏剧

(一) Hrotsvitha(十世纪)

(A) 德国女修道士

(B) 喜剧——共六篇

(1) 用拉丁文

(2) 摹仿 Terence

(C) 故事

(1) 根据圣人传故事

(2) 宗教宣传

(二) 宗教戏剧

(A) 来源

(1) 圣诞节庆祝礼

复活节庆祝礼——诸圣女及天使之问答

(a) 当初由歌队合唱

(b) 后由个人唱和

(B) 种类——皆在礼拜堂中表演

(1) 神秘剧 Mystery Plays

(a) 宗教神秘之表演

(b) 人类全部历史之表演

(2) 奇迹剧 Miracle Plays

——圣人奇迹之表演

(3) 道德剧 Morality Plays

——七善七恶及其他善恶观念之人格化

(庚) 历史

(一) Ari Frodi Thorgilsson(1067—1148)

(A) Iceland 人

(B) Iceland 未信基督教前传说历史之记录

——历史体裁之初创

(二) Snorri Sturluson(1179—1241)

(A) Iceland 大历史家

(B) Iceland 名王纪——用 Sagas 体

(三) Geoffrey of Monmouth(c.1100—1154)

(A) 英人

(B) 不列颠史 Historia Britonum(1136—1139)

(1) 用拉丁文

(2) 提及 Arthur 王

(四) Geoffroi de Villehardouin(c.1150—c.1213)

(A) 法人

(B) 第四次十字军史 The Conquest of Constantinople

(五) Sire Jean de Joinville(c.1224—1317)

(A) 法人——随 St. Louis 十字军之武士

(B) 名著——Histoire de St. Louis

(六) Wace(1170)

(A) 英人

(B) 重写 Geoffrey of Monmouth 之历史

——用 Norman French

（七）Layamon（1200）

（A）英人

（B）根据 Wace 而重写不列颠史——用英文

（八）修道院大事年表 Annals，Chronicles

（A）用拉丁文

（B）英国用方言——Anglo-Saxon Chronicle

（辛）平民文学

（一）贵族文学之摹仿

（A）记事诗与情诗

（B）名篇——The Epic of Reynard

（1）诗集

（a）初现于德法之间（1100）

（b）各国皆有译本

（2）题目——狐 Reynard 之经验

（3）用意——教士律师之讽刺

（二）短篇故事 Fabliaux，novella

（A）十三世纪兴起于法国

（B）体裁

（1）用韵文间用散文

（2）为短篇小说之起源——市井中谈天资料

（C）题目

（1）夫妇生活之悲剧与喜剧

（2）夫妇与情夫（大半为修道士）

（三）圣人传 Acta Sanctorum

（A）圣人传说故事

（B）各地有地方圣人

（1）多由异教 Pagan 时代传下之地方神

（a）如 Pan 之类

(b) 基督教化

(2) 外来圣人

(a) 释迦牟尼

(b) 印度及阿拉伯人物

(3) 基督教历史中圣人

(C) 名著——Legenda Aurea(The Golden Legend)

(1) 著者——Jacobus de Voragine(c.1230—1298)乃意大利主教

(2) 传说故事之编辑

(3) 命名意义——价值等于同量之黄金

(四) 戏剧

(A) 宗教戏剧大半为平民文学

(B) Jean Bodel(十三世纪)

(1) 法人

(2) 奇迹剧名著——St. Nicholas(c.1205)

(C) Rutebeuf(十三世纪)

(1) 法人

(2) 名著——Theophilus(c.1280)

(a) 圣母奇迹故事

(b) 主教卖魂与魔鬼而由圣母解救

(D) Adam de la Halle(c.1240—1288)

(1) 法人——著名俗世戏剧家

(2) 名著

(a) La Jeu de la feuillée

(b) Robin et Marion

(i) 演于 Naples(1283)

(ii) 牧童故事 Idyl

(五) 其他平民文学

(A) 圣经故事

(B) 禽兽故事 Bestiary

(C) 木石故事 Lapidary

参 考 书

Thorndike, Chap.21

Taylor——Medieval Mind, I, Chap.24; Ⅱ, Chap.25,27,30—33

Robinson——Readings in European History, Ⅰ, pp.431—438

Munro and Sellery——Medieval Civilization, pp.310—347

Jameson——A Short History of European Literature, Chap. 16,17

Kerr, W.P.——Epic and Romance

第十五章 封建时代文化之综合——但丁

(甲) 但丁 Dante 综合封建文化之意义

(一) 身世——城市生活

(二) De Monarchia——封建一统理想

(三) Divine Comedy

(A) 内容——宗教与哲学

(B) 形式——史诗

(四) Vita Nuova——抒情诗

(乙) 但丁身世(1265—1321)

(一) Florence 世家出身——贵族大地主

(二) 入医生行会

(A) Florence 法律禁止贵族入政界

(B) 但丁入行会专为政治活动

(三) 政治生活

(A) 属皇帝党 Ghibellines

(B) 选为政府最高六人行政委员会 Six Priors 之委员(1300)

(C) 教皇党 Guelfs 之胜利与但丁之逃亡(1302)

(四) 亡命时期(1302—1321)

(A) 思索宇宙人生一切问题

(B) 著作

(丙) 帝王论 De Monarchia

(一) 方法

(A) 书院哲学方法

(B) 用拉丁文

(二) 二元一统论

(A) 皇帝为政治元首——谋人类此世幸福

(B) 教皇为宗教元首——谋人类死后永造幸福

(三) 和平与一统

(A) 社会和平为实现人类目的之必要条件

(B) 只一统皇帝能维持和平

(1) 监督各国国王使不互争——为国际公断人

(2) 国际无争则城市太平

(3) 城市太平则各区互爱

(4) 各区互爱则家庭需用足

(5) 家庭需用足则人民安乐

(丁) 新生命 Vita Nuova

(一) 体裁

(A) 散文与十四行诗并用

(B) Troubadour 文学

(C) 用方言 Tuscan

(二) 背景

(A) 但丁之单恋 Beatrice

(B) Beatrice 之夭亡

（三）半神秘半情爱之诗品

（戊）神曲 Divina Commedia

（一）体裁

（A）史诗体

（B）用方言

（二）封建时代知识信仰之总汇

（A）Thomas Aquinas 用哲学体(拉丁文)为知识阶级总汇信仰知识

（B）但丁用诗体(方言)为全体人民总汇信仰知识

（1）得救圣道总论——物理,天文,政治,历史,古典神话,哲学,神道学

（2）主要目的在描写死后灵魂之命运
——死后三界之活现

（三）隐意象征

（A）猛兽——求智之障碍

（1）豹——情欲

（2）狼——贪婪

（3）狮——骄傲

（B）Virgil

（1）哲学智慧——理性

（2）求智之前导

（C）Beatrice

（1）纯爱

（2）真智——信仰心

（D）全部故事
——人类寻求上帝之心灵经验

（四）纲要

（A）怀疑

（1）怀疑一切——上帝之存在亦加以怀疑

（2）猛兽之围困与 Virgil 之解围

(B) 地狱篇 Inferno

(1) 全曲之最活现部分——Dantesque

(2) 刑罚论

(a) 地狱口——地狱亦不肯收留之无可轻重、无可无不可之人及中立之天使

(b) 未领洗之婴儿

(c) 异教 Pagan 无罪之名人——悲哀之寂寞

(d) 淫乱者——刑罚最轻

(e) 其他——异端者,自杀者,……

(f) 失信者

(i) 刑罚最重——封建时代特征

(ii) Brutus, Cassius, Judas 在狱底为魔鬼 Lucifer 所咬

(C) 炼罪所篇 Purgatorio

(1) 七大罪之磨炼

(a) 骄傲——诸恶根源,故须先炼清

(b) 忌妒

(c) 发怒

(d) 懒惰

(e) 贪婪

(f) 饕餮

(g) 淫乱

(2) 清炼后

(a) 灵魂先至世上乐园

(b) 然后可升天堂

(D) 天堂篇 Paradiso

(1) 灵魂得救所必需之知识

(2)人生最后问题与天命

(3) 基督教基础信条与道理

(4)天堂不可言喻之玄秘辉煌

(a) 神秘玫瑰花 Mystic Rose

(b) 三位一体之神秘

参 考 书

Thorndike, pp.410—414

Taylor——Medieval Mind, Ⅱ, chap.44

Santayana——Three Philosophical Poets

Gaspary——Italian Literature, chap. 10,11

Castle, Marie L. E.——Italian Literature, pp.23—77

Sedgwick, H. D.——Italy in the Thirteenth Century, Ⅱ, chap.16

Foakes-Jackson, F. J.——Introduction to the History of Christianity, chap.14

Toynbee, P.——Dante Alighieri, His Life and Works

Butler, A. J.——Dante, His Life and His Work

Symonds, J. A.——Introduction to the Study of Dante

Veron, W. W.——Readings in Dante

Snell, F. J.——Handbook to the Works of Dante

Dinsmore, C. A.——Aids to the Study of Dante

第三编　西洋文化第一期封建时代下：封建末期——封建文化之破裂（1321—1517）

（甲）政治社会经济之变化

（一）政治一统观念之推翻

（A）神圣罗马帝国之破裂

（B）教皇政权之丧失

（二）封建贵族之衰微与王权国家之兴起

（A）百年战争与英法王权国家之成立

（B）列国

（C）意大利城邦之专制制度

（三）地理发见运动

（乙）宗教与哲学

（一）宗教改革家之出现——Wycliffe，Huss

（二）书院哲学之破裂——唯名论

（丙）新文艺与新理想——文艺复兴

（一）意大利文艺复兴

（A）人文主义

（B）文学

（二）意大利文艺复兴之外播

（A）德国

(B) 法国

(C) 英国

第十六章　政治一统主义之推翻

(甲) 背景

(一) 封建盛期之一统理想

(二) 两一统主义之冲突

(乙) 神圣罗马帝国之破裂

(一) 背景——Hohenstaufen 朝代(1137—1250)之政策

(A) 帝国势力推遍意大利全部

(B) 实现方法

(1) 意大利城市须受皇帝监督

(2) 教皇须受皇帝约束

(3) 意大利诸侯贵族须向皇帝尽臣职

(4) 意大利南部与 Sicily(Normans)用联婚法收归帝国——压迫教皇

(二) 名皇

(A) Conrad Ⅲ(1137—1152)——政策之划定

(B) Frederick Barbarossa(1152—1190)

(1) 与城市及教皇之冲突
——失败于 Legnano(1176)

(2) 为其子与 Sicily 公主订婚

(C))Henry Ⅵ(1190—1197)

(1) 为太子时即娶 Sicily 公主 Constance 而有其国——Sicily 王无子

(2) 志未成而死(1197)

(D) Frederick Ⅱ(1215—1250)

——Henry Ⅵ死后皇位之竞争

（三）Frederick Ⅱ与神圣罗马帝国之破裂

（A）背景

（1）教皇反对皇帝势力达 Sicily 与南意大利

——Hohenstaufen 朝应许教皇：南意及 Sicily 只为私产不为帝国一部

（2）南意及 Sicily 人反对德人势力之侵入

（B）Frederick Ⅱ之幼年

（1）太后 Constance 反对德人势力

（a）立其三岁幼子为 Sicily 王

（b）承认教皇为主上

（c）太后薨前遗嘱托教皇监督其子 Frederick

（2）Frederick 之顺服 Innocent Ⅲ（1198—1216）

（a）Innocent Ⅲ立为皇帝（1315）

（b）Innocent 死后 Frederick 态度大变

（C）Frederick Ⅱ政策之实施

（1）败北部城市而委人统治之

（2）其子娶 Sardinia 公主而有其国

——教皇认 Sardinia 为教会土地

（3）Gregory Ⅸ（1227—1241）逐 Frederick 出教会（1239）

（4）新教皇 Innocent Ⅳ逃从 Lyons

（5）教皇与皇帝之最后死争

——Frederick Ⅱ之驟崩（1250）及 Hohenstaufen 政策之失败

（D）Frederick Ⅱ后

（1）子 Conrad 亦早死（1254）

（2）Conrad 弟 Manfred 仍保持南意及 Sicily 势力

——德国势力已全失（无皇帝）

（a）教皇联络法国封法王弟 Charles of Anjou 为 Sicily 王

(b) Anjou 败杀 Manfred(1266)

(3) Frederick 孙 Conradin(Corradino)亦被捕处死(1268)

(4) Sicily 王国之命运

(a) Naples 仍为法人保留

(b) Sicily 被 Aragon 征服(1282)——Sicilian Vespers

(5) 此后帝国即德国——意大利无形中完全脱离帝国范围

(四) 1250 年后之帝国

(A) 皇位空虚时期(1250—1273)

(1) 多人争位——外人

(2) 皇位尊严与皇权之丧失——诸侯独立

(B) Hapsburg 朝代

(1) Rudolf of Hapsburg(1273—1292)

(a) 小诸侯——无实力

(b) 原来采地——Alsace 及后日之瑞士

(c) 征服 Austria, Styria, Carniola, Carinthia(1278)——Bohemia 王领土

(2) Rudolf 后

(a) 间或登帝位(1292—1437)

(b) Hapsburgs 包揽帝位(1437 后)

(3) Hapsburgs 政策

(a) 谋家族利益

(i) 以 Austria 为根据地

(ii) 扩张私产——Tyrol(1363)

(b) 不顾德国利益

(i) 不干预各诸侯邦

(ii) 容法国势力扩张至德国西境——Lorraine 及 County of Burgundy

(c) 放弃帝国理想——只留皇帝名义

(i) 不干涉教皇

(ii) 放弃意大利——Frederick Ⅲ(1452)为末次在罗马登帝位之皇帝

(C) 1250年后之德国

(1) 皇帝与选侯 Electors

(a) 无中央政府组织

(i) 无类似英法之政治发展——被帝国理想及意大利战争所误

(ii) 帝国议会 Diet, Reichstag 亦无实权

——选侯院 College of Electors

——诸侯院 College of Princes

——城市院 College of Free Cities

(b) 七选侯 Seven Electors

(i) 专擅选举皇帝之权(当初属全部诸侯)

——Archbishop of Mainz(Mayence)

——Archbishop of Trier(Treves)

——Archbishop of Cologne

——Count Palatine of the Rhine(Steward)

——Duke of Saxony(Marshal)

——Margrave of Brandenburg(Chamberlain)

——King of Bohemia (Cupbearer) (Duke of Bavaria 争此地位)

(ii) 选侯地位之正式规定——Charles Ⅳ(1347—1378)之 Golden Bull(1356)

(子) 选侯身体神圣不可侵犯

(丑) 选侯专选皇帝

(寅) 选侯居皇帝左右要职

(卯) 选侯在己邦有主权——铸钱,征税,司法

(辰) 选侯邦行长子承继制

(2) 小邦

(a) 数目——约三百

(b) 种类

(i) 宗教邦——主教,方丈

(ii) 各级诸侯邦

(iii) 单垒之"强盗武士"Robber Knights

(c) 诸子承继制——邦教与邦界之时常变迁

(d) 邦际战争、法律混乱与社会秩序之无从维持

(3) 自由城——皇帝城

(a) 承认皇帝——实际完全自治

(b) 工商业发达——Hanseatic League

(4) 秘密社会之司法制度——Vehm, Fehm

(a) 目的——维持社会治安

(b) 性质

(i) 自由人皆可加入

(ii) 秘密口号与记号

(c) 治安维持方法——死刑

(i) 会员当场捉获罪人可立即处死

(ii) 暗召犯人受审

(子) 会员可发誓否认

(丑) 非会员可请会员代为发誓担保

(寅) 定罪者立即处死

(卯) 不受召者会员可随时捉获缢死树上——置有 S.S.G.G.符号之小刀于旁以示 Vehm 负责

(d) 全民拥护——城市,主教,诸侯,以及皇帝(Sigismund, 1410—1437)皆入会

(丙)教皇政治地位之丧失

(一) 背景

(A) 统一国家之兴起——与教皇政治地位势不两立

(B) 最早统一之王权国家——法国

(二) 教皇与法王之竞争

(A) 问题

(1) Boniface Ⅷ(1294—1303)欲恢复 Innocent Ⅲ时代之教皇制而遏止国王之兴起

(2) 教谕 Clericis Laicos(1296)禁止教士纳税与国家

(B) 法王 Philip the Fair(1285—1314)之对策

(1) 禁止金银珠宝食物军用品出口——教税不能解至意大利

(2) 逐外人离法国境——留财产事业于法国

(3) Boniface 之让步

(a) 许容教士于国家有急需时“自动”捐助

(b) 一部分教士不受教谕限制

(c) 封 Philip 祖父 Louis Ⅸ为圣人——St. Louis

(4) Philip 收回成命

(C) 新问题与新纠纷

(1) 纠纷焦点

(a) 教皇驻法代表(法人,主教)得罪 Philip

(b) 退职后 Philip 拘捕之

(2) Boniface 之对付方法——教谕 Ausculta fili charissime (1301)

(a) 命法王释前代表并解至罗马

(b) 召法国教士至罗马开会讨论法王侵略教士权利问题

(3) Philip 召聚三级议会(1302)

(a) 修改教谕文字而交与议会
——激动国家思想

(b) 议会拥护国王——教士院亦然

(4) Boniface之失败

(a) 仍召聚罗马会议——少数法国教士到会

(b) 教谕Unam Sanctam(1302)

(i) 教皇高于一切国家帝王

(ii) 人类得救必须服从教皇

(c) Philip遣Nogaret往意大利拘Boniface至法国而以宗教大会审判之(1303)

(i) Boniface已回乡——Anagni

(ii) 法人入城拘禁教皇

(iii) 三日后市人逐法人

(iv) Boniface不久死于罗马

(三) 巴比伦之掳 Babylonish Captivity(1309—1377)

(A) Clement Ⅴ(1305—1314)

(1) 法人——由Philip the Fair运动而被选为教皇

(2) 移居Avignon

(a) 属Count of Provence——不属法王

(b) 但近于法国受法王支配

(3) 派大批法人为红衣主教

(B) 七十年之Avignon教皇

(1) 教皇皆法人

(2) 教皇威权大减

(a) 各国不欲尊重法王傀儡

(b) 英国(百年战争时代)

(i) 不准教皇委外人为教士
——Statute of Provisors(1351)

(ii) 不准英人至国外上诉
——First Statute of Praemunire(1353)

(iii) 无英王允许教皇不得下谕于英国

——Statute of Praemunire(1392)

(3) 最后回罗马(1377)

(四) 教会大分裂 The Great Schism(1378—1417)

(A) 起源

(1) 新教皇为意大利人——Urban Ⅵ(1378—1389)

(2) 红衣主教院中法人(Ultraontane 派)离罗马而选法人为教皇又回 Avignon——Clement Ⅶ(1378—1394)

(3) 两教皇之对峙

(a) 各派红衣主教

(b) 各派主教及教士——往往互争地盘

(c) 互相逐出教会

(B) 结果

(1) 信徒之疑虑——圣礼效用问题

(2) 列国之分为两党

(a) 法国及其与国——苏格兰,Savoy, Flanders, Castile, Aragon, Navarre

(b) 意大利及反法诸国——德,英,匈牙利,波兰,葡萄牙,瑞典,挪威,丹麦

(3) 教皇政治地位丧失净尽

(a) 两皇皆需各国拥护

(b) 放弃政权

(C) 解决

(1) Council of Pisa(1409)

(a) 两红衣主教院之一部分所召聚

(b) 废两教皇而另选新教皇

(c) 结果——三教皇

(2) Council of Constance(1415—1417)

(a) 德,法,英诸国所召聚

(b) 结果

(i) 罗马教皇自动退位

(ii) Avignon 教皇被废

(iii) 第三教皇被迫退位

(c) 红衣主教联合选举新教皇(1417)

(五) 宗教大会运动 Conciliar Movement(1415—1449)

(A) 根据

(1) 宗教大会为教会最高机关——高于教皇可废免之

(2) 教会改良运动

(B) 大会

(1) Council of Constance(1414—1417)

(2) Council of Siena(1423—1424)

(3) Council of Basel(1431—1449)

(a) 皆失败

(b) 教皇仍为宗教最高元首

(i) 但政治主上地位全失

(ii) 教会元首地位亦受限制

(丁) 列国之兴起

(一) 皇帝一统理想之消灭

(二) 教皇一统制度之破裂

(A) 列国独立——教皇政治主上地位消灭

(B) 教会由国王支配,教皇之教会元首地位亦受限制——政教条约 Concordats 之盛行

(1) 国王指派主教方丈——教皇委任

(2) 教皇谕旨公布须先得国王允许

(3) 上诉教廷之限制

(C) 列国国王之统治教会

(1) 英国——早已实行(见上)

(2) 法国

(a) Pragmatic Sanction of Bourges(1438)
——法王公布

(b) Concordat of Bologna(1516)

(3) 西班牙(1482)

(三) 一统观念之攻击者——Marsiglio of Padua

参　考　书

Thorndike, pp.461—471, 502—506, chap.28,30

Emerton——Beginnings of Modern Europe, chap.1.2,3,7,pp. 164—170

Henderson——Germany in the Middle Ages, chap.19,20,22—26

Tout——Empire and Papacy, pp.358—392

Thatcher and McNeal——Source Book for Medieval History

Henderson——Select Historical Documents of the Middle Ages

Stuffs, W.——Germany in the Late Middle Ages

Robinson——Readings in European History, I

Lodge——The Close of the Middle Ages

第十七章　封建贵族之衰微与王权国家之兴起——百年战争

(甲) 百年战争(1337—1453)

(一) 原因

(A) 远因

(1) 英王在法之领土 Gascony 与 Guienne
——实为四百年战争(1066—1453)

（2）苏格兰与 Flanders

（3）英伦海峡 English Channel 之渔业竞争

（B）近因——法国王位承继问题

（1）Capetian 朝代嫡系之消灭(1328)

（2）法国王位承继法 Salic Law(1316)

Philip III(1270—1285)

Philip the Fair(1285—1314)　　Charles of Valois

Philip VI(1328—1350)

Louis X　Philip V　Charles IV　女

(1314—1328)　　Isabella——嫁英王Edward II(1307—1327)

Edward III(1327—1377)

（3）王位问题之临时解决

（a）英国太后 Isabella 承认 Salic Law

（b）幼主 Edward III 承认 Philip of Valois 为主上

——为 Gascony 与 Guienne 而行称臣礼

（4）Edward III 成年后否认幼年时誓言

（a）自称法王

（b）联 Flanders 而攻法国

（二）战争四期

（A）第一期(1337—1360)

（1）英国胜利

（2）Bretigny 条约(1360)

（a）英国放弃法国王位野心

（b）得法国领土为已土(非采地)

（i）Calais

（ii）Gascony

（iii）Guienne

（iv）Poitou

(B) 第二期(1369—1395)

(1) 英起因——英王领土人民向法王诉苦

(2) 法国胜利——Bertrand du Guesclin

(3) 和约(1396)

——英国只留三城 Calais, Bordeaux, Bayonne

(C) 第三期(1415—1420)

(1) 起因

(a) 法王 Charles VI (1380—1422)之发狂与诸侯之乘机内乱——Burgundy 公国

(b) 英王野心之复起——与 Burgundy 联盟

(2) 英国大胜

(3) Troyes 条约(1420)

(a) 英王领土——Calais, Gascony, Guienne, Poitou, Normandy, Anjou.

(b) Charles VI 殁后英王登法国王位

(D) 第四期(1422—1453)

(1) 起因

(a) Charles VI 死而英王正式称法王(1422)

(b) 法国贵族之一部否认英王而承认 Charles VI 之子为 Charles VII(1422—1461)

(2) 英军初时大胜——Loire 河以北之地皆征服

(3) 贞德 Jeanne d'Arc——Joan of Arc(c. 1411—1431)

(a) 解 Orleans 之围(1429)——法王最后重垒

(b) 收复 Rheims 而使 Charles VII 正式即位(1429)

(c) Jeanne 之被俘(1430)

(d) 异端者 Jeanne 之处死(1431)

——教会封为圣人(1909)

(4) 法国民族思想之激起与胜利

(5) 战争之结束(1453)

(a) 无正式条约

(b) 英国只保 Calais 一城

(乙) 法国王权之日强

(一) 百年战争之影响——法国统一

(A) 民族思想之盛兴——外力压迫

(B) 三级议会势力之日微

——国家危迫时需要统一政府

(二) Charles Ⅶ(1422—1461)

(A) 改良税制

(1) 田赋 Taille 由王征收

(2) 不受议会限制——议会将此权永远划与国王

(B) 改良军制

(1) 常备军之充实

(a) 由田赋养练

(b) 废雇军制

(2) 贵族于军队中势力日减

(三) Louis Ⅺ(1461—1483)

(A) 压倒贵族——百年战争时代又渐强大

(1) 小贵族

(2) Duchy of Burgundy——完全吞并

(B) 巨细过问——游行全国与平民来往以访民意

(四) Charles Ⅷ(1483—1498)

——娶 Brittany 公主而有其地(1491)

(五) Louis Ⅻ(1498—1515)

(六) Francis Ⅰ(1515—1547)

——Concordat of Bologna(1516)

(丙) 英国王权之膨胀

（一）百年战争之结果——与法国相反

（A）国会权势日大

（1）英国未受外敌压迫无统一政府需要

（2）英王出兵须向国会请饷

（B）战争失败王威大减

（C）但民族思想发达盛强——废 Norman-French 语而用英语 English

（二）玫瑰花战争 War of the Roses（1455—1485）

（A）起因

（1）王室两族争位

（a）York——白玫瑰

（b）Lancaster——红玫瑰

（2）贵族亦分两党

（B）战争结果

（1）Henry Tudor 占最后胜利——Lancaster 远族

（2）娶 York 郡主而即王位
——Henry Ⅶ（1485—1509）

（C）影响

（1）贵族死亡殆尽——国会权力全属贵族

（2）王权独尊——Tudor 朝代（1485—1603）

（3）Henry Ⅶ之政绩

（a）设秘密法庭 Court of Star Chamber

（i）法官由王委派

（ii）不用陪审制

（iii）秘密审理——对付政治犯

（b）新贵族——皆王党

（c）国会

（i）不常召聚

(ii) 召聚时唯王命是听

(丁) 西班牙

(一) Aragon 与 Castile 之合并

(A) Aragon 太子 Ferdinand 与 Castile 公主 Isabella 结婚(1469)

(B) 两王听政——Ferdinand and Isabella(1479—1504)

——Ferdinand(1479—1516)

(二) 征服 Granada(1492)

(A) 回教势力全消

(B) 半岛大部统一

(1) 只葡萄牙与 Navarre 尚独立

(2) Isabella 死后 Ferdinand 占有 Navarre 之西班牙部分

(三) 内政

(A) 重设异端审问所——政治作用

(B) 压倒贵族

(1) 下重垒

(2) 禁私斗

(C) 统治教会(1482)

(D) 设政治机关——皆用中等阶级及法律家

(1) 国务院 Council of State

(2) 财政院 Council of Finance

(3) 司法院 Council of Justice

(E) 改良军政

(1) 西班牙军队成欧洲最善战之军队

(2) 威名渐凌驾瑞士人之上

(F) 少召国会 Cortes

(戊) 葡萄牙

(一) 被 Castile 吞并之危险

(二) 征服 Ceuta(1415)及 Morocco 各地

（三）王权渐增

（A）John Ⅱ(1481—1495)

（B）内政发展与西班牙同

（己）Scandinavia

（一）三国之合并 Union of Kalmar(1397)

——三国皆由丹麦王统治

（二）分裂(1523)

（A）瑞典独立

（B）挪威仍属丹麦

（三）丹麦瑞典王权渐盛

（A）统治教会

（B）压制贵族

（C）利用中等阶级

（庚）德国

（一）以全体论为例外——未统一

（二）内部有统一国甚多

（A）七选侯邦

（B）奥国

（C）瑞士——非王权国家

（三）奥国

（A）王权国家——与他国情形同

（B）土地之扩充(1526)

（1）Bohemia

（2）匈牙利

（四）瑞士 Switzerland(1291 后)

（A）起源

（1）原为 Hohenstaufen 族 Swabia 公爵邦之一部

（2）其地后归 Hapsburg 族

(3) 本地农民之反对 Hapsburg 人

(a) Lucerne 湖旁三林区 Forest Cantons 之互守联盟(1291)——Uri, Schwyz(瑞士), Uuterwalden

(b) 只承认皇帝权力

(B) 败 Hapsburg 军

——Morgarten(1315)

——Sempach(1386)

——Näfels(1388)

(C) 他区之加入联盟(十四世纪)

(1) 农业林区——Lucerne, Glarus, Zug

(2) 工商业城区——Berne, Zürich

(D) 土地之开拓(十五世纪)

(E) 皇帝承认其完全自治权(1499)

(1) 此后瑞士实际独立

(2) 1648 始正式脱离帝国

(F) 政治

(1) 对外统一

(a) 人民勇武善战

(b) 至各国为雇军名震全欧

(2) 内部各州自治

(辛) 意大利

(一) 以全体论亦为例外——未统一

(二) 各城邦统一

(A) 当初民治

(B) 十四世纪后渐成专制政体(见下)

(三) Naples 与 Sicily

(A) 分裂为二(1282)

(B) Aragon 王统一(1435)

（四）教皇领土 Papal States——未统一

（壬）王权国家之例外

（一）苏格兰

（A）贵族仍维持封建制度

（B）十六世纪末期王权始兴

——然不久即与英国合并

（二）波兰

（A）贵族操纵一切——Liberum Veto

（B）王位仍行选举制

（C）后日之瓜分亡国

（癸）王权国家兴起下之政治社会局面

（一）中等阶级之兴起

（A）贵族败则中等阶级兴

（B）国王与中等阶级之联盟

（1）共同打倒贵族

（2）相互利益

（a）王与中等阶级以各种工商业权利与便利

（b）中等阶级借款当兵以助国王打倒贵族

（3）国王多任用中等阶级

（a）法律家

（b）罗马法之提倡王权

（二）国际局面之初起与国际战争之萌芽

（A）个人封建战争变为国家利益战争

（B）第一次国际争衡(1494)

（1）法王 Charles VIII(1483—1498)之侵入意大利(1494)

——欲征服 Milan 及 Naples

(2)西班牙之反对与国际战乱

（a）列强与国际均势局面

(b) 此后战争皆为均势战争

参 考 书

Thorndike, Chap. 27, 33

Emerton——Beginnings of Modern Europe, chap. 4, 6

Cross——A History of England and Great Britain, chap. 15

Munro and Sellery——Medieval Civilization, pp. 366—375, 491—523
547—574

Kitchin——History of France, II, Book I, chap. 2

Lowell, F. C. ——Joan of Arc

Durny——History of France, chap. 34, 35

Hume, M. ——Spain, pp. 1—30

Cheyney——European Background of American History, chap. 5

Cheyney——Short History of England, chap. 10, 11, 12

Adams, G. B. ——Growth of the French Nation, chap. 9

Robinson——Readings in European History, I, chap. 20

Cheyney——Industrial and Social History of England, chap. 6

Adams——Civilization during the Middle Ages, chap. 13

Hassell——The French People, chap. 8, 9

第十八章 地理发现运动

(甲) 背景

(一) 城市之商业运动

(A) 十字军后东方商业又为回人所垄断

(B) 发现直往印度路线之需要

(二) 封建末期文艺复兴运动下之个人主义

——探险家皆富有个人表现之热狂者

（乙）葡萄牙

（一）发现新地运动之先驱

（A）地势——封建时代与文艺复兴时代之分别

（B）Prince Henry the Navigator(1394—1460)

（1）信地圆说

（2）倡绕非洲至印度说

（C）Vasco da Gama 绕非洲至印度(1498)

（二）新路线发现之影响

（A）意大利城市之致命伤

（B）葡萄牙成东亚货品之新中间人

（丙）西班牙

（一）地势——与葡萄牙同

（二）新大陆之发现(1492)

（A）科仑布 Christopher Columbus(1446—1506)

(1)意大利 Genoa 人

（2）奉 Castile 女王 Isabella 命而航海西行往印度

（B）科仑布对新大陆之误会与美洲土人得名之由来

（丁）科仑布与 Vasco da Gama 成功后冒险家之工作

（一）发现新地风气之狂烈——冒险家各以发现新地为己任

（二）巴西 Brazil 之发现(1499—1500)

（A）Cabral 代葡萄牙占领

（B）欧人渐知新大陆非亚洲

——Amerigo Vespucci 及"新大陆""美洲"名称之由来

（三）麦哲伦 Magellan 航绕地球一周(1519—1522)

——第一人绕南美洲而航太平洋

（戊）其他各国

（一）英国

(A) John Cabot

(1) Venice 人

(2) 代英王 Henry Ⅷ至北美东岸(1497)

(B) 此后英国殖民运动之停顿

(1) 寻“西北路线”之耗费精力

(2) 十七世纪初期英人始明殖民地之重要而开拓北美东岸

(二) 法国

(A) 殖民运动较英国尤迟

(B) Henry Ⅳ 时代(1589—1610)始开始发展

St. Lawrence 与 Mississippi 两河流域(Canada 与 Louisiana)

(三) 意大利与德意志

(A) 无中央政府故于此运动中无地位

(B) 意大利探险家皆为他国工作

(己) 西班牙葡萄牙之垄断殖民地

(一) 教皇之分新地为东西二部——线在 Azores 群岛西百里格(1493)

(A) 西部归西班牙——新大陆

(B) 东部归葡萄牙——非洲及远东

(二) 两国定约改线——线移至 Cape Verde 群岛西三百六十里格(1494)

(A) 葡萄牙得有巴西

(B) 其他仍旧

(三) 两国政策

(A) 垄断商业与殖民——他国之反对

(B) 互相侵略——西班牙之占据菲律宾群岛(1542)

参　考　书

Thorndike, pp. 607—612

Hayes——Political and Social History of Modern Europe, I, pp. 49—62
Cambridge Modern History, I, chap. 1
Cheyney——European Background of American History, chap. 1—4
Bourne, E. G.——Spain in America, chap. 2—4
Stevenson, E. L.——Christopher Columbus and His Enterprise
Abbott——The Expansion of Europe, chap. 3
Beazley, C. R.——Dawn of Modern Geography, II, III
Beazley——Prince Henry the Navigator
Synge——Book of Discovery
Yule——Cathay and the Way Thither
Merriman——The Spanish Empire, I, pp. 142—157; II, 171—191

第十九章　宗教与哲学

(甲) 背景

(一) 封建盛期之一统信仰与一统思想

(二) 异端审问所

(乙) 宗教改革家

(一) John Wycliffe(1320—1384)

(A) 身世

(1) 教皇“巴比仑之掳”时代之英国教士——神父

(2) 牛津大学教授

(B) 新教理

(1) 教皇

(a) 非世界主上

(b) 不尽职或不称职则非教会元首而为“反基督者”
Anti - Christ

(2) 教士

(a) 无特殊地位与神权

(b) 圣礼须由纯洁之人施行——否则无效

(3)教会

(a) 宜受国家支配

(b) 宜放弃产业

(4) 信徒宜以圣经为标准

(a) 不可专靠教士——Wycliffe 译圣经为英文

(b) 不合圣经之教理

(i) 忏悔礼

(ii) 教士贞操

(iii) 死人弥撒礼

(iv) 炼罪所

(v) 坚信礼

(vi) 傅油礼

(vii) 变质论

(5)得救之道

(a) 神恩

(b) 个人信仰

(C) Wycliffe 命运

(1) 信仰者 Lollards 甚多——国会不肯助教会压迫之

(2) 失教授地位(1381)

(3) Henry IV(1399—1413)及 Henry V(1413—1422)扑灭之

(二) John Huss(1373—1415)

(A) 身世

(1) 教会分裂时代之 Bohemia 教士——神父

(2) Prague 大学教授监督(Rector)

(3) 受 Wycliffe 著作影响而传其教于 Bohemia

(B) Huss命运

(1) 逐出教会(1411)

(2) 处死(1415)——Council of Constance

(C) Bohemia人(Hussites)之反抗革命

(1) 渐平

(2) Moravian Brethren至今仍存

(丙) 新哲学

(一) 共相唯名论——William of Occam(d.1347)

(A) 英国Franciscan修道士

(B) 攻击唯真论

(1) 一物不能同时存于数物之中

(2) 故"观念""共相"非实在

(a) 只指示多数相类物体之名称

(b) 只特相为实在

(二) 唯真唯名两派之竞争(十四、十五世纪)

(A) 大学成战场

(B) 唯名派之胜利——象征制度思想一统主义之破裂

参　考　书

Thorndike, pp. 563—565, 568—573

Emerton——Beginnings of Modern Europe, pp. 164—170

Weber——History of Philosophy, pp. 252—256

Hunt and Poole——Political History of England, IV, pp. 68—80, 102—113

Lodge——Close of the Middle Ages, chap. 12

Walker——History of the Christian Church, pp. 298—306

Taylor——Thought And Expression in the Sixteenth Century, II, pp. 20—36

第二十章　意大利文艺复兴——总论与政治

(甲) 文艺复兴之意义

(一) 重要之过渡时代

(A) 封建之末期

(B) 近世之初期

(二) 复古运动

——以假托的或理想的上古推翻近古或现今

(三) 城市运动

(A) 城市初期(1000—1250)

——服从封建社会

(B) 城市第二期(1250后)

(1) 攻击旧社会

(2) 城市事业

(a) 商业实业之渐兴

(b) 文艺复兴

(四) 名词之解释

(A) "文艺复兴"(Renaissance)之广狭二义

(B) 字面只包狭义——人文主义与文艺复兴

(C) 广义的文艺复兴——政治,社会,经济,事业,文艺

(乙) 文艺复兴之精神

(一) 封建与近世之比较

(A) 封建时代教会之出世厌世观念——宗教心理

(B) 近世商人惯于世俗之爱世观念——世俗心理

(二) 文艺复兴之中心精神——此世之美善

(丙) 城市之兴起及其政治变迁

(一) 城市区域——意大利北部中部

（二）城市发达之分期

（A）萌芽期(1000—1250)

（1）新官长——boni homines

（2）行会(gilds)

（a）商会

（b）工会

(B)成熟期(1250—1500)

（1）独裁之趋向

（2）大并小之趋向

（三）十二世纪末城市之政治与社会

（A）议事委员会(Councils)——组织无定

（1）商人

（2）大地主

（3）贵族

（4）平民

（B）行政长官——Consuls

（C）少数资本家政府之普遍

（1）商人大半时期占胜利

（2）平民之反抗与城中之纷乱无已

（3）商业所受之损失——影响全邦基础

（四）独裁政治之兴起(tyranny,tyrant)

（A）方法——野心家由少数资本家或多数平民之辅助而揽政权

（B）世袭之趋向

（1）名称之改换——Podesta,Lord,Duke

（2）宪法条文之逐渐废弛

（3）Tyrant 私人财政局之设立

（4）Tyrant 私人军队

（5）Tyrant 渐变为政法各部之头脑

　　　　（C）独裁政治下之政潮与乱变

　　　　　　（1）自由派之阴谋与暗杀

　　　　　　　　——自由与秩序之争

　　　　　　（2）争位事变之屡起及其残酷

　　　　　　（3）十三、十四两世纪间意大利诸城政权皆陷于 Tyrants 手中

　　　　（D）意大利独裁政治之重要与意义

　　　　　　（1）文艺复兴时代之主要文艺提倡者（Patrons）

　　　　　　（2）后世欧洲君权神授的君主专制制度之先驱

（丁）城际竞争与列邦形势之成立

　　（一）城际竞争之剧烈

　　　　（A）大并小之倾向

　　　　（B）独裁制下尤然

　　（二）十五世纪中期意大利半岛只余五大邦

　　　　（A）Venice 共和国

　　　　（B）Milan 公国

　　　　（C）Florence 城市区域

　　　　（D）教皇领土

　　　　（E）Naples 王国 封建区域

　　（三）数小城邦介乎两大或数大之间为缓冲国

　　　　——Ferrara, Mantua, Siena, Lucca

　　（四）城际形势

　　　　（A）均势局面

　　　　　　（1）五大邦之纵横离合与中立小邦

　　　　　　（2）条约之约束

　　　　　　（3）战争

　　　　（B）邦际使臣

（戊）意大利制度之蔓延全欧

　　（一）专制制度

（A）意大利之 Tyranny 与欧洲之君权神授制度

（B）意大利之明君理想(Intelligent Despot——Machiavelli)与欧洲十八世纪之开明君主(Enlightened Despots)

（二）国际制度

（A）均势局面

（B）国际换使

（1）意大利各邦之使臣

（2）欧洲之新发展

（a）大使公使领事

（b）国际公法

（已）独裁政治之政治学说——Machiavelli

（一）Machiavelli 之背景

（A）文艺复兴之极顶

（B）文艺复兴之渐衰

（1）法王查理第八之入侵(1494)

（2）法兰西与西班牙之争雄半岛

（a）西班牙最后之胜利(1559)

（b）全半岛成西班牙附庸(Machiavelli 死后)

（二）Machiavelli 之身世(1469—1527)

（A）Florence 世家子

（B）任外交部永久秘书(Permanent Secretary)十四年

（1）观察意大利政治之良机

（2）屡为使臣——观察全欧政治之良机

（C）著“君论”(The Prince)

（1）为君主政治指南

（2）贡献与 Florence 之 Medici 室

（三）“君论”

（A）第一科学的政治学著作

(1) 以政治实情为根据

(a) 希腊罗马之例证

(b) 百年来意大利历史之例证

(2) 归纳的方法

(B) "君论"之原理

(1) 君主专制为最良政体

(2) 政治标准在成功——与道德无关

(C) "君论"中之警章

(1) 上编第五章——治理被征服城邦之方法

(a) 完全毁灭之

(b) 派人治理之

(c) 放任之而征贡

(2) 上编第七章——Caesar Borgia 之讨论

(3) 上编第十四章——君主之军备

(a) 宜组织国民军

(b) 佣军不可靠

(4) 第十八章——君主之信用

(a) 盟约本身可完全不顾

(b) 守约与否须以利益为标准

(5) 下编

(a) 意大利统一之热烈提倡

(b) 不若上编之冷静分析

(D) 后人对 Machiavelli 之误会

(1) 恶名之产生——Machiavellian; Machiavellism

(2) "君论"之主旨

(a) 由政治实情之观察而下结论

(b) 与仁义道德理想理论毫无关系

(庚) 独裁政治之政治学说——Castiglione

（一）身世与地位（1478—1529）

（A）治人阶级出身

（1）Mantua 贵族——母为 Gonzaga 氏女

（2）Milan 君 Sforza 氏宫中生活

——政治训练（bureaucrat）

（B）政治经验

（1）Urbino 公聘为上卿——至教皇廷为使

（2）教皇任为驻西班牙大使——死于任

（C）著“官论”（The Book of the Courtier）

（二）官论

（A）印行与风行

（1）1514 书成，1528 印行于 Venice

（2）风行全欧

（a）十六世纪中共四十版

（b）各国皆有译本

（B）理想官绅之贵族君子（Aristocrat，Courtier，Gentleman）

（1）武士道——果敢善战

（2）忠君

（3）深学

（a）须能写方言

（b）尤须研究人文——希腊文拉丁文

（4）不矜夸

（5）以博爱为全人格基础

（6）总结

（a）全才

（b）武士与人文家之结合

（三）Machiavelli 与 Castiglione 之比较

（A）同点

(1) 两人皆属治人阶级皆有政治著作

(a) 理想君主之"君论"

(b) 理想臣子之"官论"

(2) 两人皆倡个人主义——个性之表现(君或臣)

(B) 异点

(1) "君论"乃科学的观察

(2) "官论"乃道德的理想

参 考 书

Thorndike——Medieval Europe, pp. 576—587

Emerton——Beginnings of Modern Europe, chap. 1, 5, 7

Robinson——Readings in European History, Vol. 1, pp. 516—520; Vol. 2, chap. 1, 2

Hayes——Political and Social History of Modern Europe, I, pp. 14—20

Cambridge Modern History, I, chap. 15

Lodge——Close of the Middle Ages, chap. 8, 12, 14

Burckhardt——The Renaissance, part I

Symonds——Age of the Despots, chap. 1—4, 6

Randall——The Making of the Modern Mind, pp. 134—136, 194—197

Machiavelli——The Prince

第二十一章 意大利文艺复兴
——人文主义与新文学

(甲) 人文主义(Humanism)之意义

(一) 对现世与人类之研究——反封建时代之态度

(二) 以希腊罗马为标准

（乙）第一近世人（First modern man）之 Petrarch（1304—1374）

（一）身世

（A）父母为 Florence 人，1302 年与 Dante 一同被逐，逃亡至 Tuscany 一小城

（B）教育

（1）Montpellier 与 Bologna 习法律

（2）但 Petrarch 性不喜法律

（C）二十二岁时父没，遂弃法学而为文人

（D）入教会圣品阶级（Holy Orders）以糊口

（1）藉以从容度文人生活

（2）当时无印刷无版权，文人皆靠权贵或教会为生

（E）遍游全欧

（二）著作

（A）代古人宣传之拉丁文旧式文学

（1）书院哲学式之哲学论文

（2）古典之研究

（3）古典人物之讨论

（4）摹仿古人之诗词

（5）书信

（B）创作之意大利文新文学
——“情诗集”

（三）Petrarch 之古典宣传与人文宣传

（A）全欧名人之通信

（1）The Familiar Letters——347 件

（2）The Letters of Old Age——125 件

（B）Petrarch 声名之远大

（1）欧西史上生时最有声名之人物

（2）只十五、十六世纪间之 Erasmus 与十八世纪之 Voltaire 可

与相比

（四）新时代代表之 Petrarch

（A）周游全欧

（1）游行风气之普遍

（2）工人亦皆旅行(journeyman)

（B）Petrarch 之游山

（1）中古人不识自然美

（2）Petrarch 乃欧西史上第一为游山而游山者

（C）Petrarch 之反对书院哲学

（1）论理学不足求真理

（2）亚里士多德派盲从先师

（3）中古科学幼稚

（a）天文学——即星相学

（b）动物学——即禽兽故事

（c）植物学——即草木故事

（五）Petrarch 之情诗及其人格中之中古成分

（A）情诗集

（1）青年时为爱人而作

（2）Petrarch 之惟一创作

（B）Petrarch 心中时起时伏之厌世心理

（1）中年时否认青年时恋爱生活几焚诗稿

（2）游山时之中古态度

（a）携 Augustine 之忏悔录

（b）巧读论登山游玩为虚幻之段，顿觉外物之无常与灵魂之永久

（丙）Boccaccio(1313—1375)

（一）身世

（A）Florence 商人子

(B) 父令习商曾作学徒

(C) Naples 大学习教会法

(二) Naples 与 Boccaccio 之文人生活

(A) 十四世纪之 Naples

(1) 仍为纯粹之封建社会

(a) 王与采邑之诸侯贵族

(b) 丝毫未受城市运动影响

(2) 武士道之传奇故事与浪漫情诗

(B) Boccaccio 临时变为中古式之传奇著者
——传奇故事著作甚多

(三) Boccaccio 之成熟——“十日故事集”(Decameron)

(A) 十日故事集之特点

(1) 完全脱离传奇影响

(2) 故事中人物皆当时人物非若传奇中之理想的儿女英雄

(B) 十日故事集之内容

(1) 中古市井酒肆之传说故事

(2) Boccaccio 之工作——旧故事之系统化

(a) 背景——Florence　1348 年之黑死症时十人(七女三男)逃至乡野间避灾

(b) 十日间每人每日谈一故事
(但并未谈完)

(C) 十日故事集之风行

(1) 1350—1353 年间出书

(2) 全欧哄动,数世纪中为一极通行之消遣品

(D) 十日故事集之性质与价值

(1) 后人礼教观念日深

(a) 遂视十日故事集为诲淫邪书

(b) 今日诸流行本皆经过删改者

(2) Boccaccio之主旨与态度

(a) 超过道德问题(Unmoral)以文学为起点

(b) 生活乃可乐观可享受之美事

(3) 十日故事集乃十四世纪社会之绝好宝鉴

(a) 十四世纪日常生活之描写

(b) 十四世纪各种人物——国王,贵族,宫女,主教,僧士,神父,富商,小贩,强盗,毛贼,流氓

(E) 十日故事集与神曲

(1) 神曲描写无限神意目光中之人生

(2) 十日故事集乃“人曲”(Human Comedy)描写有限俗世之人生

(四) Boccaccio之晚年

(A) 早年笑骂宗教——The Decameron

(B) 晚年旧宗教意识复占胜利

(1) 1361有僧人言曾见Boccaccio焚于地狱中

(2) Boccaccio入僧社为世俗弟子(Lay brother)而终

(丁) 其他人文主义者(Humanists)

(一) Luigi Marsigli

(二) Collucio Salutati

(三) Nicolo Nicoli

(四) Leonardo Bruni da Arezzo

(五) Poggio Braccolini

(六) Filelfo

(七) Pope Pius II

(八) Lorenzo Valla

(九) Vittorino da Feltre

(十) Bessarion

(十一) Genesthos Plethon

（十二）Ficino

（十三）Poliziano

（十四）Pico della Mirandola

（戊）Petrarch 后人文主义之两方面

（一）学术——人文主义之主要工作

（A）古籍之探访与保存

（1）古寺院

（2）东欧

（B）古籍之考据训诂

（C）藏书之风气——Petrarch，Boccaccio

（D）史学之产生与发达

（E）纯粹古文(拉丁文)

——中古拉丁文之紊乱

（F）希腊文之研究

（二）新人生观——狭义的人文工作

（A）与书院哲学家对抗辩论

（B）提倡非宗教之新哲学

（1）Stoicism

（2）Epicureanism

（3）Platonism

（己）人文主义之结果

（一）学术方面——比较方法之发达

（A）批评(Criticism)之产生——比较古代与中古

（B）历史背景之观念

（1）中古之绝对历史标准

(创造天地)………………Creation

世　界………………The World

(天地末日)………………Last Judgment

(2) 人文主义之相对历史标准

上　古	………………Antiquity, Ancient Times
中　古	………………Middle Ages, Medieval Age, Dark Ages
近　世	………………Modern Age (Renaissance)

(C) Petrarch尚无批评力,不明历史背景

(二) 人生观方面——生活之新评价

(A) Petrarch仍为基督徒

(B) 后代人文主义者渐脱教会拘束

(1) 教会宽松

(2) 人文主义者名义上仍为基督徒,实际上多属怀疑派(Skeptics)

(C) 教会职员亦多为人文主义者

(三) 骄傲自尊心之产生——文人学者之通病

(A) 知识之宗教化(Intellectualism)

(1) 书生书虫与故纸堆

(2) 学阀之产生(Intelligentsia, Intellectuals)
——中古时神士为惟一知识阶级

(B) 激烈无比之笔墨官司

(庚) 人文运动之地位

(一) 人文主义乃知识界运动

(二) 平民仍守旧迷信

(A) 但无形中人文主义影响全社会

(B) 因社会乃上等阶级之社会

(辛) 意大利文艺复兴之消灭与意大利文化之退步

(一) 基础原因

(A) 不可解决之谜——文化区之一部或全部之衰亡并为不可解决问题

(B) 十六世纪后意大利一蹶不振

——十九世纪始又复兴

（二）表面原因

(A) 外人之政治侵略与征服(1494 后)

(B) 小城邦制之失败

(C) 非洲路线与新大陆发现后之经济衰微

(D) 个人主义

(1) 个人主义为文艺复兴时代之普遍精神

(a) 独裁政治元首(Tyrant)——放任个性与野心(Caesar Borgia)

(b) 人文主义者——发展个性人性

(c) 美术家——发展本能天才

(d) 探险家——外向之个性表现

(2) 个人主义之极端代表——Benvenuto Cellini(1500—1570)

(a) 身世

(i) Florence 中等阶级

(ii) 美术家——金银匠

(b) Cellini 之自传——晚年回忆录

(i) 十六世纪意大利之宝鉴

(子) 社会各阶级之生活状况

(丑) 艺术提倡之制度(Patronage)

——当初美术家与提倡者皆为教会或团体

——文艺复兴时代两者皆个人

(ii) 极端个人主义之经典

(子) 文人无行之极端表现

(丑) 不知恶之为恶

(3) 个人主义总论

(a) 个人主义乃近世西洋之特征

(b) 但文艺复兴时代之个人主义乃极端放荡无羁之任

性主义,对社会文化有破坏影响

参　考　书

Thorndike——Medieval Europe, pp.587—595

Emerton——Beginnings of Modern Europe, chap.9

Randall——The Making of the Modern Mind, chap.6

Hayes——Political And Social History of Modern Europe, I, pp.180—185

Robinson——Readings in European History, Vol.1, pp.520—534

Robinson And Rolfe——Petrarch

Sandys——History of Classical Scholarship, Vol.2, pp.1—123

Cambridge Modern History, Vol.1, chap.16,17

Burckhardt——The Renaissance, Part III

Munro And Sellery——Medieval Civilization, pp.524—546

Boccaccio——The Decameron

Symonds——Revival of Learning

Symonds——The Fine Arts, chap.9

Cellini——Autobiography

第二十二章　意大利文艺复兴之外播
——德,英,法

(甲) 德国人文主义

(一) 背景

(A) 城市之兴起

(1) 城市区域

(a) 莱因河流域

(b) Lowlands

(c) 多瑙河上流

(2) 城市与诸侯之对抗

(3) 城市自卫方法——城市联盟

(a) Rhine Confederation

(b) Hanseatic League

(c) Swabian League

(B) 大学之继起

(1) 书院哲学之根据地

(2) 以训练教士或官员为目的

(二) Deventer学院之设立(Netherlands)

(A) 中古书籍渐废

(B) 古人经典日渐添入

(C) 内心宗教信仰之注重——轻外表仪式

(D) 学生中大人物迭出

——Thomas a Kempis, Erasmus

(三) 人文主义之输入(1450—1525)

(A) 德人留学意大利

(B) 活字印刷术之发明(1450)

(1) 增助人文主义之宣传

(2) 圣经及神学书籍之印刷 } 对抗
(3) 古典及人文著作之印刷 }

(四) 德国人文主义之特点

(A) 复古之特殊

(1) 意大利人文主义复希腊罗马之古

——Paganism

(2) 德国人文主义复基督教之古

——宗教的虔诚(Christian piety)

(B) 国家主义与国家观念

(1) Wimpfeling 之教育哲学

(a) 古典与人文

(b) 基督教的虔诚

(c) 国家观念——德文与拉丁文并重

(2) Ulrich von Hutten

(a) 贵族武士出身

(b) 国家主义之热烈提倡者

(i) 宗教改革时代提倡德国统一

(ii) 弃拉丁文专用德国国语

(五) Reuchlin(1455—1522)

(A) 谙希腊拉丁语

(B) 训诂古典与先圣著作

(C) 彻底研究圣经

(D) 保有内心宗教信仰

(E) 习犹太文

(1) 研究旧约及犹太经典——Talmud; Cabala

(2) 著犹太文文法(1506)

(3) 旧势力之反对——Letters of Obscure Men

(a) 大学当初为新思想产生地

(b) 文艺复兴后成反动机关

(c) 至十九世纪始又与新思潮混合

(六) Erasmus(1469—1536)

(A) 北欧人文运动之领袖

(B) 身世

(1) Rotterdam 地一私生子

(2) Deventer 学院及大学教育

(3) 神父

(4) 僧人生活

(a) 入寺为僧

(b) 特许出寺

(c) 终身恨恶寺院制度

(5) 广交游全欧知名之人文领袖

(6) 无国界观念——例外

(C) 学者之 Erasmus

(1) 以博古通今研究一切学术为目的

(a) 古典

(b) 先圣遗著

(c) 但书院哲学则不在研究之列
——文艺复兴时代之反动

(2) 新约圣经原文与新译文之印行(1516)

(a) 学术方面之重要

(b) 精神方面之重要——与 Vulgate 处对抗地位

(D) 社会改良家之 Erasmus

(1) The Praise of Folly(1509)

(a) 讥讽一切阶级一切制度

(b) 世界为愚民(fools)所团结而成

(2) Complaint of Peace

(a) 提倡和平主义

(b) 评战争为欧洲万恶之源

(3) 教育学说

(a) 宗教虔诚之训练——废宗教仪式

(b) 家庭一分子与团体一分子(公民)之训练

(c) 古经典

(d) 专门训练宜迟

(七) 德国人文主义与宗教改革之关系

(A) 意大利人文主义引起文艺复兴

(B) 德国人文主义被宗教改革运动湮没

(C) Erasmus 与宗教改革之关系

(1) 人文运动领袖之 Erasmus 初时赞助宗教改革运动

(2) 改革运动日渐激烈,文人之 Erasmus 开始反对之

(3) 双方皆征求 Erasmus 之赞助,双方皆视之为退却者

(乙) 英国文艺复兴

(一) 背景

(A) 英人之留学意大利

(B) Erasmus 之数次游英(1499 后)

(二) John Colet(1467—1519)

(A) 身世与地位

(1) 圣保罗礼拜堂监督(Dean of St. Pauls)

(2) 王之牧师(Royal Chaplain)

(B) 学术研究

(1) 古典

(2) 圣经——圣保罗书信(St. Pauls Epistles)

(C) 教育改良家之 Colet

(1) 改良青年以改造社会

(2) 圣保罗学校之设立(1510)

(a) 古典

(b) 内心宗教

(三) Sir Thomas More(1478—1535)

(A) 身世与地位

(1) 仕宦阶级出身

(2) 牛津教育

(3) 国会议员

(4) 亨利第八之大臣

(B) 英国人文运动领袖之 More

(1) 古典与圣经之研究

(2) 宗教热忱——毛衫

(C) 名著——乌托邦(Utopia)

(1) 历史

(a) 拉丁文印行(1516)

(b) 他人译为英文(1551)

(c) 宗教改革家用为宣传品

(2) 上编

(a) 十六世纪英国之描写

(b) 十六世纪英国之绝好史料

(3) 下编

(a) 理想国之描写

(b) 理想国之特征

(i) 共产与合作——私产与金钱为万恶之源

(ii) 和平主义——自卫战争与传播主义之战争为例外

(iii) 信仰自由

(四) 文学

(A) Chaucer(1340—1400)

(1) Boccaccio 影响

(2) 名著——Canterbury Tales

(B) Sir Thomas Malory(十五世纪)

——Morte Darthur(仍为封建文学)

(丙) 法国文艺复兴

(一) 背景

(A) 留学生

(B) Charles VIII 之侵入意大利(1494)

（二）Jean de Montreuil(c.1355—1418)

（A）身世

（1）法王秘书

（2）死于百年战争

（B）民族思想发达

（C）书信

（1）拥护 Petrarch——后人称之为“小 Petrarch”(A Petrarch in Little)

（2）个人主义——对各事皆以己意批评(假托希腊罗马标准)

（三）Nicholas de Clémanges(c.1360—c.1434)

（A）身世

（1）Avignon 教皇秘书

（2）Montreuil 之友

（B）著作

（1）批评教会腐败之作品

（2）书信

（四）Lefèvre(1455—1537)

（A）研究古典与圣经

（B）提倡内心宗教与信仰得救——在 Luther 之先(故称 Little Luther)

（丁）新旧文化之交替

（一）教会与大学之反对新文艺

（二）教会之征服

——教士教皇多为人文主义者

（三）大学

（A）书院哲学势力仍大

（B）但新文艺渐渐侵入

(1) 希腊与古典拉丁文字文学之研究

(2) 犹太文之研究

参　考　书

Emerton——The Beginnings of Modern Europe, chap. 10

Taylor——Thought and Expression in the Sixteenth Century

Smith, P.——Erasmus

Smith, P.——The Age of the Reformation

Randall——The Making of the Modern Mind

Henderson——Short History of Germany

Seebohm——The Oxford Reformers

Stawell and Marvin——The Making of the Western Mind

Sandys——History of Classical Scholarship

第四编　西洋文化第二期——旧制度时代（1517—1815）

（甲）总论

（一）分期

（A）旧制度 Ancient Regime 及其文化之成立(1517—1648)

（B）旧制度极盛时代(1648—1789)

（C）旧制度之末运(1789—1815)

（二）特点

（A）政治——国家主义

（1）君主专制之统一国家

（2）经济的国家主义——重商主义

（3）宗教的国家主义——国统教会(国教)

（4）国家主义下之国际局面

（a）均势局面下之每五十年大战一次

——1494，1546—1555，1618—1648，1701—1713，1756—1763,1799—1815

（b）列国之继强

（i）十六世纪——西班牙

（ii）十七世纪——法国

（iii）十八世纪——英法之争霸与英国之胜利

（B）精神

(1) 系统哲学之极盛

(2) 宇宙之科学系统——Newton

（乙）旧制度之成立(1517—1648)

（一）新宗教之成立——宗教改革与旧教改良

（二）新政治之建设

(A) 君主专制——法国

(B) 贵族专政——英国

(C) 国际战争

（三）新经济之建设——资本主义与个人主义

（四）新科学

（五）新哲学

（六）新文学

（丙）旧制度极盛时代(1648—1789)——文化各方面之极端系统化

（一）政治与社会

(A) 君主专制与贵族专政——法,英

(B) 贵族阶级与中等阶级之并立

(C) 国际战争

（二）经济——重商主义

（三）科学与哲学——系统化之新宇宙观

（四）人心态度——唯理主义

（五）文学——古典主义

（丁）旧制度及其文化之推翻(1789—1815)

（一）旧政治形式之推翻

(A) 美国革命(1776—1783)

(B) 法国革命(1789—1815)

（二）旧精神之推翻

(A) 浪漫主义之反抗

(B) 唯理主义与古典主义之渐消

(三) 欧美文明之兴起

——中等阶级文化

第二十三章　宗教改革——德国

(甲) 宗教改革之背景

(一) 十六世纪初之神圣罗马帝国

(A) 渐渐破裂之封建帝国

(1) 皇帝无权

(2) 三百小邦——每邦完全自由

(B) 皇帝

(1) 由诸侯选举

(2) 七选侯

(a) 完全独立

(b) 取消皇权

(3) Hapsburg朝之政策

(C) 帝国议会(Diet)——大使会议

(1) 选侯院(College of Electors)

(2) 诸侯院(College of Princes)

(3) 城市院(College of Cities)

(二) 十六世纪初之教会

(A) 传统重要地位

(1) 世人得救之必需途径——神士与七礼

(2) 教皇为上帝代表——教会大一统元首

(B) 教皇之帝国主义与列国之国家主义

(1) 中古教皇之统一梦及其失败

(2) 十五世纪教会代表之干涉各国内政

(3) 教皇之委差权(Patronage)

(a) 各国教会职位多委意大利人——挂名

(b) 兼差(Pluralism)

(4) 教皇之财政需要及其与列国之冲突

(a) 教皇需要繁复财政制度之原因
——教皇之三重地位

(i) 罗马城主教

(ii) 教皇国君主

(iii) 教会之首

(b) 教皇财源

(i) 田地

(ii) Peters Pence——英国与 Scandinavia

(iii) 神士税

(子) 圣衣费(Pallium)

(丑) 委状费(Servitium——Confirmation Fee)

(寅) 半年税(Annates)

(iv) 卖缺权(Reservations)

(v) 卖爵权(Simony)

(vi) 虚职时进款(Intercalary Income)

(vii) 教皇什一税(Tithe)

(viii) 特许费(Dispensations)

(ix) 赎罪票(Indulgences)

(5) 诸侯国王之国家主义

(a) 国家教会(National church)观念之产生国家教会之成立

(i) 法国

(ii) 西班牙

(iii) 英国

(b) 宗教改革与王侯以完全自由统治教会之良机

(C) 教会之软化与腐化

(1) 教皇神士之热心于人文主义

(2) 挂名与兼差之弊政

(3) 教会之故意广设主教

(a) 意大利——350人

(b) 法国——112人

(c) 帝国——56人

(4) 道德情形之腐败与笃信教徒之愤懑

(5) 经济侵略政策

(6) 城市中新旧之争

(a) 神士与中等阶级之互相仇视

(b) 神士之滥用经济权利与宗教权利

(i) 神士免交一切税赋

(ii) 经营商业实业

(子) 与中等阶级竞争

(寅) 以"逐出教会"与"停止圣礼"为要挟工具(某城停止圣礼二十年)

(c) 宗教改革时寺院经济事业多被封闭

(三) 帝国与教会

(A) 帝国特别情形

(1) 中央无权

(2) 教皇对帝国压迫日甚——因他国日愈统一日愈独立

(B) 皇帝与教皇之盟约——Concordat of Vienna (1448)

(1) 皇帝统治奥国本部教会

(2) 教皇全权支配帝国教会(奥本部除外)

(C) 德国民族之国家主义

(1) 国家主义之表现

(a) 帝国议会中之“百怨书”(Hundred Grievances)

(b) 德国教会首领(Primate) Mainz 大主教之抗议

(c) 教士会议之抗议

(d) 中等阶级反对金银流入外国

(e) 人文主义者之国家思想

(2) 全国人民视教皇及其私人为侵略之外人

(3) 全国仇视毁灭帝国之教皇(Hohenstaufen)

(四) 宗教改革前之热烈宗教潮流及民众之宗教运动——德国尤盛

(A) 教会本身与智识阶级

(1) Brethren of the Common Life

(2) Augustinian Friars

(3) Spiritual Franciscans

(B) 建造礼拜堂风气之大盛

(C) 宗教演讲之风气——演讲基金

(D) 信徒祈祷斋戒会之风气

(1) Hamburg 有此种会社百余处

(2) 某政客为三十五会社之会员

(E) 圣骨圣迹之收集与崇拜之大盛

(F) 进香狂

(G) 游行全国之祈祷会——两手直伸作十字架形

(五) 背景总论

(A) 政治社会经济宗教问题暴发之危机

(B) 教会为众矢之的

(乙) 德国宗教改革

(一) 路德——Martin Luther (1483—1546)

(A) 身世

(1) 农家出身(Saxony 之 Mansfeld)

(a) 乡人之宗教信仰——路德终身信鬼神之存在

(b) 无国家观念

(2) 教育

(a) Mansfeld 学校

(b) 十四岁时进 Magdeburg 之 Brethren of the Common Life 学校

(c) 十五岁进 Eisenach 学校

(d) Erfurt 大学

(i) Occamism 哲学

(子) 理性与神示之划分——上帝为非理性的全能主宰

(丑) 人类意志之全能

(ii) 人文主义——考据功夫

(3) 修道院经验(1505)

(a) 准备习法律时忽入修道院(Augustinian Friar)

(i) 遇暴风雨而发誓之结果

(ii) 后悔无及

(b) 望道士(1505—1506)

(c) 修道士(1506)

(d) 神父(1507)——习犹太文

(4) Wittenburg 大学教授(1512)

(B) 内心生活

(1) 教会传统哲学之矛盾性(Antinomy)
——理性与神示之冲突

(a) 善功与神恩(Good Works and Grace)之并为必需

(b) 两者之适中为困难问题
——教徒无从知其死后能否得救

(2) 路德寻求简直了当之解决方法(1512—1513)

(a) 因信得救说(Justification by Faith)

(i) 本性罪恶之人类有善功亦无济于事

(ii) 信仰后之神恩为惟一得救之道

(b) 因信得救说之必然结果

(i) 人类与上帝直接发生关系——个人宗教

(ii) 神士与七礼之无益

(3) 路德暂时之两重人格

(a) 无革命志愿

(b) 1513年后仍为僧士,仍自信为教会忠实信徒

(二) 赎罪票与路德之革命

(A) 革命前之改良工作——改良大学课程表

(1) 攻击书院哲学与 Aristotle

(2) 鼓励圣经之研究

(3) 犹太人与希腊罗马经典课程

(4) 课堂中批评教皇与神士阶级

(B) 赎罪票

(1) 改革运动之导火线——触动路德之心机

(2) 赎罪票之演化

(a) 十一世纪初起时只免此世之处罚

(b) 赎罪票之效力足免炼罪所之处罚

(c) 赎罪票足使死人脱离炼罪所之痛苦

(d) 路德时代赎罪票之商业化

——赎罪票市场及其影响

(3) John Tetzel 与赎罪票之新章程

(a) 赦罪与赎罪并进

(b) 欲购赎罪票者,神士必须赦其罪恶

(c) 购票者得享受教会过去与将来之一切神恩

(d) 生人可代死人购赎罪票

(C) 路德之九十五条论文(The Ninty-Five Thesis)

(1) 重要条目

(a) 忏悔乃“终生悔罪”之意

(b) 诚心悔罪之人其罪立即赦免

(c) 神恩无条件的使人得赦

(d) 教皇及其赎罪票皆不能赦罪

(e) 教皇只能以赎罪票免彼所规定之处罚——其效力不能达炼罪所

(2) 论文之命运

(a) 原文为拉丁文——路德初意只以之为与专家讨论之根据

(b) 他人立即译为德文——全国响应

(三) 教会教皇与路德

(A) Leo X (1513—1521)与路德

(1) 当初采用化大事为小事、化小事为无事之政策

(a) 惧路德新说之危险

(b) 暗中使人劝路德安静勿躁

(2) 后欲强路德收回前言或赚路德至罗马

(a) 皇帝助教皇

(b) Saxony 选侯 Frederick the Wise 保护路德

(3) 最后出谕旨(Bull)

(a) 定 95 条论文所攻击之道理为教会正道

(b) 路德若再攻击则当然为异端者

(B) 神道学家 Eck 与路德(1519)

(1) Leipzig 辩论——路德与 Eck

(2) 辩论中 Eck 勉强路德宣布个人宗教

(a) 教皇不可靠

(i) 乃数百年之逐渐产品

——先圣著作中无之

(ii) Lorenzo Valla之Donation of Constantine考

(b) 宗教大会不可靠

——Constance大会曾焚John Huss (1415)

(3) 全国响应

(a) 全国之反对教皇政治经济侵略与宗教放任

(b) 路德成全民众反教皇运动之领袖

(四) 路德之革命著作(1520)

(A) 上德国贵族书——(Address to the German Nobility)

——提议拆毁罗马教会之三堵高墙

(1) 教士阶级

(a) 每人为自己之神父("The Universal Priesthood of All Men")

(b) 无教士阶级只有教士职任

(i) 惟一阶级即信徒阶级

(ii) 惟一分别在天职(Beruf; God-Given Calling)之不同

(c) 信徒(君主贵族)须改良教会

(2) 解释圣经之独揽权

(a) 为使人不能根据圣经攻击神士

(b) 但神士不通圣经——所有信徒皆得解释圣经

(3) 教皇召集宗教大会之特权

(a) 当初由罗马皇帝召集

(b) 今日宜由国家召集

(B) 教会的巴比伦之虏(The Babylonish Captivity of the Church)

——攻击教会之七礼

(1) 否认

(a) 祝圣礼——推翻教士阶级及其权威

(b) 婚姻礼——生活之俗世化

(c) 忏悔礼——真心悔罪与形式认罪之分别

(d) 傅油礼

(e) 坚信礼

(4) 承认

(a) 洗礼

(b) 圣餐礼

(i) 否认弥撒祭礼(Mass)

(ii) 否认变质论(Transubstantiation)

——提倡并质论(Consubstantiation)

(iii) 信徒亦须饮酒(血)

(C) 基督徒之自由(The Freedom of the Christian Man)——提倡个人内心宗教

(1) 得救非由圣礼之长路

(2) 得救之道乃信仰捷径

(五) Worms 帝国会议与 Worms 勅令(1521)

(A) Frederick the Wise 之预事防备

(1) 选 Charles V 为皇帝前(1519)强之应许对任何帝国公民皆先审而后定罪

——教皇代表请皇帝不审路德而定其罪之失败

(2) 开会前组织反对党

(B) 议会召路德到会收回前言

(1) 全国沿路之欢跃拥护

(2) 不肯收回前言

(C) Worms 勅令(Edict of Worms)

(1) Frederick 党(多数)退出议会

(2) 勅令由所余之少数全体通过

(3) 路德及其信徒为帝国咒诅(Ban)

(4) Frederick 之抵御方法

(5) 国民视勅令为废纸

(六) 德国宗教改革之进展

(A) 路德隐居翻译圣经

(B) Worms 勅令之局部实行

(1) 教皇与南德诸侯签定 Ratisbon (Regansburg)约法(1524)

(2) 奥地利与 Bavaria 等诸侯扑灭改革运动

(C) 改革家之宣传

(1) 游行宣传

(2) 印刷机之宣传利器

(D) 男女修道士还俗运动

(E) 会议

(1) Spires 帝国会议(1526)

——于宗教大会未召聚时各地诸侯有全权对付宗教问题

(2) Spires 议案之收回——Recess(1529)

(e) 新教诸邦之抗议(Protest)

(b) 新教名称之由来

——Protestants; Protestantism

(3) Augsburg 会议(1530)

(a) Melanchthon 之信条(Augsburg Confession)

(b) 今日路德教之信条

(F) 宗教战争——Schmalkaldic War(1546—1555)

(1) 皇帝定意以武力解决宗教问题

(2) 新教徒之 Schmalkald 同盟(1531)与旧教徒之抵御同盟

(3) 战争与宗教问题之结束

(七) Augsburg 和约(1555)

(A) 诸侯宗教自由——臣民有移至他邦之自由

(B) 新教徒于1552年前所没收之教产可仍保留

(C) 只路德派新教有法律地位

(D) 自由城市内新教徒得信仰自由

(E) 教会诸侯信新教时立失其地位

——教会保留条件(Ecclesiastical Reservation)

(丙) 宗教改革之两方面及其成绩

(一) 宗教方面——全欧

(A) 路德乃宗教领袖

(B) 宗教改革成功

(1) 北德新教化

(2) Scandinavia 新教化

(二) 政治方面——德国

(A) 路德不明政治,非政治领袖

(B) 德国政治运动完全失败

(1) 分裂之愈甚

(a) 诸侯之愈强——新教区内诸侯为宗教元首

(b) 政治分裂外之宗教分裂(南北)

——政治运动失败以致宗教运动亦只成功于北部

(C) 当时皇帝非德人之不幸

——Charles V (1519—1556)

(丁) 德国宗教改革之地位

(一) 为条顿民族第一文化运动

(二) 中古时代为拉丁民族开化北族时代

(庚) 宗教改革时代之德国文学

(一) 路德——德文圣经与德国散文之成立

(二) Hans Sachs (1494—1576)

(A) 补鞋匠之路德信徒

(B) 韵文与散文

参　考　书

Randall——The Making of the Modern Mind, chap.7

Stawell and Marvin——The Making of the Western Mind, chap. 23

Robinson——Readings in European History, II, chap. 24,25, 26

Hayes——Political and Social History of Modern Europe, I, pp. 112—139

Taylor——Thought and Expression in the Sixteenth Century

Hulme——Renaissance and Reformation

Cambridge Modern History, I, chap. 18, 19; II

Smith, P.——Age of the Reformation

Henderson——A Short History of Germany I, chap. 10—16

Carter——The Invention of Printing in China and its Spread Westward

第二十四章　宗教改革——法国与瑞士

(甲) 法国宗教改革之迟晚

(一) Concordat of Bologna (1516)

(二) 法王反对宗教改革

(A) 因宗教改革下之政治实利法王已由政教条约中得之

(B) 德国诸侯大多赞成宗教改革

(三) 十六世纪后期法国始受宗教改革潮流影响——由瑞士输入

(乙) 瑞士与法国之宗教改革

(一) 日内瓦 Geneva

(A) 加入瑞士联盟(1526)——法兰西文化范围

(B) 宗教改革中心点

(二) 加尔文——John Calvin(1509—1564)

(A) 身世

(1) 法国 Picardy 商家出身

(2) 巴黎大学教育

(a) 法律——影响于将来之神道学

(b) 古典人文——Erasmus 之信徒

(3) 精神觉悟(1532—1533)

(a) 异端言论

(b) 逃命

(i) Basle

(ii) 研究路德与 Zwingli (1484—1531)

(B) 名著——The Institutes of the Christian Religion (1536)

(1) 内容与路德及 Zwingli 主义相同

(2) 系统化

(a) 法律教育影响

(b) 立成宗教改革运动经典——与圣经同为新教运动根据

(C) 特点

(1) 乃实行家——路德乃理想家

(2) 乃组织家——路德乃宣传家

(三) 加尔文主义

(A) 中心思想——上帝之全能(Omnipotence)

(1) 不受理性支配

(2) 人类无明了上帝之可能

(B) 定命说(Predestination; Election by Grace)

(1) 选民(The Elect)之特征

(a) 修养不息努力不息

(b) 工作成功

(2) 天职(Calling)观念之重要与近代资本主义之发展

(四) 加尔文与日内瓦 (Geneva)

(A) 日内瓦

(1) 人民用法兰西语

(2) 属 Savoy 朝所派之主教

(3) 革命独立(1530)——加入瑞士联盟

(4) 信 Zwingli 主义(1535)

(B) 加尔文

(1) 波折

(a) 到日内瓦(1536)

(b) 因过严而被逐(1538)

(c) 反日内瓦(1541)

(2) 日内瓦之狄克推多——Dictator (1541—1564)

(a) 政教合一制 (Theocracy)

(i) 制度

(子) 长老委员会(Council of Elders)
——执行宗教法庭之定案

(丑) 宗教法庭(Consistory)
——由长老与神士(Venerable Company)
所组成

(ii) 规则

(子) 审查各人信仰之邪正与作礼拜否

(丑) 嫌疑犯须受审

(寅) 死刑之罪
——淫乱
——亵渎
——邪术
——异端(Servetus, 1553)

(卯) 禁止
——婚姻礼时笑容
——饮酒
——赌博

(b) 成绩
(i) 日内瓦成圣人城(City of Saints)
(子) 歹人多死亡或逃亡
(丑) 外地圣人多移入
(ii) 势力区
(子) 瑞士一部
(丑) 法国一部
(寅) 荷兰
(卯) 苏格兰

(C) 加尔文成功之原因
(1) 主张清贞道德——时代之污秽风气
(2) 公理制度(Congregationalism)
(a) 民治的——每人皆以团体利益为怀
(b) 政治军事中心细胞
——与各国政府对抗
(3) 干涉政治以增助教会利益
——加尔文主张革命(与路德异点)
(4) 新教罗马城之日内瓦
(a) 人文学院与神道学院之设立
(b) 加尔文之担任教授与训练
(c) 与毕业生通信指导工作

(五) 法国之加尔文运动——The Huguenots
(A) 法国新教徒势力之日强(1536—1559)
(B) 新旧教派之政争与宗教战争(1559—1598)
(1) 政争与宗教竞争之混合

(2) St. Bartholomew 屠杀(1572)

(C) 战争结果与 Nantes 勅令(1598)

(1) 礼拜自由——巴黎及其他大城除外

(2) 新教徒得享公民一切权利

(3) 二百城为新教徒驻守地

——Montpellier, Montauban, La Rochelle

(丙) 加尔文宗教改革与旧教改良(Counter-Reformation)

(一) 比较点

(A) 首领——Calvin 与 Loyola

(B) 组织——公理制与耶稣会

(C) 精神——近世之猛烈进取精神

(二) 十六世纪后期十七世纪初期之欧洲为两运动之战斗场

参　考　书

Stawell and Marvin——The Making of the Western Mind, chap. 26

Robinson——Readings in European History, II, pp. 122—134, 156—165, 179—189

Hayes——Political and Social History of Modern Europe, Vol. I, pp. 139—138, 156—164

Batiffol——Century of the Renaissance

Cambridge Modern History, I, pp. 576—578

Taylor——Thought and Expression in the 16th Century

Walker——History of the Christian Church, pp. 389—401

Smith, P.——Age of the Reformation, pp. 160—181

第二十五章 宗教改革——英国

（甲）背景

（一）路德主义之传入英国

（二）神士阶级之腐败与人民之希望改良

（三）国王揽权之国家思想与教皇大一统思想余烬之冲突

（乙）宗教改革

（一）Henry Ⅷ（1509—1547）

（A）初年之忠心于教会

（1）攻击路德主义——The Defence of the Seven Sacraments（1521）

（2）教皇之报答——赐以 Defender of the Faith 之尊号（英王至今仍保留之）

（B）离婚问题

（1）Catherine of Aragon

（a）乃 Henry 之嫂——得教皇特许而结婚

（b）无子——只一女（Mary）

（2）Anne Boleyn

（3）教皇 Clement Ⅶ（1523—1534）

（a）进退两难

（i）本欲准忠心之英王离婚

（ii）但王后为皇帝 Charles Ⅴ之姑母

（b）教皇之故意耽延与最后之妙计

（i）准 Henry 离婚

（ii）但不许其收特许书——只使使臣当面读之

（C）Henry 之宗教改革（1531—1547）

（1）1531 年之改革

(a) 自号为英国教会元首
——勉强教会承认之
(b) 停止半年税(Annates)
(c) 自任主教——不再征教皇承认
(2) 离婚与决裂
(a) 新主教长(Archbishop of Canterbury)
(子) 准许离婚
(丑) 新婚——Anne Boleyn
(b) 教皇逐 Henry 出教会
(c) 国王至尊法案——The Act of Supremacy (1534)
(3) 废寺院没收寺产
(a) 宗教原因——寺院中黑幕
(b) 经济原因
(c) 政治原因——寺产一部分与贵族以收买其心
(4) Henry 改革之要点
(a) 为教会行政上之改革
——故杀 Thomas More 等
(b) 非宗教教义上之改革
——故焚新教徒

(二) Edward VI (1547—1553)
(A) 教义之改革
(B) 公祷经——Book of Common Prayer (1552)
(1) 译为英文
(2) 修改
(a) 废弥撒(Mass)而代以圣餐(Holy Communion)
(b) 废祭坛(Altar)而代以圣桌(Table)
(3) 毁礼拜堂中祭坛与圣像

(三) 改革运动之临时挫折——Mary (1553—1558)

(A) 恢复旧教——废改革法案

(B) 火焚新教领袖与信徒
(C) 嫁西班牙王 Philip II
——旧教保护者
} 失败原因

(四) 改革运动之成功——Elizabeth (1558—1603)

(A) 行政

(1) 英国国教之成立(Anglicanism, Church of England, Anglican Church)

(a) 国王为教会元首

(b) 与罗马断绝关系

(2) 国教性质介乎新教与旧教之间

(a) 典礼

(b) 组织——主教,神父,会吏

(B) 教义

(1) 公祷经——修改

(2) 信条——The Thirty-nine Articles

(a) 圣经为宗教根据

(b) 信则得救与定命说

(c) 否认弥撒礼

(丙) 英国宗教改革之成绩

(一) 英人大多数信国教
——国家主义与国教主义之合一

(二) 少数例外

(A) 旧教徒

(B) 新教徒

(1) Dissenters

(2) Non-Conformists

(3) Independents-Separatists

（4）Presbyterians

（5）Quakers

参　考　书

Walker——History of the Christian Church, pp. 401—415

Smith, P.——Age of the Reformation, pp. 277—309

Beard——English Historians, pp. 264—273

Cheyney——Short History of England, pp. 289—312

Tickner——Industrial and Social History, pp. 240—254

Gasquet——Henry VIII and the English Monasteries

Gairdner——The English Church

Lindsay——History of the Reformation

Hayes——Political and Social History of Modern Europe

Seebohm——Era of the Protestant Revolution

Seebohm——The Oxford Reformers

Green——Short History of the English People

Taylor——Thought and Expression in the 16th Century

第二十六章　旧教改良

（甲）背景与意义

（一）改良运动主动者之西班牙

（A）七百年之宗教民族战争

（1）攻击异族

（a）犹太人

（b）回人

（2）攻击异教

(a) 犹太教

(b) 回教

(B) 特殊民族性之形成

(1) 宗教狂与正教狂——异端审问所

(2) 民族自尊心——高等民族与优秀文化

(C) 政治之统一(1492)

(1) 国王消国会权(Cortes)

(2) 政教条约(Concordat, 1482)

(3) 异端审问所——政治作用

(D) 宗教狂、民族文化狂与新地发现运动

(二) 旧教改良为宗教改革运动之反应

——宗教狂之西班牙为旧教改良运动之当然策源地

(乙) 旧教改良运动(The Counter-Reformation)

(一) 教会之先事内部改良

(A) 神士道德之改良

(B) 人文哲学之放弃

(二) 发起主动者——Ignatius Loyola (1491—1556)

(A) 身世

(1) 西班牙贵族幼子

(2) 宫中生活

(a) 侍童(Page)——习武士道礼节

(b) 武士英雄小说之尽量阅读

(c) 私斗(Duel)改生活

(3) 战阵伤腿

(a) 医院疗养与圣人传之阅读

(b) 伤腿残废圣母显灵及 Loyola 之决意为宗教服务

(4) 宗教生活之开始

(a) 进香

(b) 自戕身体

(c) 修行与精神生活之转机

(i) 悔罪几至自杀

(ii) 神秘经验

(5) 巴黎大学教育

——识耶稣会最早会员

(6) 神修课与耶稣会之创立

(B) 神修课(Spiritual Exercises)

(1) Loyola修行经验之结晶

(2) 目的

(a) 助信者

(i) 自省

(ii) 默想

(iii) 祈祷

(b) 压抑个人意志

(i) 完全服从教会——完全信教会道理

(ii) 完全变成机械(Antomaton)

(3) 内容

(a) 第一周——良心

(i) 自视为秽物

(ii) 想象中之地狱经验

(b) 第二周——基督国

(i) 想象基督为王之伟大

(ii) 此世之微小

(c) 第三周——耶稣之受难

(d) 第四周——耶稣之复活与升天

(C) 耶稣会(Society of Jesus, 1534—1540)

(1) 组织宪章——为教皇战争之僧社

(a) 入会资格

(i) 身体健全

(ii) 才智健全

(b) 等级

(i) 望道者(Novice)

(子) 二年之望道期

(丑) 七年以上之学习

(ii) 认可弟子(Approved Scholastics)

(子) 简单私下发三誓

——贞操,贫穷,服从

(丑) 实地练习

——或传教

——或教授

(寅) 可有私产

(卯) 可被革除

(iii) 改善弟子(Reformed Scholastics)

(子) 二年以上

(丑) 可被革除

(iv) 精神副佐(Spiritual Coadjutors)

(子) 严重公然发三誓

(丑) 地位

——教师

——传教师

——教授

(寅) 会员大多数

(卯) 可被革除

(v) 成道师(Professors)或四誓师(The Professed of the Four Vows)

(子) 严重公然并无可挽回的(irrevocably)发三誓

（丑）发第四特别誓——服从教皇

（寅）不能有私产

（卯）人数极少

（辰）不能被革除

（vi）特别俗世分子

——俗世副佐(Temporal Coadjutors)

（子）非修士

（丑）乃僧社之服役人

（vii）主将(General)

（子）专制首领

（丑）主将权柄

——操持所有会员之命运(每人职务地位由主将指定)

——与每人时常通信

（寅）主将只对上帝负责

——无需顺从会员全体公意

——不能被废(信从异端或大违道德时为例外)

（卯）会员对主将之绝对服从

——非只外表服从

——内心意志亦须服从(不批评长上)

（2）耶稣会之特征

（a）秘密社会性

（i）服便衣

（ii）顶上圆光(Tonsure)可免

（b）开除会籍之众多

（c）中央集权制度

（i）主将为专制首领

（ii）军队名称之借用

（子）主将

(丑) 军团(耶稣会之“会”即军队之意——Society 或 Company)

(d) 侦探制

(i) 维持专制制度之工具

(ii) 每会员皆有其他一会员侦视之

(iii) 侦探报告必须写出——不得凭口头语言

(3) 耶稣会之工作

(a) 十六世纪之大工作

(i) 在 Trent 宗教大会中为教皇活动

(ii) 救罗马教会于垂危之际

(b) 一般工作

(i) 教育

(子) 罗马城之耶稣会学校

——中央教育机关

(丑) 包办教育

——旧教区教育(十六世纪末)

——新教徒子弟多受耶稣会教育(多因而反回旧教者)

——由小学以至大学

(寅) 体育与智育德育并重

(卯) 主将主持所有耶稣会大学之政策

(ii) 忏悔礼职务

(子) 新目的

——为个人灵魂之指导

——迎合王公贵族之心理(赦罪宽松;凡忏悔者皆予以相当安慰)

(丑) 结果

——影响政治

——忏悔师(Confessors)权比首相

(iii) 演讲工作(Preaching)

(子) 新方法——个人演讲

——向囚犯演讲

——为兵士演讲

——为农民演讲

——于街上演讲

(丑) 结果

——宗教虔诚之机械仪式化(因过于注意外表表现)

——增助民众之愚顽迷信

(iv) 传教工作

(子) Francis Xavier (1506—1552)

——至葡萄牙殖民地传教并为印第安人施洗(1541)

——至日本(1549)

(丑) Matteo Ricci (1552—1610)

——至中国传教并欲沟通孔教与基督教

——因传天文学得与皇帝接近

(4) 耶稣会对教会之影响

(a) 教皇无误说(Papal Infallibility)

(b) 教皇至尊地位之纯粹精神化

(c) 教会之近代化——积极宣传进取

(三) Trent 宗教大会(1545—1563)

(A) 会中情形

(1) 意大利主教占多数

(2) 耶稣会之活动

(3) 新教徒不肯赴会

(B) 大会之议决案

(1) 信条之凝结——不与新教徒妥协

(a) 圣经与教会传统(流动的)为宗教基础

(b) 圣经解释权属于教会

(c) 七礼为必需的

(d) 神恩(Grace)与善功(Good works)之并重

(e) 圣骨、圣人、炼罪所、赎罪票诸信仰之重申

(f) 教皇为教会精神元首

(i) 解释圣经权

(ii) 主教团之首领

(2) 改良条件

(a) 禁止卖圣爵

(b) 主教等须长住其辖区专心于神圣工作

(c) 每主教区设神道学校——训练神士

(d) 文字问题

(i) 拉丁文仍为圣礼与公文之官用文字

(ii) 演讲须用方言

(e) 赎罪票不得有金钱代价

——但受票者可随意捐助

(f) 神士行圣礼时不准收费

(3) 禁书与抽禁书目(Index of Forbidden and Expurgated Books)

——非得主教或神父允许不准阅读

(4) 异端审问所之复兴(Inquisition, Holy Office)

(a) 十二与十三世纪间为 Dominican 僧社所首创

(b) 西班牙异端审问所之复兴(1477)

(c) 新兴罗马异端审问所之严厉

(丙) 旧教改良之结果

(一) 教皇制度之维持

(A) 但非全欧主上

(B) 各国旧教亦实际独立

(二) 教会只为精神结合

(三) 教会得不完全消灭

参 考 书

Hayes——Political and Social History of Modern Europe, I

Merriman——The Spanish Empire, I, pp. 142—157; II, pp. 171—191

Smith, P. ——Age of the Reformation

Lindsay——History of the Reformation

Thompson, F. ——Saint Ignatius Loyola

Seebohm——Era of the Protestant Revolution

Robinson——Readings in European History, II, pp. 156—179

Van Dyke, P. ——Ignatius Loyola

Campbell, T. J. ——The Jesuits, 1534—1931

第二十七章　资本主义之兴起与新教之伦理观

(甲) 新教之伦理观(Protestant Ethic)——工作观(Work Ethic)

(一) 路德

(A) 信仰为人生基础

(B) 信仰后之各尽责任(Calling)乃宗教天职

(二) Calvin

(A) Calvin之上帝观与人生观

(1) 上帝观

(a) 上帝为绝对之权能

(Power and Might)

(b) 慈爱与上帝无关

(2) 人生观

(a) 定命说(Predestination, Election by Grace)

(b) 信仰亦无济于事

上帝观
|
人生观
|
处世方法

(B) 处世方法

(1) 工作哲学

(a) 吾人事业之成功或可证明吾人在选民(The Elect)之列

(b) 为得救(Salvation)而工作,为工作而工作

(2) 废乐主义——清教主义(Puritanism)

(a) 娱乐足以阻碍工作之成功

(b) 娱乐本身亦为罪恶

(乙) 工作伦理观与中等阶级之兴起

(一) 宗教改革与中等阶级

(A) 宗教改革乃中等阶级创设新教运动

(B) 工作哲学乃中等阶级之哲学

(C) 工作哲学乃宗教改革运动对近世之最大贡献

(二) 工作哲学与资本制度

(A) 工作成宗教责任

(B) 近世资本主义之兴起

(1) 娱乐享受之禁止

(2) 资本之滋生无穷

(3) 近世资本主义之贪取性——"Acquisitive Society"

(a) 为资本而资本

(b) 为金钱而金钱

(丙) 宗教改革之伦理观(工作哲学)与文艺复兴之伦理观(个人主义)

(一) 个人主义

(A) 乃贵族哲学

(B) 目的——自我之表现

(C) 实现

(1) 大人物之辈出

(2) 以平民为工具

(二) 工作哲学——个人主义之中等阶级化

(A) 中等阶级之个人主义

(1) 中等阶级之阶级意识

(2) 个人观念薄弱——除工作外

(B) 中等阶级之自我表现

(1) 极力经营事业

(2) 无限的增加资本

(三) 工作哲学与艺术之衰微

(A) 清教主义之反娱乐反艺术态度

(1) 艺术为个人娱乐之工具

(2) 清教徒摈斥一切艺术

(B) 新教世界艺术之衰——例外

(1) 荷兰绘画

(2) 德国音乐

(丁) 工作哲学之实现——商业革命

(一) 工作哲学与商业革命

(A) 商业革命于宗教改革前已开始

(B) 宗教改革之工作哲学增助商业革命

(二) 通商路线之改良与扩充

(A) 中古与文艺复兴时代——地中海

(B) 宗教改革时代——大西洋与大西洋诸国

(三) 航海术与造船法之进步

(A) 航大洋之先驱

(1) 北蛮(Norsemen)

(2) 英国人

(B) 急需之新发明

(1) 新船

(a) 帆——代桨摇

(b) 甲板

(2) 图表——

(a) 海测量表

(b) 海线与海流

(c) 海灯

(四) 金银之增加与价格之提高

(A) 金银币为商业急需

(1) 银币——denarius (d.)

(2) 金币

(a) florin (Florence)

(b) ducat (Venice)

(B) 新大陆之金银——Mexico, Peru

(1) 供过于需

(2) 结果——价格革命

(C) 价格革命

(1) 贫民暂时之苦痛

(2) 工价之加高

(3) 债主债户关系之大变动

(4) 贵族地主地位之大受打击——佃庄制度之渐消

(D) 金银经济之代替货物经济

——金银经济(Money Economy)

——货物经济(Economy in Kind, Barter)

（五）资本制度之大盛

（A）商业范围之扩大

——海洋贸易代地中海贸易

（B）银行业之发展

（1）初时银行之附属于贸易公司

——例如 Florence 之 Medici 银行

（2）十六世纪后银行业之独立

（a）The Fuggers（Augsburg，Nuremberg）

（b）美洲金银充斥后（1550 后）

Antwerp 城之各银行

（六）商业之新组织与新方法

（A）最初之组织——临时合作

（B）后时之组织——长久合作之贸易公司（Chartered Trading Company）

（1）多限于戚友——如 The Medicis 与 Fuggers

（2）缺点

（a）父兄死后之分产

（b）子孙往往庸碌

（C）新组织——合股公司（Joint-stock co.）

（1）十六世纪发生于荷兰与英国

（2）特点与优点

（a）长久性与团体固定性

（b）专家经理

（c）股票便于买卖支配

（d）资本雄厚——每股为数甚少，即贫人亦能出资购之

（3）缺点——经理为奸舞弊之机会甚多

（七）工业之组织——行会（Gilds）

(A) 背景

(1) 中古与文艺复兴时代之城市

(2) 行会之垄断城市经济生活

(B) 城市势力之消减与国家势力之膨胀

(1) 商业范围之普及全国全欧或全世界

(2) 工业行会无形中成为商业家之附属品
——例外——各种地方职业如理发业等

(C) 十七世纪时行会之名存实亡

(八) 新商业政策——重商主义(Mercantilism)

参 考 书

Tawney——The Acquisitive Society

Tawney——Religion and the Rise of Capitalism

Hayes——Political and Social History of Modern Europe, I, chap. 2

Hayes and Moon——Modern History, chap. 2

Hobson——Evolution of Modern Capitalism, pp. 1—23

Cunningham——Western Civilization, I, pp. 162—182

Cambridge Modern History, I, chap. 15

P. Smith——Age of the Reformation, chap. 11

Abbott——Expansion of Europe, I, chap. 10

Day——A History of Commerce, chap. 13—18

第二十八章 君主专制国家之兴起

(甲) 中古之有限君主制(Limited Monarchy)

(一) 封建制度

(A) 全欧有名义统一之最高主上

(1) 皇帝

(2) 教皇

(B) 国内有平等之封建贵族

——Primus inter Pares

(二) 君主公选之倾向

(A) 皇帝由帝国诸侯公选

(B) 教皇由主教院(Cardinal College)公选

(C) 各国贵族或教会往往行使废立权

(乙) 十五至十七世纪间专制君主之兴起——原动力

(一) 战术之进步

(A) 国王之常备军

(B) 火药战术之发明

(二) 罗马法之复兴

(A) 封建法限制王权

(B) 罗马法承认王权高出一切法律

(三) Machiavelli 之政治学说

(A) The Prince

(B) 提倡王权

(四) 宗教改革之影响

(A) 国君变为各国教会元首

(B) 国君得支配教会财产

(五) 商业革命与中等阶级之兴起

(A) 商业发达宜于国家统一

(1) 度量衡之统一

(2) 币制之统一

(3) 交通之日繁

(B) 国王与中等阶级之联盟攻击封建贵族

(六) 国家思想与爱国精神之兴起

(A) 专制君主制度与国家思想乃同一潮流之两方面——互相因果

(B) 君主之国家

(1) 国家元首

(2) 象征国家

(七) 明主之辈出

(A) 英国——Tudors

(B) 法国——Bourbons

(C) 西班牙——Hapsburgs

(丙) 君主专制下之欧洲列国

(一) 统一之国家

(A) 瑞典

(B) 丹麦

(C) 荷兰

(D) 法兰西

(E) 西班牙

(F) 葡萄牙

(G) 苏格兰

(H) 英格兰

(二) 未统一之国家

(A) 德意志

(1) 三百诸侯邦

(2) 宗教之分南北

(B) 意大利

(1) 数邦之割据

(2) 列强之侵略

(三) 统一国家之特征

(A) 固定之土地

(B) 语言一致之人民

(C) 统一之中央政府

(D) 人民之国家思想

(丁) 君主专制与贵族专政

(一) 君主专制之成立——法国

(A) Bourbon 朝代(1589 后)——来自 Navarre

(B) Henry IV (1589—1610)

——平定内乱后之法国

(C) Louis XIII (1610—1643)与 Cardinal Richelieu (d.1642)

(1) 不召聚三阶级议会——1614 后不复召聚

(2) 毁贵族重垒

(3) 平服 Huguenots

(a) 废其驻城

(b) 禁止开大会——但信仰自由

(4) 中央统治之地方政府——Intendants

(a) 征税

(b) 司法

(二) 贵族专政之成立——英国

(A) Tudor 朝代之专制(1485—1603)

(1) 国会由王支配

(2) 英国之富强——败西班牙海军(1588)

(B) Stuart 朝代(1603—1714)下之革命

(1) James I (1603—1625)之"君权神授"论

(2) Puritans 之不满于英国国教

(3) 清教徒 Puritan 革命(1642—1660)

(4) 复辟(1660—1688)

(5) 光荣革命 Glorious Revolution (1688—1689)

(a) 国会全胜

(b) 民权法 Bill of Rights (1689)

(i) 国王须守法

(ii) 国王征税须得国会允许

(iii) 国王征兵须得国会允许

(iv) 议员言论自由不得被拘

(v) 陪审制

(c) 1689 后之英国

(i) 国会政治——Queen Anne (1702—1714)后国王对国会议案无不批准

(子) 内阁制 Cabinet System

(丑) 两党制——Tory, Whig

(ii) 贵族政治——国会由贵族与上中等阶级所包揽

(d) 光荣革命之辩护者——John Locke

(戊) 君主专制下之国际局面

(一) 国际关系之两方面

(A) 常时——国际公法与外交制度

(B) 非常时——战争

(二) 战争

(A) 国际战争乃欧西之常态

(B) 战争背景

(1) 君主或王室之野心

(2) 军国大计(Reasons of State, Machiavellianism)

(3) 人民之爱国精神

(三) 外交与国际法

(A) 国际换使制度——大使与公使

(B) 国际条约

(C) 国际公法

(1) 减少战争时之苦痛

(a) 不战者之保护

(b) 疾病受伤兵士之待遇

(c) 毁劫之禁止

(2) Hugo Grotius (1583—1645)

(a) 身世——荷兰中等阶级出身

(b) 提倡恢复中古之统一基督国理想(Christendom)
——"On the Law of War and Peace"(1625)

(i) 自然法(Law of Nature)即国际法(Law of Nations)

(ii) 国际互相承认自然权利(Natural Rights)
——国际关系与个人关系同一原理

(c) 国家主权说——Sovereignty

(i) 国家有主权——不受他国牵制

(ii) 主权之条件

(子) 对外——完全独立权

(丑) 对内——对固定之土地及其土地上之人民有最高统治权

(寅) 细则——铸钱,征税,招军,宣战,讲和……诸权

(iii) 执行主权者即君主
——故"主权者"(Sovereign)与"君主"(Monarch)二词往往混用

(D) 国际均势局面之战争——三十年战争(1618—1648)

参考书

Thorndike——Medieval Europe, chap. 33

Randall——The Making of the Modern Mind, chap. 8

Hulme——Renaissance and Reformation, chap. 3

Hayes——Political and Social History of Modern Europe, I

Hayes and Moon——Modern History, chap. 5,6

Adams——Civilizaton during the Middle Ages, chap. 13

Cambridge Modern History, I, chap. 3,9—12,14

Johnson——Europe in the 16—17th Century, chap. 1,2

Cheyney——European Background of American History, pp. 60—193

Cross——History of England and Great Britain, chap. 18

第二十九章 新科学之初兴

(甲)背景

(一) 十三世纪之科学潮流

(A) 亚里士多德全集之输入

(B) 阿拉伯人之贡献

(1) 希腊科学

(2) 阿拉伯数学与代数学(algebra)

(3) 印度阿拉伯数目字

(C) 书院哲学著作中之科学

(1) Albertus Magnus

(2) Thomas Aquinas

(3) Roger Bacon

(二) 文艺复兴与宗教改革时代之科学

(A) 人文主义与宗教改革

(1) 人文主义

(a) 注重人文(人)——艺术政治伦理

(b) 轻视书院哲学(神)与科学(物)

(2) 宗教改革

(a) 注重神道学

(b) 轻视书院哲学与科学

(3) 科学之无形中继续进展

(a) 人文主义与宗教改革推翻书院哲学与演绎逻辑

(i) 予科学以发展机会

(ii) 但纯粹科学运动临时停顿

(b) 商人探险家与海盗之科学贡献

(i) 地理学、人种学、生物学、人类学之书籍游记

(ii) 比较观之产生与新分类(Classification)

(B) 美术家与科学

(1) 美术家观察自然、研究人体之需要

(2) Michelangelo——解剖人体

(3) Leonardo da Vinci

(a) 解剖禽兽

(b) 制战器

(c) 科学发达之推测

(乙) 医学之发展

(一) 背景

(A) 文艺复兴时代希腊医学之复兴

(1) Hippocrates(460—370B.C.)

(2) Galen(A.D.131—200)

(B) 医学之新知识

(1) 解剖学(Anatomy)

(a) 解剖(Dissection)

(b) 外科手术(Surgery)之进步

(2) 生理学(Physiology)

(二) Vesalius(1514—1564)

(A) 身世

(1) Flanders名医

(2) Padua大学教育

(3) Padua教授

(B) 实验精神

(1) 以尸体为课本

(2) 鼓励学生怀疑批评

(C) 名著——The Structure of Human Body(1543)

(三) Ambroise Paré(1517—1590)

(A) 法国宗教战争所给之机会

(B) 外科之进步

(四) William Harvey(1578—1657)

(A) 身世

(1) 英国乡绅之家出身

(2) 教育

(a) 剑桥大学

(b) Padua

(3) 行医

(4) 名著——The Movement of the Heart and Blood in Animals (1628)

(1) 心之功用

(2) 血之流动

(丙) 数学、物理学与天文学

(一) 背景

(A) 阿拉伯人之数学贡献

(B) 数学之新发展

(二) 哥白尼——Copernicus(1473—1543)

(A) 身世

(1) 波兰德国间之Thorn人

(2) 教育

(a) 习医——Padua

(b) 习教会法——Bologna

(3) 好天文学

(4) 教会职员——Canon

(B) 哥白尼之太阳系说(Heliocentric Hypothesis)

(1) 太阳系说

(a) 地球自转一周为一日

(b) 地球绕日一周为一年

(2) 希腊罗马经典之影响

(C) 哥白尼之学说与其时代

(1) 哥白尼惧教会威势不敢公布新学说

(a) 1543年始冒险公布

(b) 同年哥白尼卒

(2) 百年间太阳系说未影响思想界

(三) Tycho Brahe(1546—1601)

(A) 丹麦人

(B) 继续哥白尼之工作

(1) 得国王赞助建天文台于Jutland

(2) 造新仪器

(C) 应皇帝召至Prague

(1) 建大天文台

(2) 设天文学校

(四) Kepler(1571—1630)

(A) 身世

(1) 德人

(2) Brahe弟子

(3) 在Prague继其师之工作

(4) 三十年战争开始后(1618)开星相馆以谋生

(B) Kepler之三理(Three Laws)

(1) 哥白尼与Brahe之错误

——以行星绕日轨道为圆形

(2) Kepler之纠正

——轨道乃椭圆形(Ellipse)

(五) Galileo(1564—1642)

(A) 身世

(1) Florence人,生于育于Pisa

(2) 音乐家善绘画,好医学与数学

(3) Padua大学教授(1592—1610)

(B) 科学研究

(1) 数学与天文学——哥白尼学说之宣传

(2) 物理学新发现

(a) 物体坠落之理——地心吸力之假定

(b) 比重原理(Specific Gravity)

(3) 建试验室发明新仪器

(a) 寒暑表

(b) 望远镜

(i) 放大三十二倍

(ii) 根据荷兰某透光镜师(Lensmaker)之发明

(c) 用望远镜后之新发现

(i) 观天象

(ii) 见月球上山峰

(iii) 见太阳上黑点

(iv) 发现行星之卫星(Satellites)

(C) Galileo与教会之纠纷

(1) Tuscany大公召之回Florence予以终身薪俸

(2) 公布哥白尼学说——A Dialogue Touching the Two Leading World Systems(1632)

(a) 原文为意大利文——哥白尼著作用拉丁文

(b) 罗马异端审问所之拘审 Galileo

(c) Galileo 悔罪,应许缄默终身

(D) Galileo 之科学方法论

(1) 观察——以官觉观察自然现象

(2) 实验——(a)试验室

(b) 科学仪器——补官觉之不足

(3) 假定——实验时之临时根据

(丁) 培根——Francis Bacon(1561—1626)

(一) 身世

(A) 英国贵族出身——Lord Bacon

(B) 牛津大学习法律

(C) 政治生活

(1) 国会议员

(2) 尚书——Lord Chancellor(1618)

(3) 国会之弹劾与下野

(二) 培根对于科学之贡献

(A) 名著

(1) The Advancement of Learning(1605)

(2) Novum Organum(1620)

(B) 内容

(1) 攻击书院哲学

(2) 提倡归纳方法

(C) 提倡人类以科学知识驾御自然

(三) 培根之地位

(A) 乃科学理论家与宣传家——非实验科学家

(B) 培根与 Galileo

(1) 培根广布 Galileo 之科学方法

(2) 后代对二人态度之不同

(a) 实验科学家多不知培根而推崇 Galileo

(b) 哲学家(尤其实验哲学家)极端推崇培根

参 考 书

Randall——The Making of the Modern mind, chap. 9, pp. 226—235

Stawell and Marvin——The Making of the Western Mind, chap. 28, 29

Hayes and Moon——Modern History, chap. 3

Hayes——Political and Social History of Modern Europe, I, pp. 196—201

Cambridge Modern History, V, chap. 23

Marvin——The Living Past, chap. 7, 8

Libby——History of Science

Sedgwick and Tyler——Short History of Science

第三十章 新哲学之初兴

(甲) 人文时代之哲学

(一) 无创造哲学家

(二) 希腊罗马哲学之复兴

(A) Stoicism

(B) Epicureanism

(C) Neo-Platonism

(乙) 第一近世哲学家——Giordano Bruno(1548—1600)

(一) 身世

（A）Naples 之 Nola 地贫寒子弟

（B）十五岁时进 Dominican 僧社

（C）被派为神父

（二）Bruno 之思想革命

（A）旧教改良时代人民对宗教问题之新兴趣

（B）Bruno 之革命

（1）批评旧宗教制度与旧思想

（2）离寺院(1576)

（3）逃至新教国以避异端审问所

（C）一切新教之尝试

（1）Calvinism

（2）法国新教

（3）英国国教——牛津大学

（4）路德主义——Wittenberg

（三）Bruno 与异端审问所

（A）一切新教皆不能满足 Bruno 之求真欲望

（B）回意大利至 Venice 以避罗马异端审问所(1592)

（C）Venice 异端审问所引渡之于罗马异端审问所

（D）不肯回寺院被监禁八年

（E）被焚(1600)

（四）Bruno 之思想

（A）怀疑者(Skeptic)与自由思想者(Freethinker)之 Bruno

（1）一切传统思想皆可研究

（2）一切传统思想皆须批评

（a）书院哲学

（b）人文经典

（B）Bruno 之信仰与哲学

（1）Bruno 谋求一切知识

(a) 哲学家中第一信太阳系说者

(b) 科学诗人之 Bruno——新宇宙观之神秘经验

(2) Bruno之信仰

(a) 信旧教之真谛

(b) 摈弃宗教之无关紧要附带品

——例如僧尼制度

(3) Bruno之哲学思想

(a) 弃基督教之传统二元论(Dualism)

(b) 信一元的泛神论(Pantheism)

(i) 上帝与自然合一说

(ii) 以新科学宇宙观为基础

(c) 宇宙中之无限世界

(i) 人类之微小

(ii) 人类之高尚——天与地分别之消灭(因地球亦为天空星辰)

(丙) Francis Bacon(1561—1626)

(一) 对当时哲学缺点之批评

(A) 虚雅的学术(Delicate Learning)

(1) 文艺复兴时代之通病

(2) 词藻章法之研究

(B) 论辩的学术(Contentious Learning)

(1) 书院哲学家之通病

(2) 无谓之纸面争辩

(C) 好怪的学术(Fantastical Learning)

(1) 好奇心产生之神怪信仰

(2) 冒牌科学

(a) 邪术(Magic)

(b) 炼丹学(Alchemy)

（二）哲学的目的

（A）增进人类社会利益(The New Atlantis)

（1）人类征服自然而利用之

（2）Bacon 科学发明之推测

（B）放弃神灵问题

（1）人类只能明了自然——无研究神灵之能力

（2）理性与信仰之分离(中古时理性附属于信仰)

（a）人类理性宜脱神道学束缚而专研究自然

（b）信仰亦不宜干涉理性活动

（三）理性哲学之方法——实验法(Empiricism)或归纳法(Induction)

（A）去心中一切成见

（B）寻事实

（1）观察与试验

（2）分析事实

（丁）十六世纪后哲学之两大潮流

（一）系统哲学——以 Bruno 为先驱

（二）实验哲学——以 Bacon 为先驱

参　考　书

Randall——The Making of the Modern Mind, pp.235—248

Cambridge Modern History, IV, chap.27

Rogers——A Student's History of Philosophy, pp.223—242

Windelband——History of Philosophy (See Index)

Weber——History of Philosophy, pp. 286—291

Höffding——A History of Modern Philosophy, Vol.1

P.Smith——Age of the Reformation, pp. 624—640

Rand——Modern Classical Philosophers

Spedding——Life and Times of Francis Bacon, 2 Vols
Fischer——Bacon and His Successors
Nichol——Bacon, 2 Vols
Frith——Life of Bruno

第三十一章 新 文 学

(甲) 十六世纪之意大利文学——无大发展

(一) Ludovico Ariosto(1474—1533)

(A) 古典的与浪漫的之化合

(B) “Orlando Furioso”——查理曼时代故事

(二) Torquato Tasso(1544—1595)

(A) 诗人

(B) “Jerusalem Delivered”——十字军故事

(乙) 葡萄牙与西班牙

(一) 葡萄牙——Camoens(1524—1579)

(A) 航海家与诗人

(B) The Lusiads(Lusitania 乃葡萄牙别名)

(1) Vasco da Gama 航海故事

(2) 雄壮之航海记事诗——有 Odyssey 风味

(二) 西班牙——Cervantes(1547—1616)

(A) 名著——Don Quixote

(1) 讽刺武士道理想——Don Quixote

(2) 与实际世界比较——Sancho Panza

(B) Don Quixote 之永久价值

(1) 文学价值

(2) 人生中理想与实际之冲突

——西洋文化精神之表现

(丙) 法国

(一) Rabelais(1490—1553)

(A) 特点

(1) 法之 Cellini

(2) 爱世者

(B) 名著——Gargantua and Pantagruel

(二) Montaigne(1533—1592)

(A) 特点

(1) 研究古典

(2) 宗教竞争时代之怀疑者

(B) 名著——Essays

(丁) 英国

(一) Edmund Spenser(1552—1599)

(A) 情诗——The Shepherd's Calender(1579)

(B) 喻意故事诗(Allegorical Romance)
——The Faerie Queene

(二) Ben Jonson(1573—1637)

(A) 诗歌大家——"Drink to Me only with Thine Eyes"

(B) 戏剧家——Every Man in His Humour;
——Poetaster
——Volpone
——The Alchemist

(三) Francis Bacon(1561—1626)

(A) 博通古今之全才

(B) 文丛——The Essays

(四) Christopher Marlowe(1564—1593)

(A) 地位——英国最早悲剧家

(B) 题目——人类向上好强之野心与征服宇宙之志愿

(C) 名著——Dr. Faustus

(五) William Shakespeare(1564—1616)

(A) 著作

(1) 喜剧十四

(2) 悲剧十一

(3) 史剧十

(4) 诗品——十四行诗及其他

(B) Shakespeare 与 Marlowe 戏剧中欧西文化精神之表现

(1) 无限的精神无穷的欲望与冒险的人格

(2) 名著——Dr. Faustus

——King Lear

——Hamlet

参 考 书

Stawell and Marvin——Making of the Western Mind, chap.27

Green——Short History of the English People, chap.6,7

Cambridge History of English Literature, II, chap.1

Taylor——Thought and Expression in the 16th Century

Macy——Story of the World's Literature

Lee, S.——A Life of William Shakespeare

Jameson——A Short History of European Literature

第三十二章 文艺复兴宗教改革时代之回顾 (1300—1600)

(甲) 文艺复兴总论

(一) 文艺复兴之成绩

(A) 精神解放

(1) 中古无自信力之修道士理想之消灭

(2) 古典中人文主义个人主义之复兴

——人类成一切事物之准绳(Man is the measure of all things)

(B) 教育之进步

(1) Erasmus 等教育改良之宣传

(2) 人文教育之渐渐普遍

(a) 希腊文与拉丁文

(b) 古典书籍

(3) 人文教育势力至十九世纪始渐衰

(二) 文艺复兴之短处

(A) 自然科学观念之缺乏

(1) 以古典为最后权威("The masters know")

(2) 以传授古典遗业为惟一职务

(B) 上等阶级运动

(1) 人文主义者之分人类为二级

(a) 受教育者

(b) 未受教育者

(2) 人文主义者之轻视下等阶级

(a) 反对人文主义之普遍于社会

——Pearls must not be cast to the swine (Rufus)

(b) 轻视平民语言

(i) 以拉丁文为主文

(ii) 以语体文为俗鄙

(3) 无具体改良政策与计划

(a) 只梦想将来之理想社会——Utopia

(b) 所谓理想纯属唯美主义(Aestheticism)

(三) 人文主义者与宗教——三派

(A) 智识阶级之基督徒——More, Colet

(B) 非基督教之宗教者——Erasmus

(C) 不信宗教者——Leo X

(四) 人文主义与宗教改革之关系

(A) 校订与批评及其结果

(1) 教会乃渐渐产生之团体

(2) 教皇制度非古代所有

——Donation of Constantine (Valla)

(B) 路德所受之影响

(乙) 宗教运动总论

(一) 新旧教会之地域

(A) 1500 年西欧中欧皆属罗马教

(1) 教皇为大一统教会元首

(2) 拉丁文为通行宗教语

(B) 1600 年

(1) 旧教——大致限于南欧

——意大利,西班牙,葡萄牙,法兰西(大部),"比利时",瑞士(一部),德意志南部,奥地利,波兰,爱尔兰,Bohemia(一部),匈牙利(一部)

(2) 新教——大致限于北欧

(a) 路德主义(Lutheranism)

——德意志北部,丹麦,挪威,瑞典

(b) 加尔文主义(Calvinism)——(名称甚多)

——瑞士(一部),荷兰,苏格兰

(c) 安立甘主义(Anglicanism)

——英格兰

（二）新旧教会之信仰

（A）共同信仰

（1）三位一体(Trinity)

（2）圣经神圣

（3）人类罪恶与十字架赎罪

（4）天堂地狱——来生之享福或受苦

（B）新教各派之共同信仰

（1）消极方面

（a）否认教皇制度

（b）否认中古添长之道理

（i）炼罪所

（ii）赎罪票

（iii）祷告圣人

（iv）崇拜圣骨

（2）积极方面——个人宗教

（a）个人解释圣经

（b）个人谋求得救——无需神士阶级

（C）新教各派信仰之分歧

（1）得救之道

（a）加尔文派——命定说

（b）路德派——信则得救说

（c）安立甘派

（i）平时讲因信得救说

（ii）三十九信条(Thirty-nine Articles)中亦讲命定说

（2）圣礼

（a）加尔文——洗礼，圣餐礼

（b）路德——洗礼，圣餐礼，坚信礼

(c) 安立甘——洗礼,圣餐礼,坚信礼,祝圣礼

(3) 圣餐之意义

(a) 路德

(i) 倡并质论(Consubstantiation)

(ii) 反对旧教之变质论(Transubstantiation)

(b) 加尔文

(i) 纪念耶稣受死前夜之晚餐

(ii) 饼酒象征耶稣体血

(c) 安立甘

(i) 模糊不清

(ii) 实际分两派

(子) "低教会"(Low Church)
——倾向加尔文派

(丑) "高教会"(High Church)
——趋向罗马教派

(4) 教会行政

(a) 安立甘

(i) 保留主教神父会吏三职

(ii) 使徒宗法说(Apostolic Succession)

(子) 安立甘教会为中古英国教会之承继者

(丑) 无教皇宗法说亦可成立

(b) 路德

(i) 否认主教制之神权性

(ii) 保留主教为便利行政官

(c) 加尔文

(i) 废主教制

(ii) 只留一级神士——长老(Presbyters)

(子) 长老委员会(Synod of Presbyters)治理者

——长老会(Presbyterianism)

(丑) 每礼拜堂会众(Congregation)

治理教会并监制牧师(Minister)者

——独立会(Independents)

——分离会(Separatists)

——公理会(Congregationalists)

——浸理会(Baptists)

(5) 礼拜仪式

(a) 安立甘

(i) 保留旧教仪式之大部

(ii) 惟由拉丁文译为英文

——公祷经(Book of Common Prayer)

(b) 加尔文

(i) 仪式简单

(ii) 读经,歌唱,随意祈祷,演讲

(c) 路德

(i) 折衷

(ii) 无规定仪式——但往往采用仪式

(三) 宗教运动之影响

(A) 中古统一教会与教会制度之破裂

(B) 基督教之国家化

(1) 新教

(a) 乃国家主义之宗教方面

(b) 乃反对旧教大同性之运动

(c) 国家赞助新教运动

(d) 国教

(i) 北德

(ii) Scandinavia 各国

(iii) 苏格兰

(iv) 英格兰

(2) 旧教

(a) 名义上仍统一

(b) 实际各国教会亦独立

(C) 旧教信条之凝结

(1) 为抵抗新教信条所必需

(2) 限制信徒发表意见之自由

(D) 宗教兴趣之复兴(十六至十七世纪)

(1) 文艺复兴运动之消灭

(2) 神道学之研究

(3) 个人道德之修养

(E) 政治社会变迁

(1) 国家权柄之大增

(a) 新教国

(i) 没收教产

(ii) 管理神士

(b) 旧教国——教皇承认国家支配教会权

(2) 贵族财产之大增

(a) 没收教产之分配

(b) 但政权未增

(3) 中等阶级

(a) 国王用以抵制贵族

(b) 宗教改革乃中等阶级之宗教运动

——对中等阶级之贡献

(4) 农民

(a) 仍旧——德国与 Scandinavia 农民较前尤苦

(b) 只易主人

(i) 前此多为教会佃奴或工人

(ii) 此后改换为国王贵族或私人

(F) 经济变迁

(1) 商业革命之推广

(2) 近代资本主义之兴起

(丙) 文艺复兴宗教改革时代之回顾与意义
——俗化运动(Secularization)

(一) 文艺复兴与宗教改革之关系

(A) 相反的——由当时情形言

(B) 连续的——由后来结果言

(二) 中世纪与城市运动

(A) 中世纪

(1) 宗教时代

(2) 出世的人生观

(B) 城市运动(1000后)

(1) 俗世化的倾向(Secularization)

(a) 工业之发达

(b) 商业之发达

(c) 其他俗世事业

(2) 自然的人生观

(C) 中世纪教会之衰(1300后)

(1) Baniface VIII

(2) Babylonish Captivity

(三) 教会与列国

(A) 宗教之俗化

(1) 十四十五世纪间教皇默认列国教会之独立地位——英，法，西班牙

(2) 德国之特别情形与宗教改革

(B) 教会之局部复兴

(1) 旧教改良运动

(a) 俗化运动下教会全亡之危机

(b) 旧教改良之成绩

(i) 新信仰热诚之激动

(ii) 信条之固定——Council of Trent

(2) 宗教战争

(C) 国家地位之日渐重要

(四) 思想方面之反动及其失败

(A) 文艺复兴时代思想之俗化

(B) 宗教改革后神道学之复活

(C) 但新科学新哲学日盛——太阳系说、地理发见与眼界之开广

(五) 社会经济方面之进展

(A) 探险与航海

(B) 发现新陆

(C) 商业发展——新伦理观与资本主义

(六) 道德方面之进展——个人主义

(A) 个人主义为文艺复兴时代产物

(B) 宗教改革以个人主义为基础——个人宗教

(1) 个人解释圣经——教育普及之初步(解释圣经须先识字)

(2) 个人与上帝直接交往——个人信仰

(C) 局部之反动及其失败

(1) 新教会之建设

(a) 路德及其他宗教改革领袖

(b) 诸新派别之排斥异己

(2) 但个人批评乃不可遏止之潮流

(a) 新教派别之繁多

(b) 信仰自由为惟一可能之归结

(3) 新教皆受俗世直接支配

(a) 国家代表俗世支配教会

(b) 新教诸派皆为国教或半国教

（丁）宗教改革之真正意义

（一）名义上为原始时代纯粹宗教之恢复

(A) 攻击数百年来之积习

(1) 团体宗教

(a) 教皇制度

(b) 神士阶级

(2) 先圣与玛利亚之崇拜

(3) 泛文仪式

(a) 七礼

(b) 赎罪票

(c) 瞻礼进香

(B) 自信返古成功

(1) 个人宗教与个人信仰——无需神士阶级

(2) 圣经之崇拜——原始纯粹宗教

(C) 文艺复兴与宗教改革之相反

（二）实际上为城市中等阶级新宗教之建设

(A) 旧教为农业社会之宗教

(1) 宇宙人生之神秘化

(2) 仪式礼节之繁重

(B) 新教为商业社会宗教

(1) 宇宙人生之理性化

(a) 视神秘为迷信

(b) 理性之发达与科学哲学之大盛

(2) 仪节之简单化与个人修养之重要

参 考 书

P. Smith——Age of the Reformation

Hayes——Political and Social History of Modern Europe, Vol. I

第三十三章　旧制度时代之政治与社会

(甲) 旧制度之意义——Ancien Régime

(一) 政治与社会

(A) 君主专制制度(Absolute Monarchy)

——君主为政治元首

(B) 贵族阶级与中等阶级

(1) 并立

(2) 附属于专制君主权威之下

(C) 君主为社会元首

(1) 贵族社会以君主为中枢

(2) 第一 Gentilhomme 之称号

(二) 文艺之系统化与纪律化

(乙) 君主专制之意义与基础

(一) 意义

(A) 君主统一国家(Nation)统治社会一切阶级

(B) 专制制度与封建制度

(1) 中央集权

(2) 地方分治

(二) 基础

(A) 国家常备佣军

(B) 官阀(Bureaucracy)——税吏,法官,行政官

(三) 君主专制时代政治社会之形式——Ancien Régime

（A）君主为政治与社会之元首

（1）政治——君权神授说（The Divine Right of Kings）

（2）社会——君主为贵族

社会之领袖（第一 Gentilhomme）

（B）各阶级之并立

（1）背景与将来

（a）中古为神士贵族两阶级当势时代

（b）法国革命后为中等阶级当势时代

（2）十七十八两世纪之中枢地位

（a）国王攻贵族时利用优待中等阶级

（b）贵族被打倒后国王仍以之为社会中荣誉阶级以制中等阶级

（C）专制君主之总代表——Louis XIV（1643—1715）

（丙）君主专制制度之理论——君权神授说

（一）口号

（A）英国——The divine right of kings

（B）法国——L'État, C'est moi（朕即国家）

（C）法律家——Suprema lex regis Volontes（The Supreme law is the Will of the king）

（二）Bossuet（1627—1704）及其学说

（A）Bossuet 之身世

（1）法国教会主教

（2）太子太师（1670—1681）

（B）学说——Politics drawn from the very words of Holy Scripture（1675）

（1）基础原理

（a）君主为国家之象征及其总代表

（b）君主非只“私人”，与其他任何私人皆不同

(2) 王权之特征

(a) 神圣(Sacred)

(i) 神授王权

(ii) 人民之敬畏义务

(b) 仁抚(Paternal)

(i) 代上帝统治人民

(ii) 不可自私,宜谋人民福利

(c) 绝对权衡(Absolute)

(i) 对任何他人不负责任

——非如此不足以治国

(ii) 但对上帝负责

(d) 受理性支配

(i) 不可任性放纵己欲

(ii) 宜以上帝所赐理性为标准

(三) Hobbes(1588—1679)

——Leviathan

(丁) 君主专制之下政治制度——法国

(一) 王权独揽一切——Louis XIV(1643—1715)

(A) 三级会议(Estates-General)无形取消(1614—1789)

(B) 最高法庭(Parlements)活动范围之限制

(C) 各省贵族实权之取消

(1) 废封建制下旧省——大贵族皆移居巴黎或凡尔塞

(2) 新省官长由国王委任(Intendants)

(D) 国王之征税权

(1) 田赋及其他

(2) 他人不能征税

(E) 军队直接附属国王

(1) 军队为佣军

(2) 军官多为贵族——牢笼政策

(二) 政府系统

(A) 国务院(Council)

(1) 由王委任

(2) 统治中央各部

(B) 地方政府

(1) 省长(Intendants)及税吏

(2) 由王委任

(三) 法国之摹仿者——普鲁士,俄国贵族专政

(四) 专制时代之例外——君主立宪之英国

(A) 英国之地势——岛国

(B) 岛国之特别情形

(1) 无常备军之需要

(2) 故国王可无征税权

(戊) 旧阶级之渐衰

(一) 神士阶级

(A) 宗教改革后新教诸国中之神士

(1) 非死后得救之不可少的媒介

(2) 失法律上特殊阶级地位——第一阶级

(B) 智识阶级成分之改变

(1) 中古与宗教改革时代

(a) 神道学为智识阶级急要问题

(b) 神士即智识阶级

(2) 宗教改革后(新教国与旧教国同)

(a) 科学哲学取代神道学之地位

(b) 智识阶级多为俗民(Laymen)

(二) 贵族阶级

(A) 英国——贵族与中等阶级之化合

(B) 法国——贵族之寄生虫化

(C) 普鲁士——贵族(Junkers)之受王利用

(D) 波兰与匈牙利之例外

(己) 中等阶级之日盛

(一) 中等阶级之分类

(A) 资本家——商人,实业家,财政家

(B) 智识阶级——律师,医生,教员,艺术家,文人

(二) 中等阶级之政治活动与经济势力

(A) 专制国王之官吏

(B) 实业商业之发达

(1) 国王需要商人之资本

(2) 故提倡实业商业

(C) 海外殖民运动

(D) 英国十七世纪之革命

——第一中等阶级之政治革命

(庚) 国际战争

(一) 法国之盛强——Louis XIV

——征服 Artois, Lorraine, Alsace, Franche-Comté

(二) 西班牙承继王位战争(1701—1713)与法国武力之渐衰

(三) 七年战争(1756—1763)与大英帝国之成立

(A) 均势问题

(B) 殖民地之竞争——重商主义

参 考 书

Hayes——Political and Social History of Modern Europe, I, chap.6,7, 8,13,14

Mathews——The French Revolution, chap. 1—5

Dunning——Political Theories, Vol.II,III

Tilley——Modern France, pp.242—271

Cambridge Modern History, VI, chap.13,19,23,24

Cross——History of England and Great Britain, chap. 44

Johnson——The Enlightened Despots, chap. 10

Morley——Rousseau

Robinson——Readings in European History, II, chap. 31,34

Robinson and Beard——Readings in Modern European History, I, chap. 1,8,9,11

Randall——The Making of the Modern Mind, chap. 12,14

Stawell and Marvin——The Making of the Western Mind, chap.31

第三十四章　唯理主义与开明专制

(甲) 背景与意义

(一) 唯理主义——理性万能之信仰(The Almightiness of Reason)

(A) 理性时代(The Age of Reason)

(1) 理性为形式完成时代之中心信仰

(2) 一切制度皆须理性化或合理化

(B) 系统哲学、系统科学外之无系统的唯理主义

(二) 开明专制(Enlightened Despotism)

(A) 君主专制时代末期之潮流(十八世纪后期)

(B) 唯理主义(Rationalism)或开明运动之结晶

——Enlightenment; Eclaircissement; Anfklärung

(乙) 唯理主义下人性与社会之研究

(一) 特点

(A) 基础

(1) 以演绎原理为基础

(2) 与经验无关

(B) 与当时之科学及十九世纪后之社会科学大异

(二) 人性学——心理学

(A) 思想家

(1) Hobbes(1588—1679)

(2) John Locke(1632—1704)

(B) 人性之机械化——当时科学之影响

(1) 人心受外物触动而发生感觉(Sensations)

(2) 感觉变幻连合而成人心之复杂作用

(a) 人心如白纸(tabula rasa)——Locke

(b) 人心完全为被动的

(C) 心理学之影响

(1) 人类生而平等(All men are created equal)

(a) 初生时心如白纸

(b) 环境之万能

(2) 人性乃教育与社会制度所造成

——社会政治教育改良之原动力

(3) 人类行为之动机为苦乐

(a) 人类以理性及其已往之经验(感觉及其复合物)求乐避苦

(b) 立法家宜赏罚分明

(三) 社会物理学(Social Physics)——政治学及其他社会科学

(A) 维持旧状之仁抚的专制主义

(1) 思想家

(a) Voltaire(1694—1778)

(b) Diderot(1713—1784)

(2) 理论根据

(a) 文艺复兴时代 Machiavelli 学说之合理化

(b) 以 Newton 学说为根据之专制中央政府说

(3) 理论

(a) 君主乃治人专家——实施人类社会中之自然律

(b) 遵守自然律即自由

(B) 缓和理想家之 John Locke(1632—1704)

(1) 名著——Treatise on Government(1689)

(2) 公约政府说(Contract Theory of Government)

(a) 国王为人民委任之政治元首

(b) 主权为人民所有

(c) 人民有革命权

(3) 为英国革命之辩护

(C) 学者理想家之 Montesquieu(1689—1755)

(1) 名著——Esprit des Lois(1748)

(a) 第一近世政治学著作

(b) 采用归纳法

(2) 政治哲学

(a) 政治相对论

(i) 政体随时随地而异

(ii) 气候之影响政治与历史

(b) 提倡所谓"英国式"之三权宪法

(i) 但并不指为绝对完善之政体

(ii) 对美国革命之影响

(D) 革命与民治理想家之 Rousseau(1712—1778)

(1) 名著——Contrat Social(1762)

(2) 理论

(a) 基础原则

(i) 人类生而自由

(ii)一切政府皆为梏桎之具

(b) 理想国家

(i) 民有主权

(ii) 民选官吏

(iii) 革命权利

(iv) 公意政治

(子) 多数政治

(丑) 城邦政治

(c) 对法国革命之影响

(四) 经济学

(A) 背景

(1) 攻击重商主义下之人为限制

(2) 以社会自然律为起发点

(a) 自由发展

(b) 与自然界之自然律同样的不可违犯

(B) 经济学之内容——经济原理

(1) 人类之自然权利

(a) 自由

(i) 自由发展

(ii) 自由竞争

(b) 财产

(i) 政府之功用在保护合法之私产

(ii) 政府不得干涉私产权

(2) 政府之功用

(a) 消极方面

——保障和平治安与法律之运行

(b) 积极方面

(i) 增进全民教育

(ii)建设公共利益——公路,水利等

(C) 学说之派别

(1) 重农主义(Physiocracy)——法国

(2) Adam Smith(1723—1790)——英国

(丙) 唯理主义之社会伦理信仰

(一) 背景

(A) 以枯燥之科学原理为根据

(B) 故社会信仰皆为笼统之论

——基督教传统伦理之系统化

(二) 伦理学之理性化

(A) 金箴(The Golden Rule)

(1) Samuel Clarke(1675—1729)

(2) Joseph Butler(1692—1752)

(3) Shaftesbury(1671—1713)

(B) 功利主义

——Helvetius(1715—1771)

(三) 人道主义——唯理时代之新贡献

(A) 刑律之改良

(B) 精神病者之善待

(C) 奴隶制之渐废

(D) 理论家——Beccaria(1738—1794)(Crimes and Punishments)

(四) 宗教上之放任主义

——Voltaire(1694—1778)

(五) 大同主义与和平主义

(A) Voltaire

(B) Goethe(1749—1832)

(六) 进化观念

(A) Fontenelle(1657—1757)

(B) Condorcet(1743—1794)

(丁) 唯理主义的宗教

(一) 背景

(A) 宗教改革时代神学纷争后之反动
——攻击传统宗教

(B) 新科学之自然律

(C) 标准

(1) 理性

(2) 功利

(二) 理性宗教(Religion of Reason)或自然宗教(Natural Religion)

(A) 宗教之理性化

(1) 前此宗教为生活方式

(2) 此后宗教成信条一束

(B) 理性宗教之信仰

(1) 上帝为宇宙创造者

(2) 死后之赏罚

(3) 道德律

(C) 理性宗教之遭人攻击

(1) 自然神教者(Deists)

(a) 攻击神示(Revelation)

(b) 攻击神迹(Miracles)与预言(Prophecy)

(2) 哲学家

(a) Hume(1711—1776)

(b) Holbach(1723—1789)

(c) Kant(1724—1804)

(3) 批评之结果

(a) 怀疑主义(Skepticism)

(b) 无神主义(Atheism)

(c) 唯物主义(Materialism)

(d) 名家

(i) Holbach

(ii) Hume

(三) 自然神教主义(Deism)

(A) 理论基础

(1) 以古代基督教以及其他宗教原始时代之共同信仰为起发点——不与基督教之真谛冲突

(2) 原始自然宗教之特性

(a) 注重内心虔诚(Piety)

(b) 神士神学与教会

(i) 皆为无需之繁文或骗人之把戏

(ii) 但往往为普通愚民所必需

(B) 信仰

(1) 否认神示(Revelation)

(2) 上帝之地位

(a) 原始曾创造宇宙及其自然律

(b) 但此后即不再问宇宙琐事
——宇宙乃自然律之宇宙

(C) 提倡者

(1) Thomas Hobbes(1588—1679)

(2) John Locke(1632—1704)

(3) Shaftesbury(1671—1713)

(4) Bolingbroke(1678—1751)

(5) Voltaire(1694—1778)

(戊) 唯理主义之一般理想

(一) 一般理想之总结晶

——百科全书(Encyclopédie)

(二) 一般理想之总代表

——Voltaire

(A) 著作之丰富——戏剧,诗,小说,历史,批评,书信

(B) 英国之影响——Locke 等之思想

(C) Voltaire 之开明信仰

(1) 人类进步——但轻视肤浅之乐观主义("Candide")

(a) 无限量

(b) 须以实验科学为工具

(2) 自然定律(Natural Laws)

(a) 宇宙人类以及一切制度皆以自然律为基础

(b) 自然律可以理性寻出之

(3) 自然神教主义(Deism)与宗教放任之提倡

(4) 政治社会之改良

(a) 现有之政治社会皆不合理性

(b) 须由开明君主改良之

(己) 开明专制君主之工作

(一) 开明君主与开明思想家

(A) 密切之交接

(B) 君主以思想家之指导改良政治社会

(二) 开明君主工作之种种

(A) 提倡增助学术与科学

(B) 推广教育

(C) 宗教放任

(D) 言论出版之自由

(E) 利民之建设

(1) 开运河

(2) 修官道大路

(3) 开垦山林池沼之地

(F) 改良刑法

(1) 法律之人道化——十八世纪之人道主义潮流(Humanitarianism)

(2) 废法庭中之拷问惨刑

(G) 谋农民福利

(1) 限制贵族地主之权利

(2) 但佃奴制度并未全废

(三) 开明专制君主之总代表

——Frederick the Great(1740—1786)

(庚) 君主专制与开明时代之经济政策(未受唯理主义影响)

——重商主义(Mercantilism)

(一) 重商主义之地位与意义

(A) 国家方始统一后之经济政策

——政治统一后之经济统一

(B) 国王监督全国经济生活

(1) 封建制度下实业商业由行会(gilds)监督

(2) 十六世纪后国王监督行会

(3) 十七十八世纪国王直接监督经济生活

(二) 重商主义之条件

(A) 经济国家主义

(1) 国家为经济个体

(2) 国家利益超于个人利益

(B) 现金现银政策

(1) 金银即财富(Wealth)

(2) 金银出口之禁止或限制

(3) 现金现银为战争不断时代之急需

(C) 贸易平衡说(Balance of Trade)

(1) 出口须超过进口(Favorable Balance of Trade)

(2) 本国能产之货品一概禁止入口

(D) 实业之提倡

(1) 新实业之奖励

(2) 国家资助实业家

(3) 原料禁止出口

(4) 货色之规定——Colbert(1619—1683)

(5) 保护关税

(E) 殖民地之占取

(1) 可供现金现银或贵重货品(例如香料)

(2) 可供原料与食料

(3) 可为市场

(4) 殖民地之争夺为十七十八世纪战争主要原因之一

(F) 扩充海军

(1) 功用

(a) 保护殖民地与商业

(b) 攻取他国领土或商业

(2) 造船业之鼓励

(3) 商舰之鼓励——因商舰可变为战舰

参 考 书

Randall——The Making of the Modern Mind, chap.8,12,13,14,15

Stawell and Marvin——The Making of the Western Mind, chap.34

Hayes and Moon——Modern History, chap. 8,9

Hayes——Political and Social History of Modern Europe, Vol. I, pp. 440—448

Day——History of Commerce, chap.18

Robinson and Beard——Readings in Modern European History, I, pp.

12—14, chap. 10
Dunning——Political Theories, Vol. II, III
Morley——Voltaire
Ogg——Economic Development of Modern Europe, chap. 4
Gide and Rist——History of Economic Doctrines, Book I
Bury, J.B.——History of the Freedom of Thought
Bury——The Idea of Progress
Robertson, J.M.——Short History of Free Thought
Lecky——Rationalism in Europe
McGiffert, A.C.——The Rise of Modern Religious Ideas, Part I
McGiffert——Protestant Thought before Kant, chap.10

第三十五章　旧制度时代之哲学

(甲) 背景

(一) 哲学之两大潮流

(A) 系统哲学

(1) 由 Bruno 开端

(2) 建设思想系统之愿望

(B) 实验哲学(Empiricism)

(1) 由 Bacon 开端

(2) 以经验为基础

(二) 注重新科学知识

——大哲学家往往又为科学家(如 Leibnitz)

(乙) 系统哲学

(一) René Descartes——Cartesians(1596—1650)

(A) 身世

(1) 法国下级贵族子弟

(2) 旧式教育

(3) 周游各国与佣兵生活

(a) 荷兰,德国,法国

(b) 军营中读书并习“人生全书”(The Great Book of Life)

(4) 隐居荷兰二十年(1629—1649)

(a) 思索求学

(b) 著书

(5) 瑞典女王师

(a) 应召作瑞典女王师(1649)

(b) 受寒死(1650)

(B) Descartes 与旧思想

(1) 放弃一切传统思想

(2) 但仍信仰神道学

(C) 数学家之 Descartes

(1) 数学为新科学之基础

(a) 亚里士多德与书院哲学中之科学以猜思居多

(b) 数学确实可证明

(2) 数学天才之 Descartes 创解析几何(Analytic Geometry)

(D) Descartes 之哲学

(1) 怀疑哲学之起发点

——“我想,所以我存在”(Cogito, ergo Sum)

(2) 哲学系统

(a) “自我”之存在

(b) 上帝之存在

(i) 人类意识自知不完善

(ii) 意识中之完善观念即上帝

(c) 物质之存在

(i) 人类感觉中之物质

(ii) 上帝必不欺人以虚幻

(3) Descartes 思想与书院哲学之分别

(a) 书院哲学

(i) 以教会信条为起发点

(ii) 以教会信条为归结

(b) Descartes 思想

(i) 以怀疑为起发点

(ii) 以教会信条为归结

(E) Descartes 地位之重要

(1) 新科学中机械宇宙之哲学化

(2) 教会之上帝地位渐失

(二) Spinoza(1632—1677)

(A) 犹太人

(B) 泛神论(Pantheism)

(1) 不满意于 Descartes 之三相并存论

(2) 万有皆为上帝之表现

(a) 上帝为全善之质

(b) 恶乃虚幻——与 Newton 及 Pope 之意相同

上帝(质)
(God or Substance)
|
灵　　物(空间)
(Mind)　(Matter)
|
人类万物之现象世界

(三) Leibnitz(1646—1716)

(A) 元子论(Monadology)——灵子论

(1) 灵子为宇宙间惟一真体

——与 Spinoza 相反

(2) 每灵子自为一小宇宙

(3) 灵子之系统

——上帝为最高灵子(The Supreme Monad)

(B) 空间相对论

(1) 攻击 Newton 之空间绝对与转动(motion)绝对论

(2) 灵子中之生气乃转动之原动力

(a) 宇宙非死的或机械的

(b) 宇宙之活动乃灵子中生气之系统表现

(C) 进化论

(a) 灵子之活动乃谋求达到完善地步(Perfection)之活动

(b) 罪恶乃此过程中之临时缺憾

(丙) 实验哲学

(一) Thomas Hobbes(1588—1679)

(A) 身世

(1) 神士家子弟

(2) 牛津教育

(3) 家庭私塾教师

(4) 四十岁时始研究哲学

(a) 无意中读几何学

(b) 数学与科学之继续研究

(B) 中心思想——转动哲学(Philosophy of Motion)

(1) 万事皆不过为转动

(2) 哲学乃因果关系之知识

——即物体转动学

(C) 唯物的宇宙人生观

(1) 万物因果之机械解释

(2) 人类心理之机械解释

(a) 心理只复杂之转动关系

(b) 意识生活乃感觉(脑中转动)之活动

(3) 社会之机械解释——尤为复杂

(D) Hobbes 哲学之特点

(1) 根据演绎的科学原理

(2) 非真正实验的哲学

(二) John Locke(1632—1704)

(A) 实验哲学家之 Locke

(1) 放弃不可解释之上帝永生问题

(2) 专注意于知识问题

——认识论(Epistemology)

(B) 知识论或认识论

——Essay on Human Understanding(1690)

(1) 求知方法为哲学之先决问题

(2) 求知方法——途径有二

(a) 官觉(Sensations)

(b) 心灵(the human mind)

(3) 心灵之观察与研究

——心理学渐取代玄学之地位

(C) Locke 之怀疑倾向

(1) 一切观念皆由官觉之观察与心灵之思索而来

(a) 一切知识皆由经验而来

(b) 个体之认识先于观念之认识

(2) 外物问题

(a) 真实存在的

(b) 但官觉不能明外物之真性

(3) 知识之限度

(a) 大半知识皆为大概的

(b) 最后问题非人类理性所能明了
——如上帝,永生,自由……

(c) 神示(Revelation)与理性并不冲突——"The Reasonableness of Christianity"

(三) Berkeley(1684—1753)——绝对唯心论

(A) 不承认物质之存在

(1) 知识之对象为外物

(2) 但知识及其对象是否相符乃不可解决之问题

(B) 神心与人心为惟一之真实

(1) 所谓物体乃上帝心中之观念

(2) 官觉乃上帝所赐人心之本能

(3) 官觉可明上帝心中之观念(物体)

(四) David Hume(1711—1776)

(A) 攻击一切知识基础之因果律(Law of Causation)

(B) 科学以及一切知识皆为虚幻

(1) 科学基础乃不可靠之因果律

(2) 所谓人心乃时刻流动的感觉之万花镜

(丁) 结束系统哲学之两大师

(一) Kant(1724—1804)

(A) 地位与特点

(1) 对实验哲学(Locke, Berkeley, Hume)之反动

(2) 划分科学哲学与神学之畛域

(a) 中古三者之合一

(b) Hume之怀疑主义危及一切知识

(B) 哲学系统

(1) 科学与哲学——Critique of Pure Reason《纯粹理性批判》(1781)

(a) 科学在现象世界万能(Phenomenalism)

(b) 直觉的理性方式之必要

——时间,空间,质,量,因果关系

(c) 真相(Ding-an-sich——Thing in itself)非理性所可知

(2) 哲学与神学——Critique of Practical Reason《实践理性批判》

(a) 宇宙为一大伦理系统

(i) 良心在伦理世界万能

(ii) 绝对道德律(The Categorical Imperative)

(b) 上帝,永生,与自由意志之信仰

(c) 美的经验证明人与宇宙有密切深奥之关系

(C) Kant之引申者

(1) Fichte (1762—1814)

(2) Schelling (1775—1854)

(3) Hegel (1770—1831)

(二) Goethe(1749—1832)

(A) 诗哲(Poet-Philosopher)——"Faust"《浮士德》

(B) 哲学系统之大概

(1) 宇宙为有目的之宇宙

(2) 天演论——万物之一体

(a) Goethe 发现人体与脊椎动物之构造相同

(b) 各种植物之相同

(3) 宇宙万物趋向一永不可达之目标

(a) 宇宙之意义在求达目标时之活动

(i) 不在目标

(ii) 不活动前进即等于死

(b) 活动过程中每步皆有价值

——Newton;Pope

参 考 书

Randall——The Making of the Modern Mind, chap. 10, 11

Stawell and Marvin——The Making of the Western Mind, chap. 32, 33, 38, 39

Rogers——A Student's History of Philosophy, pp. 242—467

Weber——History of Philosphy, pp. 305—535

Windelband——History of Philosophy, Part IV, V, VI

Morris——British Thought and Thinkers

Woodbridge——The Philosophy of Hobbes in Extracts and Notes Collected from his Writings

Fischer——Descartes and His School

Juverach——Descartes, Spinoza, and the New Philosophy

Russell——A Critical Exposition of the Philosophy of Leibnitz

Bourne——Life of John Locke

Fraser——Berkeley

Watson——Selections from Kant

Green——Introduction to Hume

Goethe——Faust

Santayana——Three Philosophical Poets, III (Goethe)

Höffding——History of Modern Philosophy

Seth——From Kant to Hegel

Adamson——Philosophy of Kant

Fischer——Kant

Caird——Hegel

第三十六章　旧制度时代之科学

（甲）背景

（一）天文学界之革命

——Copernicus 与 Galileo

（二）物理学界之革命

——Galileo 与 Descartes

（三）宇宙人生观之革命

——Bruno 与 Bacon

（四）革命之影响

（A）科学方法之普遍

（B）人类征服自然之心理

（C）宇宙为自然律支配之大机械

——Galileo 与 Descartes

（D）人类为无限宇宙中一小行星上之微小动物

——Bruno

（乙）Sir Isaac Newton（1642—1727）

（一）总括二百年来之科学发现

——Principia Mathematica（1686—1687）

（A）哥白尼至 Kepler 之太阳系说与行星转动之原理

（B）Galileo 之坠体原理

（二）宇宙吸力说（General Theory of Universal Gravitation）

（A）合以上二说

（B）全宇宙之科学系统化——（中古宇宙之宗教系统化）

（1）地球上之自然律可施之于星球

（2）明地球即可明全宇宙

（3）全宇宙为有定律而时刻转动之大机械

(4) 一理(吸力原理)为宇宙间大小个体之基本原理

(a) 全宇宙大小个体皆互相吸引牵制

(b) 宇宙原理之数学化(mathematical)

(三) 牛敦宇宙观为十七十八世纪智识阶级之普遍常识

(A) 风靡全欧

(B) 文学上之科学宇宙观——Alexander Pope(1688—1744)之 Essay on Man

(丙) 化学之初起

(一) 背景——中古之炼丹学(Alchemy)

(二) Robert Boyle(1627—1691)

——空气压力之研究

(二) Lavoisier(1743—1794)

(A) 水之分析

(B) 燃烧原理

(C) 专门名词之审定

(丁) 形式完成时代之科学理论

(一) 自然乃以几何学方法构成之大机械

(二) 自然律

(A) 普遍性

(B) 永久不变

(三) 理性之普遍与万能

(四) 真理之标准

(A) 合理性

(B) 普遍

(C) 合经验

(五) 理性的(the rational)与自然的(the natural)之一体

(A) 自然合乎理性

(B) 故凡合理性者必属自然

(戊) 形式完成时代之科学与大学

(一) 大学之抱残守缺与反动

(A) 仍守书院哲学之传统知识——Aristotle

(B) 轻视新科学

(二) 新科学家之科学研究会

(A) 新科学家之产生

(B) 旧智识阶级与新潮流大半无关

(1) 神士阶级

(2) 大学教授

参　考　书

Randall——Making of the Modern Mind chap.9,10,11

Marvin,F.S.——Science and Civilization,chap.5,6

Dewey,J.——Reconstruction in Philosophy,chap.2,3

Marvin,W.——History of European Philosophy,chap.23

Höffding,H.——History of Modern Philosophy,Vol. I,pp.212—235

Sedgwick and Tyler——A Short History of Science

Burtt,E.A.——The Metaphysical Foundations of Modern Physical Science

Cambridge Modern History,V,chap.23;VIII,chap.1

Lange,A.——History of Materialism

第三十七章　旧制度时代之文学

(甲) 古典文学与浪漫文学

(一) 古典文学

(A) 专注意礼节规则与上等社会

(B) 旧制度时代之正统文学(十七世纪)

(二) 浪漫文学

(A) 专注意人性情感与全社会全人类

(B) 古典文学之反动(十八世纪)

(乙) 路易十四时代之法国文学(1643—1715)

(一) 背景

(A) 艺术提倡者(Patron)之路易十四世

(B) 贵族妇女与茶话社(Salons)

(1) 社会礼节之规定

(2) 规则文学

(C) Journal des Savants(1665)

——近世最早艺术杂志

(二) 戏剧之发达

(A) 悲剧

(1) Pierre Corneille(1606—1684)

(a) 政治剧名著

(i) 人物皆政治界理想或主义之代表

(ii) 缺个性人格

(b) Le Cid——贵族战斗剧

(c) Les Horaces——私人情感与公共责任之冲突

(d) Cinna, ou La Clémence d'Auguste

(i) 无规则的自由与有纪律的专制之争

(ii) 结局——纪律的专制胜利,但须以仁慈宽恕为怀

(2) Jean Racine(1639—1699)

(a) 情感浓厚之悲剧家

(b) 名著——Phèdre

(B) 喜剧——Molière(1622—1673)

（1）讥笑贵族社会之泛文与虚伪

（2）名著

（a）Le Misanthrope

（b）Tartuffe

（c）Les Précieuses ridicules

（d）L'école des femmes

（e）Le Médicin malgré lui

（f）Le Bourgeois Gentilhomme

（三）其他文学

（A）箴言类

（1）箴言文学最后发达时代(十七十八世纪)

（2）名家——La Rochefoucauld(1613—1680)

（a）名著——"Maxims"

（b）内容

（i）深苛之讽刺——视自私心为人类主要动机

（ii）攻击君主以及人类之伪善

（B）尺牍类(Letters)

（1）尺牍文学最盛时代(十七十八世纪)

（a）信件体裁之严格

（b）长篇小说往往取尺牍式

（2）名家

（a）Madame de Sevigné(1626—1696)

（b）Fenelon(1651—1715)

（c）Mme. de Maintenon(1635—1719)

（C）小说类(Fables)

（1）La Fontaine(1621—1695)

（a）名著——"Fables"(以韵文描写人性化之禽兽)

（b）攻击贵族之傲慢行为

(2) La Bruyère(1645—1696)

(a) 名著——“Characters”——描写当时社会各种人物

(b) 攻击经济不平等制度下平民所受之压迫

(D) 宗教类

(1) Pascal(1623—1662)

(a) 人品

(i) 数学天才

(ii) 物理学家

(iii) 批评家

(iv) 宗教神秘家

属旧教 Jansenism 派

(b) Lettres Provinciales

(i) 攻击耶稣会(Society of Jesus)之虚伪与阴谋

(ii) 法国散文之名品

(c) Pensées

(i) 背景——新科学之空旷无涯宇宙

(ii) Pascal 以旧神秘学为此宇宙中之精神家乡

——Le silence éternel, des ces espaces infinis m'effraie

——Le coeur à ses raisons que la raison ne connait pas

(2) Bossuet(1627—1704)——讲演家

(丙)十七世纪之西班牙文学——戏剧

(一) Lope de Vega (1562—1635)

(A) 西班牙戏剧之创始者

(B) 相传著作有戏剧千篇

(二) Calderon(1600—1681)

(A) 十七世纪西班牙最大戏剧家

(B) 仍提倡中古式贵族之浪漫生活

(丁) 十七世纪之英国文学

(一) 清教文学(Puritan Literature)

(A) John Milton(1608—1674)

(1) 失乐园——Paradise Lost

(a) 上帝神意与人类自由之冲突

(b) 宇宙人类之悲剧

(i) 滥用自由意志

(ii) 由天使(angels)以至人类皆有此危险

(2) 重得乐园——Paradise Regained

(B) John Bunyan(1628—1688)

(1) Bunyan之清教主义(Puritanism)

(a) 注意宗教道德之细节

(b) 清教徒宜勉强他人守清规

(c) 一切情欲与享受皆为罪恶

(d) 反对美术

(2) 名著——The Pilgrim's Progress(1678)

(二) 复辟时代之文学——Restoration Literature(1660—1714)

(A) 清教时代后之反动

——放任时代之放任文学

(B) Dryden(1631—1700)

(1) 钦任诗人——Poet-laureate(1670—1688)

(2) 韵文名著

——Alexander's Feast

——Song for St. Cecilia's Day

(3) 戏剧

——All For Love (乃Antony与Cleopatra故事)

(4) 散文

(a) 第一大散文家

(b) Essay of Dramatic Poesie

(C) William Congreve(1670—1729)

(1) 戏剧家

(2) 名著——Double Dealer

——The Way of the World

(D) Samuel Pepys(1633—1703)

(1) 日记录(Diary)

(a) 以自造符号写录之私人日记

(b) 十九世纪初其符号读法始被发现

(2) 价值——当时巨细事务之宝鉴

(戊) 浪漫文学

(一) 特征与意义

(A) 伦理与社会之新估价

(1) 十七世纪贵族跛踬的繁复社会与规则文学之反动

(2) 非只文学革命亦思想革命

(a) 提倡平民之自由解放及平民文学

(b) 人类情感之文学化

(B) 长篇小说之产生与发达

(二) 长篇小说

(A) 法国

(1) Le Sage(1668—1747)

(a) 名著——Gil Blas

(b) 对英国小说界之影响

(2) Abbé Prévost(1697—1763)

(a) 名著——Manon Lescaut

(b) 第一合体裁之长篇小说

(3) Rousseau(1712—1778)

(a) 浪漫主义之先驱

——最早使人心与自然同化者

(b) New Heloise 或名 Julie(1759)

——爱自然、爱上帝、爱人类之情感生活

(c) Emile(1762)

——浪漫的教育哲学小说

(d) 忏悔录——Confessions

(i) 自传

(ii) 浪漫情感人格之极端表现

(B) 德国与俄国

(1) Goethe(1749—1832)

(a) 青年时纯为浪漫文学家(Storm and Stress)

(b) 名著——The Sorrows of Young Werther(1774)

——浪漫的青年自传

(2) Karamsin(1766—1826)

(a) 俄人而受欧西文学潮流影响者

(b) 名著——Poor Lizzie 或 Poor Liza(1792)

(C) 英国

(1) Daniel Defoe(c.1661—1731)

(a) 著名论辩家——论辩著作甚多

(b) 第一写实大家——小说之逼真

(c) 名著

(i) Robinson Crusoe

——英文中传流最广小说作品之一

(ii) Journal of the Plague Year

(2) Jonathan Swift(1667—1745)

(a) 深刻之讽刺家

(b) 名著

(i) Gulliver's Travels

(子) 当时之目的——讽刺人类

(丑) 今日之地位——儿童主要读品之一

(ii) A Tale of a Tub

——讽刺罗马教、英国教与加尔文教

(iii) Modest Proposal

——代爱尔兰人攻击英国虐政之滑稽文章

(3) Richardson(1689—1761)

(a) 英国结构精密小说之创始者

(b) 描写妇女心理之小说家

(c) 名著

(i) Pamela

(ii) Clarissa Harlowe(1748)

(4) Fielding(1707—1754)

(a) 与Richardson同为英国结构小说之创始者

(b) 名著

(i) Joseph Andrews——取笑"Pamela"

(ii) Tom Jones

(5) Laurence Sterne(1713—1768)

(a) 奇怪之滑稽小说家

(b) 名著

(i) Tristram Shandy

(ii) Sentimental Journey

(6) Tobias Smollett(1721—1771)

(a) 第一航海小说家

(b) 名著

(i) Roderick Random

(ii) Peregrine Pickle

(iii) Humphry Clinker(陆地小说)

(7) Oliver Goldsmith(1728—1774)

(a) 散文韵文与戏剧

(b) 小说名著——The Vicar of Wakefield

(三) 韵文与戏剧

(A) 法国——Beaumarchais(1732—1799)

(1) 戏剧家——喜剧

(2) 名著

(a) Mariage de Figaro

(b) Barbier de Seville

(B) 德国

(1) 背景

(a) 三十年战争(1618—1648)及德国文化之颓丧

(b) 百年间无文学可言

(2) Klopstock(1724—1803)

(a) 浪漫宗教的诗人

——Milton 及其他英国诗人影响

(b) 名著

(i) Messiah(史诗)

(ii) Odes

(3) Wieland(1733—1813)

(a) 法国文学影响

(b) 名著

(i) Agathon(浪漫故事)

(ii) Oberon(浪漫史诗)

(4) Lessing(1729—1781)

(a) 德国戏剧之创始者

(b) 名著

(i) Minna von Barnhelm

(ii) Nathan the Wise

(5) Goethe(1749—1832)

(a) 超文学家之诗哲

(b) 名著

(i) Faust

(ii) Iphigenie

(iii) Torquato Tasso

(iv) Hermann uud Dorothea

(v) 抒情诗(Lyrics)

(6) Schiller(1759—1805)

(a) 浪漫戏剧家与诗人

(b) 名著

(i) The Robbers

(ii) Maid of Orleans

(iii) William Tell

(iv) Wallenstein(三本)

(C) 英国

(1) 戏剧

(a) Goldsmith(1728—1774)

——She Stoops to Conquer

(b)Sheridan(1751—1816)

(i) The Rivals

(ii) The School for Scandal

(2) 诗词(十八世纪不发达)

(a) Alexander Pope(1688—1744)

(i) 古典诗人

(ii) 名篇

——Rape of the Lock

——Dunciad

——Essay on Man

(b) Thomas Gray(1716—1771)

(i) 学者,历史家,艺术赏鉴者

(ii) 著作少而精

——Elegy Written in a Country Churchyard

——The Bard

(c) James Thomson(1700—1748)

(i) 自然诗人

(ii) 名著——The Seasons

(d) William Cowper(1731—1800)

(i) 自然诗人

(ii) 名篇

——Task

——John Gilpin

(e) William Blake(1757—1827)

(i) 绘画家与浪漫神秘诗人

(ii) 名著

——The Tiger

——Songs of Innocence

——Songs of Experience

(f) Robert Burns(1759—1796)

(i) 古今苏格兰最大诗人

(ii) 名篇

(子) 歌——John Anderson, my Jo

——Auld Lang Syne

(丑) 诗——To a Monse

——To a Daisy

——The Cotter's Saturday Night

(3) 十八世纪英国其他名家

(a) Joseph Addison(1672—1719)与 Richard Steele(1672—1729)

(i) 短篇论文作家——新闻纸类

(ii) 名著——The Spectator

(b) Samuel Johnson(1709——1784)

(i) 著作无大价值

(ii) 名作乃 Boswell(1740—1795)所著 Johnson 传

(c) Edward Gibbon(1737—1794)

(i) 历史家——有文学价值之历史作品

(ii) 名著——The Decline and Fall of the Roman Empire

参 考 书

Stawell and Marvin——The Making of the Western Mind, chap. 30, 31

Boulanger——The Seventeenth Century

Macaulay——History of England, I, chap. 2, 3, 4

Stryienski——The Eighteenth Century

Macy, J.——The Story of the World's Literature

Jameson——Short History of European Literature

第三十八章 旧制度时代之美术

(甲) Baroque—Rococo 美术

(一) 现实人生的艺术

(A) 中古为宗教艺术

(B) 文艺复兴艺术亦局部为宗教的

(二) 为艺术而艺术

(A) 大艺术家之辈出——与系统哲学家系统科学家意义相同

(B) 贵族艺术

(三) 先驱——Lorènzo Bernini(1598—1680)

(A) 意大利人——画家雕刻家建筑家

(B) 路易十四招聘之——定法国艺术之基础

(乙) 比利时(Flanders)

(一) Peter Paul Rubens(1577—1640)

(A) 背景

(1) 赴意大利,受文艺复兴名作之影响

(2) 回国后被任命为宫廷画家(在 Antwerp)

(B) 题目

(1) 嬉戏欢乐的宫廷生活与游乐的情趣

(2) 描写人体之大家

(C) 晚年作品(1630—1640)

(1) 1630 娶第二妻而以之为模特儿

(2) 肉感美之作品

(二) Antonius van Dyck(1599—1641)

(A) Rubens 弟子

(B) 肖像画——乏想象力与创造力

(丙) 荷兰

(一) Frans Hals(1580—1666)

(A) 生活粗暴散漫

(B) 作品亦如此

(1) 半身像最足代表其作品

(2) 杰作——The Mandolin Player(洋琵琶演奏者)

(二) Rembrandt(1606—1669)

(A) 身世

(1) 小康之家出身

(2) 习法律

(3) 妻死破产(1642)

(B) 客观物质的美术家

(1) 代表作品

——“解剖学讲义”(Lesson in Anatomy)

(2) 无理想与梦想

(C) 自然现象之美

(1) 刹那情景与瞬间情绪之表现家

(2) 故作品多为

(a) 风俗画

(b) 肖像

(c) 平民画

(d) 滑稽画

(丁) 西班牙

(一) Ribera(1588—1656)

(A) 赴意大利游学

(B) 作品有意大利末期性

(二) Velasquez(1599—1660)

(A) 国民生活的描写——风俗画

(B) 宫廷生活的描写与肖像画

(戊) 法兰西

(一) 建筑

(A) Louvre(罗浮)王宫——路易十四时 Bernini 完成之

(B) Versailles(凡尔赛)王宫——N.F.Mansart 1598—1666(父)和 J. H.Mansart 1646—1708(子)

(二) 规范之雄大与装饰之华丽

(A) 建筑为法国美术主体——雄大建筑为路易十四时代伟大君主精密国体之表现

(B) 装饰术之发达

(C) 雕刻与绘画

(1) 精细纤巧

(2) 为极端斯文礼制社会之表现

(己) 法国革命与形式完成文化之末运

(一) 旧政治社会("旧制度")之推翻

(二) 系统思想之结束

(三) Baroque-Rococo 美术之消灭

参　考　书

Boulanger——The Seventeenth Century

Stryievski——The Eighteenth Century

丰子恺——西洋美术史

第三十九章　旧制度时代之末运

(甲) 革命新潮流

(一) 美法革命——旧制度之推翻

(二) 浪漫主义——旧精神之推翻

(A) 唯理主义 } 拘束之推翻
(B) 古典主义 }

(乙) 法国革命

(一) 旧政治之推翻——中等阶级之政治革命

(二) 旧社会之革命——中等阶级独盛之社会

(丙) 浪漫主义

（一）唯理主义与科学理想之不满人意（十八世纪末）

（A）艺术家与诗人之提倡想象与情感

（1）新艺术

（2）英国之浪漫诗人

（B）宗教复兴

（1）理性宗教与自然神教之破产

（2）旧宗教之复兴

（二）人性非理性方面之注重——Irrationalism

（A）“自然人”（natural man）并非理性人

——Rousseau

（B）人类社会之传统为自然的有价值的

（1）生命范围广于理智

——历史与经验之重要

（2）宇宙范围超过物理学原理

（三）信仰势力之膨胀

（A）宗教信仰

（1）德国内心宗教运动——Pietism

（2）英国 Methodism 运动——John Wesley

（3）罗马教之复兴与牛津运动（Oxford Movement）

（B）革命信仰

（1）Rousseau（1712—1778）

（2）德国之革命诗人——Storm and Stress

（四）信仰之辩护者及其理论——Kant 等

（A）个性发展之重要

（B）自然之人性化——自然中之意志与意识

（C）社会与制度为个人发展所必需

（D）民族传统与文化遗迹及其连续不断之变化为生活所必需

——史学之发达

（E）十九世纪社会科学之基础

参 考 书

Randall——The Making of the Modern Mind, chap. 16

Marvin, W. T.——History of European Philosophy, chap. 26

Dewey, J.——German Philosophy and Politics

Santayana——Three Philosophical Poets, Goethe, chap. 3

Merz, J. T.——History of European Thought in the Nineteenth Century, Vol. III, IV

Brandes, G.——Main Currents of 19th Century Thought

Heine——The Romantic School

Kant——Critique of Pure Reason

Watson——Selections from Kant

Rousseau——Emile; Confessions

Goethe——The Sorrows of Young Werther

Beers, H. A.——English Romanticism

Symons, A.——Romantic Movement in English Poetry

第五编　西洋文化第三期——欧美文明时代(1815后)

(甲) 欧西文化势力之扩张

(一) 文化区域之推广

(A) 中世纪限于西欧中欧——罗马教与拉丁文之势力区

(B) 殖民运动期间地域之日广(1415—1918)

(1) 西欧中欧

(2) 南美

(3) 北美

(4) 澳洲

(5) 南非洲

(二) 欧西文化之摹仿者

(A) 俄罗斯(1689)

(B) 日本

(三) 欧西文化势力或政治势力达到之土地(1900)

——全世界

(四) 十九世纪之欧化世界

(乙) 中等阶级之极盛与欧西文化之演成欧美文明

(一) 1789年前之中等阶级专政世界

(A) 荷兰

(B) 英国(局部内)

(C) 美国

(二) 1789年后中等阶级之政治胜利与经济胜利

(A) 政治胜利

(1) 法国大革命(1789—1815)

(a) 法律上全民平等

(b) 信仰自由

(c) 民权

(d) 国家主义

(2) 中等阶级式之国家主义革命(1820—1918)

(a) 南美诸国之独立

(b) 意大利之统一 } 统一战争(1866—1871)

(c) 德意志之统一 }

(d) 欧战后之东欧诸新国

(B) 经济胜利及其影响

(1) 实业革命与中等阶级之垄断经济生活

(2) 影响与结果

(a) 都市问题

(b) 劳工运动——新阶级之渐起

(c) 妇女运动

(三) 美国之发展与欧美文明之形成

(丙) 国家帝国主义(National Imperialism)——每五十年大战一次

(一) 国家主义与实业革命之结果

(二) 全世界之欧西化

(三) 帝国主义实现之方法

(A) 政治侵略

(B) 经济侵略

(C) 文化侵略

(四) 普及全世界之国际大战(1914—1918)

（五）继强

（A）十九世纪

（1）英

（2）英德争雄

（B）二十世纪

（丁）科学之大盛与惊人之科学发明——实用科学

（戊）宗教势力之日愈薄弱

（己）哲学之人生化与思想界之混乱

（庚）人生观问题

（辛）社会科学与社会理想

（壬）文学之千头万绪

第四十章 中等阶级革命与民治主义

（甲）中等阶级之政治革命

（一）英国革命之先驱地位(1642—1689)

（二）美国革命(1776—1783)

（三）法国革命(1789—1815)

（乙）中等阶级革命之背景与意义

（一）中等阶级之日盛与贵族阶级之日衰

（二）中等阶级之新政治学说

（A）John Locke

（B）Montesquieu

（C）Rousseau

（三）宪法制度(Constitutionalism)之成立

（A）政治组织有明文宪法规定

（B）废专制政治与传统法制

(丙) 民治宪法下之政治与社会

(一) 行政元首

(A) 或民选总统

(B) 或立宪君主

(二) 立法机关

(A) 两院

(B) 上院

(1) 或世袭

(2) 或代表行省或联邦

(C) 下院

(1) 代表人民

(2) 司财政

(三) 司法机关

(A) 或受立法机关支配

(B) 或受行政机关支配

(C) 或独立

(四) 社会阶级

(A) 法律上全民平等

(1) 主权属于全民——无阶级分别

(2) 全民选举之渐渐实现

(B) 贵族阶级

(1) 或全废

(2) 或存虚名

(3) 或与中等阶级同化

(4) 贵族思想之势力——保守主义

(五) 政治与宗教

(A) 或政教分离

(B) 或教会处附属地位

(六)公民自由之承认——The Civic Liberties

(A) 言论自由

(B) 出版自由

(C) 结社自由

(D) 信仰自由

(E) 身体自由——被拘与受审须按法律手续

(丁) 超法律之政治实况与社会分级

(一) 政党

(A) 种类

(1) 两党制——英美

(2) 多党制——欧陆(三组制)

(B) 功用与结果

(1) 全民平等理想之空虚

(2) 少数政客之操纵政治

——政客与政魁(boss)

(3) 资本之影响政治

(4) 新闻纸之宣传

(二) 两大阶级之社会

(A) 中等阶级或资本阶级

(B) 劳工阶级或无产阶级

(三) 贵族阶级之特殊地位

(戊)民治主义下之政治社会哲学

——保守主义、自由主义与社会主义

(一) 保守主义——代表未灭之传统势力

(A) 为特权阶级辩护

(1) 君主与贵族

(2) 教会

(3) 大地主

(B) 中等阶级理想之局部承认

(1) 私产权——田地

(2) 经济生活之仁抚政策(Benevolent Despotism)
——农业除外

(3) 国家主义

(C) 浪漫主义之承认——反对唯理主义

(1) 信仰之重要

(a) 理性乃惑乱势力

(b) 各国内与各国之上须有强有力之精神势力(教会)

(2) 社会之机体性

(a) 社会全体超理性之上

(b) 国家主义——国家为超国民之最高机体

(3) 传统之崇拜

(a) 历史态度之重要

(b) 各国须循其已往之国特性而发展

(c) 传统之美丽性

(D) 封建主义之理想化

(1) 功用社会(Functional Society)之提倡

(a) 专家的治人阶级之必需

(b) 特殊功用之阶级须享有特殊权利——中古之行会

(c) 各特殊权利阶级须受法律之特殊保护

(2) 社会须有宗教理想

(二) 自由主义——代表中等阶级

(A) 革命思想——法国革命与实业革命

(1) 自由

(a) 经济发展之自由主义与个人主义

(b) 自治——中等阶级政治

(2) 平等

(a) 机会均等

(b) 反对一切特殊权利

(3) 博爱

(a) 国家主义——反对地方思想

(b) 国家富强之目标

(B) 功利主义——十八世纪唯理主义之遗产

(1) Bentham(1748—1832)与J.S.Mill(1806—1873)
——个人自由之社会功用

(2) Cobden(1804—1865)与Manchester School(学派)
——贸易自由与大同主义

(C) 进步之崇拜

(1) 进步之工具

(a) 科学

(b) 实业

(2) 自然进化之信仰

(a) Spencer(1820—1903)

(b) Tennyson(1809—1892)
——Locksley Hall

(三) 社会主义——代表劳工阶级(见下章)

参 考 书

Randall——The Making of the Modern Mind, chap. 8, 14, 17

Robinson——Readings in European History, II, pp. 615—619

Robinson and Beard——Readings in Modern European History, II, pp. 467—478

Hayes——Political and Social History of Modern Europe, II, chap. 22—24

Marvin, F.S.——The Century of Hope, I, II, IV

Davidson, W. L.——Political Thought From Bentham to J. S. Mill
Cecil, Lord Hugh——Conservatism
Laski, H. J.——Problem of Sovereignty, chap. 5
Bosanquet——Philosophical Theory of the State, chap. 9, 10
Dewey, J.——German Philosophy and Politics
Hegel——Philosophy of Right
Philosophy of History
Small, A. W.——Origins of Sociology
Treitschke, H. von——Politics
Hophonse, L. T.——Liberalism
Barker, E.——Political Thought from Herbert Spencer to Present Day
Mill, J. S.——On Liberty; Representative Government; Political Economy
Humboldt, W. von——Sphere and Duties of Government
Spencer, H.——Social Statics; Progress, its Law and Cause

第四十一章 实业革命与社会革命

(甲) 背景——十八世纪中等阶级世界之英国

(一) 政体——君主立宪

(二) 经济组织

(A) 行会(Gilds)之废弛

(B) 新制度——资本合同制度或家庭工业制度

(1) 资本家分配原料(棉绒)与工人

(2) 工人于家中绒织后交货与资本家

(乙) 科学新发明与实业革命

(一) 纺织机之发明(1740—1790)

(A) 发明家——Kay, Hargreaves, Arkwright, Crompton, Eli Whitney

(B) 纺织工厂之渐起

(二) 蒸汽锅之发明与十九世纪之水汽时代

(A) James Watt(1769)

(B) 实用

(1) 纺织工厂中水汽之代人工

(2) 轮船——美人 Robert Fulton(1807)

(3) 火车——英人 George Stephenson(1825)

(4) 汽机与印刷业之革命

(5) 各种机器之水汽化

(三) 电之发明与交通革命

(A) 电报(1774—1844)——与铁路并行

(B) 海底电线

(1) 英伦海峡(1851)

(2) 大西洋(1858—1865)

(C) 电话(1861—1876)

(D) 电灯(1841—1878)

(E) 电车(1873 后)

(F) 无线电(1895—1899)——Marconi

(G) 电的功用之推广与二十世纪之电时代

(四) 实业革命(The Industrial Revolution)

(A) 起于英国(1760 左右)

(B) 播布于欧陆(1815 后)

(1) 法国革命潮流毁灭各国之行会

(2) 1815 后工人不受行会束缚,故实业革命易于实现

(C) 实业革命之连续性——至今仍在进行

(D) 煤铁之重要

(1) 英,德,法,比

(2) 美国

(丙)实业革命之影响于社会

(一)财富之骤增

(A)大规模大数量之货品制造

(B)价格之低降

(C)消费量之增加——例

(1)1760英国棉织品之总额——200,000

(2)1910年之情形

(a)总额——120,000,000

(b)增加率——百五十年间财富增加六百倍

(二)原料与市场之日增

(A)交通革命前不可达到之原料与市场,今日亦可达到

(B)市场之必要与帝国主义

(三)机器工厂之大增与资本主义之胜利

(A)机器价格甚昂,只少数资本家能购置之

(B)机器需要储存所

(1)工厂之日多

(2)工人之集中于城市

(C)工厂与投资制度之大盛

(1)国中投资人数甚多——股票制度之便利

(2)但大半资本操于少数人手

(四)人口之暴涨与集中于城市

(A)货品之增加影响于人口之增加

(B)城乡人口之比例

(1)十八世纪前大多数人民居农乡

(2)实业革命后人口移居城市之倾向

(a)今日英国乡民少于十八世纪

(b)今日英国人口四分之三居住城市

(C)城乡人口比例大变之原因

(1) 城市工厂需要大批工人

(2) 农业机器之发明与肥料之制造

(a) 改良农业增加农产数量

(b) 减少农工量数之需要

(五) 都市问题

(A) 背景

(1) 封建时代之市镇(markettown)——附属农乡

(2) 君主专制时代之城市——与农乡并立

(B) 今日都市重心之西洋文化(法国革命后)

(1) 中等阶级之全盛与人口之集中于都市

(2) 政治社会经济事业与思想生活之集中于少数大都市(Metropolis)

(C) 都市中之住房问题与家庭问题

(1) 数家共--房之现象

(2) 迁徙之风气

(3) 家庭之无形消灭

(六) 劳工阶级生活之艰苦

(A) 工作情形之黑暗

(B) 工作时间之过长——多至十四或十六小时

(C) 工价之过低

(D) 工人不准联合之禁令

(E) 妇孺工作之黑暗与壮丁之失业问题

(F) 陋巷问题——The Slums 贫民窟

(丁) 资产阶级之学说

(一) 中等阶级之政治哲学——自由主义(Liberalism)

(A) 宗教自由——反对神士阶级之干涉政事

(B) 立宪政体——反对君主之独裁

(C) 国家主义——反对地方思想之阻碍经济发展

（二）中等阶级之经济哲学——放任主义(Laissez-faire)

（A）反对重商主义

（1）提倡经济自然律

（2）重商主义违反自然律

（B）提倡经济发展之自由

（1）贸易自由(free trade)——Adam Smith(1723—1790)
——此学说之被实业革命后资本家借用与利用

（2）实业自由

（a）Malthus(1766—1834)

（b）Ricardo(1772—1823)

（三）中等阶级之伦理哲学——个人主义(Individualism)

（A）提倡自由以自由人(the free man)为理想

（B）自由竞争,适者为当然之领袖

（戊）劳工阶级及其学说

（一）劳工阶级懦弱之原因

（A）无知识——平民教育之不兴

（1）十九世纪前半期实行平民教育者只普鲁士一国

（2）他国之教育概操诸教会或私人之手

（a）英国第一平民教育法——1870

（b）法国第一平民教育法——1881

（B）无组织

（1）中等阶级之政府禁止工人组织工会

（a）英国开禁最早——1824—1825

（b）法国至1864始准工人联合

（2）最初之劳工运动及其失败

（a）英国——宪章运动 Chartism(1838—1848)

（b）法国——革命运动(1848)

（二）慈善事业及其失败

(A) 慈善事业为最初救济工人之方法

(1) 创办者——中等阶级中之慈善家

(2) 种类

(a) 施医院

(b) 施牛奶院

(c) 改良工人住宅会

(B) 但慈善事业不能解决劳资关系之根本问题

(三) 劳工阶级之学说与自助

(A) 理想社会主义(Utopian Socialism)

(1) 继慈善事业而谋解决劳工问题之方法

(2) 提倡者

(a) Robert Owen(1771—1858)

(i) 提倡劳资合作

(ii) 建设模范工厂——有条件的成功

(iii) 建设模范市——失败

(b) Saint-Simon(1760—1825)

(i) 提倡社会之基督教化

(ii) 由科学专家经理实业以谋全社会之利益

(c) Louis Blanc(1811—1882)

(i) 提倡国立工厂

(ii) 1848 法国之革命——失败

(B) 科学社会主义(Scientific Socialism)

(1) 提倡者——Karl Marx(1818—1883)

(a) 身世

(i) 德国之犹太人

(ii) 英国实业革命情形之观察与研究

(b) 主要著作

(i) The Communist Manifesto(1848)

——与 Engels 合著

(ii) Capital(1867)

(2) 马克斯主义

(a) 乃人生哲学——非只经济哲学

(b) 注重平等——中等阶级之思想注重自由

(i) 谋求大多数平民之利益

(ii) 国有一切生产工具

——机器,工厂,铁路,矿……

(c) 提倡劳工阶级之阶级意识

(i) 经济史观与劳工阶级取代中等阶级之信仰

(ii) 阶级意识可促革命之早临

(3) 马克斯主义下之劳工阶级政治运动

(a) 各国有工党——社会民主党(Social Democrats)

(b) 全世工人有国际工人联合会

——International Workingmen's Association (1862—1864)

(i) 以国为会员单位

(ii) 第一国际

(C) 无政府主义(Anarchism)与工团主义(Syndicalism)

(1) 起源——为劳工运动

(2) 精神——为中等阶级自由主义之极端表现

(己)劳资问题之可能解决方法——两种

(一) 内乱或阶级战争

(A) 暂时

(1) 罢工(Strike)

(2) 罢雇(Lockout)

(B) 最后

(1) 英国之宪章运动(1838—1848)

(2) 法国之工人革命(1848)

(二) 和平方法

(A) 平时——劳工立法(Labor 或 Social Legislation)

——以英国为标准

(1) 工人联合之承认(1824—1825)与工会之组织

(2) 保护童工法——Factory Act(1833)

(3) 保护矿工法——Mines Act (1842)

(a) 禁止妇孺为矿工

(b) 但壮丁不在保护之列

(4) 十九世纪后半期劳工法之繁多

(a) 妇孺工作之限制或禁止

(b) 工作时间之规定

(c) 工厂卫生法

(d) 工厂检查员之设立

(5) 二十世纪之劳工保险法(1911 后)

——德国于十九世纪末首先提倡

(a) 疾病保险

(b) 意外保险

(c) 衰老保险

(d) 失业保险

(B) 非常情形——第三者公断

(庚)妇女运动(Feminism, The Woman's Movement)

(一) 背景——妇女之寄生附属地位

(A) 宗教、科学与哲学之态度

——"弱性"观念(The Weaker Sex; The Weaker Vessels)

(B) 地位与职业

(1) 母职与家务为妇女惟一职业

(2) 家庭为妇女惟一活动区域

(3) 无谋求其他职业之机会

(a) 宗教内

(b) 政治内

(c) 经济内

(C) 妇女为男子附属品

(1) 经济的附属

(a) 须受父兄或丈夫之赡养

(b) 无财产权——妻产属于丈夫

(2) 法律的附属

(a) 在法律上为未成人者(Minor)
——不能控告或被告

(b) 犯民事则由父兄或丈夫负责
——惟犯刑事则自己负责

(c) 家庭内附属——子女属父而不属母

(D) 妇女无受教育之机会

(1) 妇女愚顽之普遍成见
——知识妇女为社会所不齿

(2) 少数女子学校

(a) 课程

(i) 音乐

(ii) 跳舞

(iii) 礼节

(b) 目的——增加求夫之机会

(E) 侠义制度(Chivalry)

(1) 男子对女子之体贴保护责任

(2) 中古武士道与浪漫恋爱理想

(二) 妇女运动之初起

(A) 法国革命

(1) 国民会议中少数妇女之请愿

(a) 女权宣言(Declaration of the Rights of Women)

(b) 请求男女平权——失败

(2) 拿破仑之反动

(B) 英国——Mary Wollstonecraft(1759—1797)

(1) Vindication of the Right of Women(1792)

(2) 理论

(a) 男女天赋本能之平等

(b) 男女机会平等之要求

(C) 实业革命

(1) 家庭工业之渐消

(a) 大批妇女进工厂工作

(b) 妇女特受欢迎

(i) 工价低廉

(ii) 顺服易制

(2) 少数妇女渐渐袭入其他职业

(三) 妇女参政运动(Woman Suffrage)

(A) 妇女参政之哲学家——J.S.Mill(1806—1873)

(1) 协同妇女须领袖,设全国妇女参政协进会

——National Society for Women's Suffrage(1866)

(2) 著"The Subjection of Women"(1869)

——提倡男女平等之经典

(3) 1867 年之 J.S.Mill——国会改良法

(a) Mill 加入女权条文之修正案

(b) 失败——196 对 73 票

(B) 妇女参政会之蜂起

(1) 宣传运动

(2) 国会中提案之屡起——"No taxation with out representation"之口号

(3) 成绩

(a) 妇女产业法(1882)

(b) 父母对子女之平权法(1886)

(c) 高等教育机会与各种职业机会之开放

(C) 武力妇女运动(Militant Feminism;The Suffragettes)

(1) 妇女社会政治联合会之设立

——Women's Social and Political Union(1903)

(a) 创设者——Mrs. Emmeline Pankhurst 及其二女 Christabel 与 Sylvia

(b) 进行方法

(i) 考问追讯有名政客

(ii) 召集大会

(iii) 起暴动捣乱——放火,毁邮政信箱,割电线,捣乱国会,与警察斗交手战

(iv) 罢食(Hunger Strike)

(子)被拘后之消极抵抗方法

(丑)狱吏之抵御方法

——强迫喂食(forcible feeding)

(四) 欧洲大战与妇女参政运动之成功

(A) 英国

(1) 战期间妇女之功绩

(2) 1918 妇女选举法

(3) 1928 男女完全平等法

(B) 法国

(1) 妇女运动薄弱

(2) 妇女尚无参政权

(3) 各种职业机会之公开

(4) 财政权

(C) 德国

(1) 1919新宪法中之男女平等

(2) 政治社会经济事业之完全公开

(D) 美国

(1) 运动者

(a) Mrs. Carrie Chapman Catt

(b) 妇女参政联合会——Woman's Suffrage Association

(2) 1919—1920之宪法修正案

(E) 其他各国大半成功

(五) 妇女运动与家庭制度

(A) 妇女有家庭外职业者之日多

(B) 家庭工作之渐废

(1) 炊洗缝纫皆成家庭外之专业

(2) 儿童有官立小学与白昼育婴院(day nurseries)照应

(C) 离婚日多男女滥交与家庭破产之倾向

(六) 妇女运动解放思想与人口问题

(A) 妇女运动为解放潮流中之一支流

(B) 男女个人完全解放之结果

(1) 个人自由超过民族利益之心理

(2) 伴侣婚姻节制生育与人口减少之危机

——优秀分子生产率之日减(全部人口尚有增加)

参考书

Randall——The Making of the Modern Mind, chap. 13, 17, 22

Stawell and Marvin——The Making of the Western Mind, chap. 42

Hayes and Moon——Modern History, chap. 14, 21, 28

Hayes——Political and Social History of Modern Europe, II, chap, 18, 19, 21

Ogg——Economic Development of Modern Europe, chap. 3, 4, 7—11, 19—23, pp. 369—382

Cross——History of England and Great Britain, chap. 48—51, 53

Slater——The Making of Modern England, Introduction, chap. 2—4, 7, 9—13, 16, 17, 21

Cambridge Modern History, IX, 23; X 23, 24; XI, 1; XII, 23

Schapiro——Modern and Contemporary Europe, chap. 3, 24

Ogg——Social Progress in Contemporary Europe

Robinson and Beard——Readings in Modern European History, chap. 18, pp. 478—505

Cheyney——Industrial and Social History of England, chap. 7, 8

Cunningham——Western Civilization, II, pp. 225—267

第四十二章　国家主义、帝国主义与和平大同主义

(甲) 国家主义

(一) 意义

(A) 民族为最高主权者

(1) 得谋政治自由

(a) 比利时(1830)

(b) 意大利(1861)

(c) 德意志(1870)

(d) 巴尔干半岛诸国

(2) 得定政体

(a) 1830之法国革命

(b) 1848之法国革命

(B) 中等阶级之政治理想

(1) 法国革命之影响

(2) 实业革命之影响

(二) 国家(Nation)之特征

(A) 统一的民族——假定的

(B) 统一的语言

(1) 大致的

(2) 且有例外

(C) 统一的土地

(D) 特殊的习惯风俗——跳舞,服饰,民歌

(E) 特殊或统一的宗教——有例外

(F) 共同之历史

(三) 宗教性的国家主义

(A) 国家主义为今日惟一能使大多数人民牺牲性命之理想

(B) 宗教仪式

(1) 战争

(2) 帝国侵略

(C) 宗教传习

(1) 学校

(2) 新闻纸与杂志

(3) 书籍

(4) 礼拜堂

(D) 宗教旗帜与口号

(1) 国旗

(2) 国歌

(3) 口号

(a) My Country, right or wrong!

(b) Deutshland, über alles

(E) 普遍性

(1) 国籍为人人所必需

(2) 爱国精神为国家主义之普遍表现

(乙) 帝国主义

(一) 帝国主义之两方面

(A) 西洋各国之互相侵略

(B) 西洋民族对其他民族之侵略

——全世界之西洋化

(二) 帝国主义之原动力

(A) 土地野心

(1) 国家主义之自然结果——大国家主义

(2) 爱国精神之自然表现

(B) 海外投资及其保护

(C) 军事枢要——例

(1) Alsace—Lorraine

(2) 高丽

(D) 广播优秀文化之志愿

(1) 种类

(a) 英——The White Man's Burden

(b) 美——Manifest Destiny

(c) 德——Kultur

(2) 目的

(a) 宣传基督教

(b) 推广教育

(c) 经济发展

(三) 帝国主义之势力与影响

(A) 势力普遍全世界

(1) 世界国家之分为两种

(a) 帝国主义国家

(b) 受帝国主义压迫之国家或民族

(2) 极少数之不重要例外

(B) 普法战争后战争之主要原因

(1) 战争之日愈激烈

(2) 战争范围之普遍全世界

(丙) 反国家主义反帝国主义之理想

(一) 大同主义(Cosmopolitanism)

(A) 理论与根据

(1) 否认国界之存在

(2) 全人类以个人资格或团体资格合作

(3) 竞争与战争之有百害无一利
——胜者与败者之同样受损失

(B) 理论家

(1) H. G. Wells

(2) Thorstein Veblen——The Nature of Peace

(3) Norman Angell——The Great Illusion

(4) Karl Marx——The Communist Manifesto

(C) 具体化

(1) 资本阶级

(a) 全世银行家之合作——国际银行

(b) 实业商业——Trust, Cartel

(2) 劳工阶级

(a) 第一国际

(b) 第二国际

(二) 国际主义(Internationalism)

(A) 理论与根据

(1) 承认国界

(2) 列国合作

(3) 以和平竞争方法减少或消灭武装战争

(B) 理论家

(1) Woodrow Wilson

(2) 其他

(C) 具体化

(1) 国际联盟会

(2) 国际公断法庭

(3) 国际银行

(4) 非战公约

(5) 缩减军备之协定

(三) 和平主义(Pacifism)

(A) 理论

(1) 战争为最大罪恶

(2) 国家主义之罪恶

(3) 个人非战之义务

(B) 理论家

(1) Leo Tolstoi

(2) Roman Rolland

(3) Bertrand Russell

(C) 具体化

(1) 和平主义者(Pacifists)

(2) 不抵抗主义者(Non-resistants)

(丁) 国际局面

(一) 均势局面之仍旧

(A) 欧洲均势与世界均势——殖民地

(B) 新元素——民族革命

(二) 革命与战乱

(A) 1832

(B) 1848

(三) 大战

(A) 德意志统一战争(1866—1871)

(B) 欧洲大战(1914—1918)

参 考 书

Randall——The Making of the Modern Mind, chap. 17, 22

Hayes and Moon——Modern History, pp. 586—591, 691—694

Hayes——Political and Social History of Modern Europe, II, chap. 27

Robinson——Readings in European History, pp. 620—621

Hayes——Essays on Nationalism

Moon——Imperialism and World Politics

第四十三章 美国之富强与西洋文化重心之渐渐转移

(甲) 美国历史之分期

(一) 独立与统一(1776—1865)

——于文化上仍为欧洲附庸

(二) 富强(1865—1917)

——于文化上与势力上渐与欧洲并立

(三) 西洋文化重心(1917后)

——地位之重要渐超欧洲之上

(乙) 独立与统一(1776—1865)

（一）独立之成功(1776—1783)

（二）宪法之发展(1776—1789)

　（A）地方分治与中央集权之竞争

　（B）政党之初起——两党制

（三）实业革命

　（A）英国之影响

　（B）南北经济生活之分歧

（四）西向发展与人口之骤增

　（A）增加原因

　　（1）天然增加

　　（2）欧洲移民

　（B）人口

　　（1）1790——四百万弱

　　（2）1860——三千一百万强

（五）南北之竞争

　（A）农业——南方

　　（1）封建式之贵族社会

　　（2）奴隶制

　（B）工商业——北方

　　（1）中等阶级专政

　　（2）自由之劳工

（六）地方意见之日深与内乱

　（A）奴隶问题成竞争焦点

　（B）战争(1861—1865)

　（C）北方之胜利与统一国家之成立

　　（1）中央集权之胜利

　　（2）奴隶制之取消

　　（3）封建式社会之取消与中等社会之全盛

（丙）富强之过程（1865—1917）

（一）资本势力之大增

（A）天然原料之丰富

（1）土地

（2）矿产

（B）人口之暴增

（1）1860——31,000,000

（2）1900——76,000,000

（C）专利大公司之成立

（1）煤油

（2）钢铁

（3）糖

（4）酒

（D）铁路之修造

（1）交通便利对于政治经济发展之影响

（2）私有铁路对于资本势力之贡献

（E）大银行家之兴起

（F）都市生活之日渐重要

——人口之集于城市

（二）劳工运动

（A）实业革命与无产阶级之大增

（B）劳工组织之困难

（1）经济无着

（2）法律与新闻纸之反对

（3）工人之缺乏经验与教育

（4）语言种族与意见之分歧

（5）女工黑工与外国工人问题之困难

（C）National Labor Union（1860—1872）

(D) The Knights of Labor(1869)

(E) The American Federation of Labor(1881)

(1) 承认资本主义——反对极端社会主义

(2) 不直接参政

(F) 社会主义之兴起

(三) 农业革命

(A) 农业发展——普及全大陆

(B) 自由农制之普遍——南方奴隶制之取消

(C) 农业之资本主义化

(1) 自由农势力日微

(2) 农业机器之发明

(3) 人口之增加,公田(free land)之消灭及其影响

(a) 田价之提高

(b) 农人向银行借款之日多

(c) 佃户制之日盛

(d) 农债之日增

(四) 帝国主义

(A) 领土之扩张

(1) Alaska(1867)——购自俄国

(2) Samoa(1889—1900)

(3) Hawaii(1898)

(4) Philippines(1898)

(5) Porto Rico 与 Guam

(B) 经济帝国主义——南美与中美

(1) 实业革命之影响——原料与市场

(2) 门罗主义与泛亚美利加主义

——美国之富强与门罗主义之渐被国际所默认(1920 凡尔塞条约正式承认之)

(3) 租借、购买与征服

(4) 经济侵略

(5) 势力区

(a) Caribbean 群岛

(b) Cuba

(c) Panama Canal Zone

(d) Santo Domingo 与 Haiti

(e) 墨西哥

(i) 煤油

(ii) 田地问题

(f) 中美诸小国

(6) 美国与南美诸大国之关系

(丁) 西洋文化重心之美国(1917)

(一) 经济财政重心

(A) 欧战(1914—1918)前美国为欧洲资本之投资地

(1) 国债

(2) 私人投资

(B) 战后情形相反

(1) 欧洲成美国资本之投资地

(2) 纽约代伦敦为财政重心

(二) 国际政治重心

(A) 传统政策之渐消

(1) 1917 参战为美国第一次参加欧洲内部问题

(2) 战后之临时反动及其失败

(a) 否认凡尔塞条约——不加入国际联盟

(b) 但经济关系使美国不得不干涉国际政治

(B) 召聚或参加国际会议

(1) 华盛顿会议(1921—1922)

(2) 日内瓦海军会议(1927)

(3) 非战公约(1928)

(4) 加入国际法庭(1930)

(5) 伦敦海军会议(1930)

(6) 非正式参与国际联盟各种会议

(三) 工商业之发达与税关之高垒

(A) 经济混乱财政破产世界中之乐园

(B) 经济势力政治影响渐渐侵入全世各国

参考书

Beard——Rise of American Civilization, 2 vols

Parrington, V. L.——Main Currents of American Thought

Faulkner——Economic History of the United States

Channing——History of the United States

Turner, F. J.——The Frontier in American History

Paxson——History of the American Frontier

Stowe——Uncle Tom's Cabin

Carman——Social and Economic History of the United States

Siegfried, A.——America Comes of Age

Bryce, J.——The American Commonwealth

Bassett, J. S.——Short History of the United States

Hockett, H. C. and Schlesinger, A. M.——Political and Social History of the United States, 2 vols

第四十四章　欧美文明时代之哲学

(甲) 十九世纪哲学之特点

（一）注意实验科学的与实际人生的问题

（A）唯物哲学

（B）社会哲学

（C）伦理哲学——人生价值之成为哲学中心问题

（1）乐观主义

（2）悲观主义

（二）放弃不可解决的最后问题

（A）上帝之存在与性质问题

（B）灵魂与永生问题

（C）善恶问题

（D）自由意志问题

（三）与宗教完全脱离关系

（A）最后问题皆宗教问题

（B）宗教无哲学辅助，故日渐衰弱

（四）哲学系统之渐消与哲学派别之渐起

（A）前此哲学属于创造的系统哲学大家

（B）此后哲学属于因袭的道统哲学派别

——精神创造力之消灭

（五）进化论的历史观与理想世界观

（乙）十九世纪哲学先驱之 Schopenhauer（1788—1860）

（一）生命与人生为哲学中心问题

（二）意志之世界——The Will to Life

（三）悲观论与解脱方法

（丙）唯物哲学——天演论

（一）哲学天演论之先驱

（A）Leibnitz

（B）Schelling

（C）Hegel

(D) Goethe

(E) Lamarck

(1) 适应环境

(2) 特性遗传

(二) 达尔文——Charles Darwin(1809—1882)

(A) 天然选择(Natural Selection)

(1) 物类之繁殖与食品之有限

(2) 物竞天择

(a) 天然差异

(b) 少数适者之遗传与生存

(B) 神意神旨之消极否认

(1) 机体生物之机械化

(2) 无目的之无限进化

(三) 天演论之征服学术界——Herbert Spencer(1820—1903)

(A) 宇宙间一切现象皆为天演进化的

(1) 宇宙进化观——星雾以至星球

(2) 生物进化观——下等生物以至高等生物

(3) 社会进化观

(a) 原始社会以至繁复文明社会

(b) 伦理之功用——助社会进化

(B) 天演之定义

——由无定形的简单现象变为有定形的繁复现象

(丁) 社会哲学与伦理哲学

——哲学变为社会学、经济学、幸福学

(一) Auguste Comte(1798—1857)之实验主义(Positivism)

(A) 背景

(1) 社会主义者 Saint-Simon 之弟子

(2) 个人主义与无政府状态之反动——法国革命

(3) 十九世纪思想之混乱

(B) 目的

(1) 统一社会

(2) 统一思想

(C) 实验主义

(1) 科学知识之崇拜

(2) 人类社会经过之三级

(a) 神道时代

(i) 自然现象之神秘解释

(ii) 神命之信仰

(b) 玄理时代

(i) 放弃神命神意

(ii) 抽象动力之信仰

(c) 实验时代

(i) 只注意实验科学之知识与结论

(ii) 现象以外之问题概付阙如

(3) 社会实验科学(社会学)之创立

(a) 科学之极峰

(i) 科学之等级——数学,天文学,物理学,化学,生物学,社会学

(ii) 社会学即人类幸福学

——科学之递进,社会学谋幸福之目的

(b) 社会之高于个人

(i) 科学家组成之顾问阶级

——普通人民不得有思想自由

(ii) 资本家组成之支配阶级

(子) 实业基础的政治组织

(丑) 科学家之道德影响与劳工者之和平罢

工为阻止资本政府腐化恶化之工具

（二）Herbert Spencer——社会学

（A）社会之机体性——进化论

（B）个人主义

（1）提倡个人自由

（2）反对社会或国家万能说

——与 Comte 相反

（a）国家只有维持社会治安权

（b）社会进步由于自然律之演化，非可强致

（三）Karl Marx（1818—1883）

（A）经济的唯物史观

（1）社会生活之基础为经济的

（a）社会一切现象皆有经济背景

（b）经济乃社会一切活动之最后原动力

（2）社会进化之步骤

（a）阶级之交替

（b）无产阶级专政——影响

（B）资本制度之分析

（四）功利主义——Utilitarianism

（A）Bentham（1748—1832）

（1）大多数之最高幸福

（2）苦乐之趋避为主要问题

（3）个人主义为基础

（B）J. S. Mill（1806—1873）

（1）苦乐主义之放弃

（2）苦乐标准之提高——道义之乐

（五）极端为我之个人主义与个人幸福论

——M. Stirner（1806—1856）

(A) 社会主义盛行时代之反动

(B) 名著——The Individual and His Own(1844)

(1) 个人为惟一之标准与惟一之目的

(a) 人类乃抽象观念——神道学与玄学之最后痕迹

(b) 个人为惟一具体之真实

(2) "我一概不管"主义(I care for nothing)

(六) Nietzsche(1844—1900)

(A) 强权意志(Will to Power)与超人(The Superman)

(B) 意志活动之超出善恶(Beyond Good and Evil)

(1) 强权即善

(2) 懦弱即恶

(C) 一切价值之重新估价(The Transvaluation of all Values)

(1) 主人道德与奴隶道德

(2) 超人之产生为历史之意义与人生之目的

(D) 尼采主义之发挥完成者

(1) Ibsen(1828—1906)

(a) 新估价

(b) 新妇女——Nora(1879)

(2) George Bernard Shaw(1856)

(a) 超人实现之方法

——Man and Superman(1903)

(i) 达尔文天然选择与尼采超人理想之混合

(ii) 超人之传种滋生

(b) 超人之实现

——Major Barbara(1905)

(戊) 今日哲学之派别化

(一) 创造思想之绝灭

(二) 各派之沿袭前哲

(A) 唯心哲学

(B) 唯物哲学

(C) 神秘哲学

(D) 通俗哲学

(三) 真正有势力之人——小说家与戏剧家(人生哲学)

参　考　书

Randall——The Making of the Modern Mind, chap. 16—19,21,22

Merz——History of European Thought in the 19th Century, Vols Ⅲ

Windelband——History of Philosophy, Part Ⅶ

Rogers——A Student's History of Philosophy, pp.468—506

Weber——History of Philosophy, pp.544—603

Perry——Present Philosophical Tendencies

Perry——Present Conflict of Ideals

Eucken——Main Currents of Modern Thought

Shaw——The Quintessence of Ibsenism

第四十五章　科学之发达与科学态度之普遍

(甲) 背景

(一) 科学之时代性

(A) 近世初期科学注意物体转动问题(Matter in Motion)

(1) 天文学物理学与数学

(2) Copernicus, Kepler, Galileo, Newton

(B) 十八世纪科学注意物体结构问题

(1) 化学之发达

(2) 原子论(The Atomic Theory)

(C) 十九世纪科学注意生物问题

(1) 生物学之发达——他种科学亦同时并进

(2) 天演论

(二) 十九世纪科学之两系潮流

(A) 自然一律主义——各种科学之发达

(1) 形式完成时代自然一律主义只应用于无机宇宙

(2) 十九世纪始应用于有机宇宙——有机体之机械化

(B) 天演论

(1) 宇宙

(2) 地球

(3) 生物

(乙) 自然一律主义(Naturalistic Uniformitarianism)

(一) 意义——自然律与因果律万古不变

(A) 人类一切知识学术皆须根据机械之解释

(B) 万物原始皆须根据机械之解释

(二) 自然一律主义下之科学界

(A) 物理与化学之原理混一

(B) 生物学之机械化

(C) 人性研究之机械化

(丙) 物理与化学之原理混一

(一) 基础原理——原子论与电子论(Electron)

(A) 电子之动力为物理与化学之基础原理

(B) 一切物理现象与化学现象皆电子动力之表现

(1) 电子乃活动之电力——力与物体之一而二、二而一

(2) 一切物体皆电子所组成

(3) 磁力乃电子活动所引起

(4) 光乃电子活动所引起之波动

(二) 科学宇宙之一元化

（丁）生物学原理之机械化

（一）一切生物活动皆为化学作用

（二）人造生物理论上之可能

（戊）人类心理学原理之机械化

（一）心理学研究对象为神经系中之生理变化

（A）Wundt(1832—1920)

（B）William James(1842—1910)

（二）行为心理学(Behaviorism)

——John B. Watson

（A）研究神经系对各种刺激之反应

（B）人类心理亦为物理与化学作用

（己）机械主义(Mechanism)与天演论

（一）背景

（A）机械主义之普遍

（B）浪漫时代革命时代之千变万化与进化主义之日盛

（1）法国革命

（2）历史学之发达与历史态度(进化观或变化观)之渐盛

——万物原始之新解释

（3）社会一切现象之溯本求源

（C）十八世纪之进化主义(Progress)

（1）Buffon(1707—1788)

——Natural History(1749)

（a）自然界由低而高之渐渐发展

（b）人类为自然进化之极峰

（2）G. E. Lessing(1729—1781)

——Education of the Human Race(1780)

（a）神灵之启示(revelation)乃全人类之教育(与个人之教育处同等地位)

(b) 启示乃逐渐不断的(与个人教育同)

(3) Herder(1744—1803)

——Philosophy of History(1774)

(a) 文化乃由简而繁之进化程序

(b) 影响甚大——Schelling, Hegel

(二) 天文学——太阳系之演化

(A) Laplace(1749—1827)

——Treatise on Celestial Mechanics(1799)

(B) 星雾说(Nebular Hypothesis)

(1) 创造说之破裂

(a) Newton 仍信创造说

(b) 上帝于刹那间创造宇宙与自然律

(2) 宇宙进化论之成立

(三) 地质学——地球之演化

(A) Charles Lyell(1797—1875)

——Principles of Geology(1830)

(B) 自然律之应用于地球上之变化

(1) 已往之变化与今日之变化相同

(a) 自然律之普遍于时间与空间

(b) 地球已往生命之无限延长

(2) 攻击骤变说(Catastrophes)

(四) 生物学——生物之演化

(A) 先驱——Lamarck(1744—1829)

——Philosophie Zoologique(1809)

(B) 生物天演论之成立

——Charles Darwin(1809—1882)

(1) 名著

(a) The Origin of Species(1859)

(b) The Descent of Man(1871)

(2) 天演淘汰论(Natural Selection)

(C) 天演论之派别

(1) 后天遗传论(Inheritance of Acquired Characters)——Lamarck

(a) 新需要产生新肢体

(b) 肢体之发展与其运用成正比例

(c) 父母身体上之后天变化可传与子孙

(2) 自然淘汰论(Natural Selection)
——Charles Darwin

(a) Malthus 人口论之影响

(b) 适合变化,生存竞争,与优胜劣败

(c) 今日一切物类皆由简单生物变化而来

(3) 种质连续论(Continuity of the Germ-Plasm)
——August Weismann(1834—1914)

(a) 生殖原形质不受遗传影响

(b) 新物类由生殖原形质中不可解之化学变化而来

(4) 突变论(Mutations),1901
——De Vries(1848—　)

(a) 生物种类非由缓渐变化而来

(b) 乃由不可解之突然骤变而来

(庚) 天演论对思想界之影响

(一) 变化过程中之片面因果分析

(A) 中古时代与形式完成时代之寻求最高真理或最后真理

(B) 今日科学界之寻求宇宙现象中无数片面之原理

(二) 生物科学方法之日渐重要

(A) 形式完成时代社会各方面之思想皆受物理数学之机械主义影响

(B) 今日社会思想各方面之机体化

(1) 各种观念与制度皆为社会产生物

(2) 人类为应付环境之有机体

——非只若十八世纪前之复杂机器观

（三）社会信仰人类心理复杂不一之承认

(A) 中古之一统观念与形式完成时代之哲学科学一统观念之破裂

(B) 个性与特殊人格之承认

（四）新价值标准之成立

(A) 形式完成时代之价值标准为“理性的”，“自然的”，“天然原始的”

——最古或最早之状态

(B) 今日之价值标准为“新进的”，“时髦的”，“进步的”——最晚或最近之状态

（五）人文主义之日盛

(A) 上帝或神命地位之日微

(B) 社会之变迁与改良皆由人类自动努力而来

(C) 人类利用科学知识则前途不可限量

（六）非理性主义之日盛——Irrationalism

(A) 形式完成时代之理性万能观

(B) 天演论下所谓理性不过为进化过程中应付环境之方法或方式

(1) 绝对真理无从证明

(2) 所谓真理只为有用之应付方法

（辛）实用科学之发达

（一）意义

(A) 前此科学纯为理论的

(1) 纯粹科学(Pure Science)

(2) 科学原理之发现(Scientific Discoveries)

(B) 十九世纪后科学与日常人生发生关系

(1) 实用科学(Applied Science)

(2) 根据科学原理之科学发明(Scientific Inventions)

(二) 交通革命

(A) 铁路(1800—1830)

(B) 轮船(1803—1838)

(C) 汽车(1887)

(D) 飞艇(1908)

(三) 电之实用

(A) 发电机(Dynamo)

(B) 电报(1844)

(C) 海底电线(1851)

(D) 电话(1879)

(E) 电灯(1841—1878)

(F) 电车(1873 后)

(G) 无线电(1899)

(四) 医学

(A) 微生虫(1850—1895)

——Pasteur

(B) 迷蒙药(Anaesthetics)

(C) X 光(1896)

(D) 镭(Radium)

(五) 科学战术

(A) 战舰

(B) 枪炮

(C) 炸药

(D) 飞艇

(E) 潜水艇

(F) 毒药毒气

(壬) 科学与天演论之垄断思想界

(一) 纯粹科学之发达与智识阶级科学宇宙人生观之普遍

(二) 实用科学之影响全部人生与人类心理无形间之变化
——一般人之科学宇宙人生观

参　考　书

Randall——Making of the Modern Mind, chap.18

Hayes——Political and Social History of Modern Europe, Ⅱ, chap.21

Whitehead, A, N.——Science and the Modern World

Poincare, H.——Science and Method

Poincare, L.——History of Modern Physics

Soddy, F.——Matter and Energy

Russell, B.——The A B C of Atoms

Russell, B.——The A B C of Relativity

Einstein, A.——Relativity

Millikan, R. A.——The Electron

Mills, J.——Within the Atom

Darwin, C.——Life and Letters

——Origin of Species

——Descent of Man

Geddes and Thomson——Evolution

Scott, W. B.——The Theory of Evolution

De Vries, H.——The Mutation Theory

Weismann, A.——The Evolution Theory

——The Germ-Plasm

Bergson, H.——Creative Evolution, chap.1

Schapiro——Modern and Contemporary Europe, chap.24—26

Merz, J. T.——History of European Thought in the 19th Century Vols. Ⅰ, Ⅱ

Cambridge Modern History, Ⅻ, 18, 25; Ⅻ, 22, 24, 26

Sedgwick and Tyler——A Short History of Science, chap.14—17

Osborn, H. F.——From the Greeks to Darwin

Locy, W. A.——Biology and Its Makers

Robinson——Readings in European History, Vol. Ⅱ, pp.599—614

Robinson and Beard——Readings in Modern European History, Ⅱ, pp. 502—519

Osborn, H. F.——Nature and Evolution of Life

Hall, G. S.——Founders of Modern Psychology

Wundt——Physiological Psychology

——Outlines of Psychology

James, Wm,——Principles of Psychology, 2 Vols

J. Watson——Behavior

Pearson, K.——Grammar of Science

Dewey, J.——Influence of Darwin on Philosophy

——Reconstruction in Philosophy

第四十六章　欧美文明时代之宗教

(甲) 背景

(一) 基督教上帝创世论与科学天演论之冲突

(二) 圣经之训诂与考据(Higher Criticism)

(A) 圣经中事实错误与理论错误之发现

(B) 后人窜入伪文之发现

(C) 圣经尊严地位之渐失

(三) 解决方法

(A) 视宗教为有价值者

(1) 保守派

(a) 保守旧宗教全部

(b) 视信仰与知识为两事

(2) 进步派

(a) 重新综合旧宗教与新科学

(b) 宗教旧形式尽量保留

(3) 改教派

(a) 创设新宗教者

(b) 改信东方宗教者

(B) 视宗教为无价值者

(1) 劳工阶级

(a) 视宗教为精神麻醉品

(b) 宗教不能解决现世实业问题

(2) 智识阶级

(a) 怀疑派

(b) 无神派

(c) 冷淡派

(乙)宗教保守派

(一) 新教中之卫道运动(Fundamentalism)

(A) 宗教与科学妥协运动之反应

(B) 主旨

(1) 卫护传统之正道要义

(a) 人类性恶论

(b) 人类得救须靠神恩

(c) 耶稣以神而降凡拯救世人

(2) 反对近世一切科学的哲学

(二) 旧教与近世潮流之死争

(A) 旧教之特殊情形

(1) 绝对永久不变的教义信条

——Council of Trent

(2) 组织严密的教会

(3) 全教会独裁元首之教皇

(B) 新潮流之危及教会

(1) 十八世纪之唯理主义

(2) 法国革命时代教会财产之没收

(3) 意大利统一运动之大不利于教皇

(4) 科学天演论之异端

(C) 旧教之抵御方法

(1) 与反动势力联络

(a) 专制政体

(b) 贵族

(c) 保守党

(2) 攻击新潮流

(D) 教皇 Pius Ⅸ(1846—1878)对近世潮流之下总攻击

(1) 公布圣母童生为教会道条(1854)——未得宗教大会同意

(2) 谬论大纲(Syllabus of Errors)之公布(1864)

——攻击近世一切新潮流

(a) 泛神主义,自然主义,与绝对唯理主义

(b) 缓和唯理主义

(c) 冷淡主义与放任主义

(d) 社会主义,共产主义,秘密社会,圣经研究会,神士自由社会

(e) 俗世社会中之谬论

(i) 国法高于教法——教会政权之取消

(ii) 国立俗世学校

(iii) 俗世婚姻

(f) 近世自由主义之谬论
——国法之放任异端与异教

(3) 普世宗教大会(1869—1870)与教皇无误说(Papal Infallibility)

(a) 并非新理论

(i) Thomas Aquinas 曾倡此说
——耶稣会僧士亦倡此说

(ii) 但前此并未定为信徒必信之道

(b) 意义

(i) 反攻近世思想自由潮流

(ii) 教皇之最后胜利

(子) 前此教皇于法律上只为教会最高之行政元首(但实际上对于信条道法亦有最高权衡)

(丑) 此后教皇对信仰与道法亦有法律上最高权衡(宗教大会可无需再召聚)

(E) Pius Ⅺ之攻击俗世教育书(1930)

(丙) 宗教改进派

(一) 旧教改进派(Catholic Modernism)

(A) 信仰与计划

(1) 承认"高等批评"(Higher Criticism)之结果

(2) 承认天演进化论——信条亦属渐渐演进的

(3) 承认宗教之心理根据

(a) 个人经验

(b) 个人信仰

(4) 要求教会中之自由

——反对教会之偏重权威

(B) 与新教徒之异点

(1) 反对新教之个人主义

(2) 拥护旧教之社会团结性

(C) 命运

(1) 教会初时之放任

(2) Pius Ⅹ扑灭之(1907)

(a) 攻击一切个人自由

(b) 重申教会之最高权威

(D) 结果——与国家主义之冲突

(1) 近世之国家主义反对教会之大同主义及其干涉各国内政之行动

(a) 德国之文化战争——Kulturkampf

(b) 教皇与新统一意大利之俗世权衡冲突

——(1929年始解决)

(c) 法国之反教运动(Anti-Clericalism)

(d) 墨西哥之反教运动

(2) 主要争点——教育问题

(a) 各国之国管俗化教育政策

(i) 提倡科学

(ii) 提倡爱国

(b) 教会之教育自由主义

(i) 教会之“自由”掌理教育

(ii) “自由学校”(Free Schools)即教会学校

(3) “黑色国际”(Black International)之到处受敌——与赤色国际同

(二) 新教自由派(Liberal Protestantism)

(A) 背景

(1) 新教之个人解释圣经说利于吸收新思想

(2) 各派新教中皆有自由派——自由派与卫道派之竞争及其结果之难测

(B) 宗教传统之局部放弃

(1) 近世史学批评之发达与“高等批评”

(a) 圣经非上帝启示(revelation)

(i) 乃人类于长时期中寻求神明之记录

(ii) 故有矛盾及错误之痕迹

(b) 圣经与其他宗教经典处同等地位

(2) 科学中自然律之承认

(a) 否认神迹(Miracles)

(b) 所谓神迹皆为想象寓言

(3) 近世天文学地质学生物学之承认

(a) 否认创世说

(b) 承认天演进化论

(4) 否认人性化之上帝——上帝乃天演势力

(C) 自由派之新信仰

(1) 神性之普遍

(a) 全宇宙万物人类皆赋有神性

(b) 自然界(Natural)与神明界或超自然界(Supernatural)无别

(c) 上帝即宇宙中活动变化渐趋完善之灵气——天演论

(2) 人性为宗教中心点

(a) 人性乃宇宙灵气演化之最高结晶

(b) 超人性之无限可能

(3) 此世此生之价值高尚

(a) 死后永生乃迷信

(b) 一切价值与理想皆须于此生实现

(4) 耶稣为人类神性之最高代表

(D) 自由派中之派别

(1) 爱美的自然主义(Aesthetic Naturalism)——崇拜宗教传统之美丽高尚

(2) 社会伦理主义(Ethical Religion, The Social Gospel)

(a) 中心理想——此世实现之上帝国(Kingdom of God)

(b) 上帝自身为不可思议的

(i) 故无需寻求

(ii) 只尽力改善此世即可("The only trouble with Christianity is that it has never yet been tried"——Bernard Shaw)

(E) 自由派之影响

(1) 各教派间旧区别之消灭

(a) 今日之区别非旧日各派间之神道学区别

(b) 惟一区别乃卫道主义与改进主义间或社会保守主义与社会改良主义间之区别

(2) 教会合一运动

(a) 各地方教会各派之合作

(b) 加拿大之三会合一

——Methodists, Presbyterians, Congregationalists.

(丁) 改教派

(一) 背景

(A) 对新旧各派皆不满意

(B) 视改善为无益之工作

(二) 新宗教之创设——倾向神秘主义

(A) Christian Science

(B) Theosophy——印度影响

(C) New Thought

(D) 其他

(三) 东方各种神秘宗教之信仰

(A) 佛教

(B) 道教

(C) 回教

(D) 波斯 Bahai 教

(E) 其他

(戊)宗教信仰外有势力之俗世宗教

(一) 国家主义

(二) 社会主义——种种

(三) 共产主义

(己) 今日宗教与今日科学之比较

(一) 科学

(A) 知识之日新月异

(B) 普遍性

(二) 宗教

(A) 道条之日枯

(B) 派别之纷歧——美国有二百派左右

(三) 科学人生观之取代宗教人生观及其结果

(A) 乐观主义——人类进化之无限

(B) 悲观主义——宇宙人生之无意义

参　考　书

Randall——Making of the Modern Mind, chap.20

Cambridge Modern History, XI, chap.25

Barry, W.——The Papacy and Modern Times

Shotwell, J. T.——The Religious Revolution of Today
Troeltsch——Protestantism and Progress
Megiffert, A. C.——Rise of Modern Religious Ideas
Machen, J. G.——What is Faith?（Fundamentalist）
Carpenter, J. E.——The Bible in the 19th Century
Lake, K.——The Religion of Yesterday and Tomorrow
Mathews, S.——The Faith of a Modernist
Santayana, G.——Reason in Religion
Adler, F.——An Ethical Philosophy of Life
Fremantle, W. H.——The World as the Subject of Redemption

第四十七章　科学与人生观

（甲）背景

（一）前此人生观不成问题

（A）中古时代——绝对信仰之宗教人生观

（B）形式完成时代

（1）智识阶级——哲学的或唯理的理智人生观

（2）平民——传统的宗教人生观

（二）十九世纪后

（A）科学之发达与传统哲学宗教之破产

（B）人生本身之成为可讨论问题

（1）人生之意义与价值

（2）一统精神之破裂

（a）精神一统时代

（i）中古时代——宗教一统

（ii）形式完成时代

(子) 哲学大致一统

(丑) 理性万能信仰之普遍

(b) 十九世纪后人生观成为个人问题

(C) 正式哲学之势力微弱

(1) 传统式之哲学

(a) 大半无新发展 } 少数例外

(b) 大半无影响 } 少数例外

(2) 新式哲学

(a) 势力甚大

(b) 皆讨论人生问题之哲学

(c) 大半无哲学形式——介乎哲学,科学,宗教,文学之间

(乙) 科学权威下之宇宙人生观

(一) 人类之地位

(A) 人类乃自然界偶然原因所产生

(B) 人类一切情绪不过原子偶然接触之结果

(C) "人死如灯灭"

(D) 人类一切创造建设终究将与太阳系同归于尽

(二) 宇宙之性质

(A) 宇宙之无限与太阳系之藐小

(B) 自然律之普遍全宇宙

(C) 宇宙间并无有意识之目的

(D) 神灵界或精神界之存在无从证明

(E) 宇宙

(1) 乃自然律支配下之无限时间与空间

(2) 完全为物质的

(3) 人类在其中毫无地位可言

——人类于冷酷宇宙中完全孤独无依

(丙) 科学宇宙人生观之反应

（一）第一派——失望派

（A）绝望灰心派——无限的悲观

（B）崇拜艺术或崇拜美丽派

（C）挑侮宇宙派

（D）唯心主义派

（二）第二派——崇拜自然派

（A）无限进化派

（B）创造进化派

（C）崇拜将来派

（三）第三派——自然主义派

（丁）失望派

（一）悲观主义(Pessimism)——传统信仰与理想之消灭与人心之无主

（A）Mathew Arnold(1822—1888)

（B）Lord Tennyson(1809—1892)

——In Memoriam

（C）Arthur Hugh Clough(1819—1861)

（D）James Thomson(1834—1882)

——"The City of Dreadful Night"(1870—1874)

（E）Thomas Hardy(1840—1928)

——The Dynasts

（F）Arthur Schopenhauer(1788—1860)

——The World as Will and Idea

——Essays in Pessimism

（二）崇美主义(Aestheticism)——艺术之临时理想世界为冷酷宇宙中惟一之安慰(吃喝行乐主义之艺术表现)

（A）Walter Pater(1839—1894)

——Marius the Epicurean

——The Renaissance

（B）Ernest Renan(1823—1892)

——Dialogues et Fragments Philosophiques

（C）George Santayana(1863—　)

——Life of Reason

——Skepticism and Animal Faith

——Sonnets

（D）Edward Fitzgerald(1809—1883)

——译波斯 Omar Khayyam (d. 1123 A. D.)之 Rubaiyat(机械译品与创造译品地位之大异)

（E）Anatold France(1844—1924)

——The Garden of Epicurus

（三）挑侮宇宙主义(Promethean Defiance)

——人类于冷酷物质之宇宙中战败自然之毁坏力而利用自然律自造天堂

（A）Thomas H. Huxley(1825—1895)

——Evolution and Ethics

（B）Bertrand Russell(1872—　)

——A Free Man's Worship

（四）唯心主义(Idealism)

——超自然现象与科学真理之伦理信仰与精神主义(真正之宇宙乃完善之宇宙)

（A）Kantianism

（B）Hegelianism

（C）F. H. Bradley(1846—1924)

——Appearance and Reality

（D）Thomas Carlyle(1795—1881)

——Sartor Resartus

（E）Ralph Waldo Emerson(1803—1882)

——The Over-Soul

(F) B. Bosanquet(1848—1923)

——The Principle of Individuality and Value

(G) Joseph Royce(1855—1916)

——The Spirit of Modern Philosophy

(戊) 崇拜自然派

(一) 无限进化派(Progress)

——天演论乃人类终久进化完善之保障

(A) Lord Tennyson(1809—1892)

——In Memoriam

(B) Herbert Spencer(1820—1903)

——First Principles

——Data of Ethics

(C) Karl Marx(1818—1883)

——The Communist Manifesto

(二) 创造进化主义(Creative Evolution)

——宇宙创造变化之无限即宇宙之目的与意义(为创造而创造为变化而变化)

(A) Henrik Ibsen(1828—1906)

——Peer Gynt

(B) I. M. Guyan(1854—1888)

——L'Irreligion de I'Avenir

(C) William James(1842—1910)

——Pluralistic Universe

(D) Henri Bergson(1859—)

——Creative Evolution

——Time And Free Will

(三) 崇拜未来主义(Worship of The Future)

——超人主义(无目的之进化与变化不足崇拜)

(A) Nietzsche(1844—1900)

(B) Henrik Ibsen(1828—1906)

——Brand

(C) G. B. Shaw(1856—)

——Man and Superman

(己) 自然主义派(Naturalism)

(一) 意义

(A) 反对

(1) 悲观主义

(2) 挑侮主义

(3) 崇拜自然主义

(B) 提倡

(1) 人类承认宇宙为其天然家乡

(2) 人类宜平心静气以理性思想使其家乡日愈完善以实现完美之人生

(二) 代表思想家

(A) William James(1842—1910)

——实效主义(Pragmatism)

(B) John Dewey(1859—)

——工具主义(Instrumentalism)

(庚) 结论

(一) 人生观派别之纷纭

(二) 无宗教信仰无哲学理想又无确切人生观者之人数日多——禽兽式之饮食男女生活观

参 考 书

Randall——The Making of the Modern Mind, chap. 21

Höffding——History of Modern Philosophy

Mery, I. T.——History of European Thought in the 19th Century, Vol. Ⅲ,Ⅳ

Perry, R. B.——Present Philosophical Tendencies

——Present Conflict of Ideals

Eucken, R.——Main Currents of Modern Thought

Pearson, K.——The Grammar of Science

Haeckel, E.——Riddle of the Universe

第四十八章 社会科学与社会理想

(甲) 背景与意义

(一) 人生观成问题,故有实现各种人生观之方法与主义产生——社会科学与社会理想

(二) 政治社会经济大变,宗教日衰,故有种种社会理想与社会科学发生以谋新局面下之新出路或研究解释新起之混乱局面

(三) 革命心理下政治社会各种制度神圣性之渐失——故成研究对象(社会科学)

(乙) 社会科学方法之演变

(一) 十八世纪之机械的演绎方法

(A) 十九世纪时经济学,法理学,政治学仍沿用之

(B) 社会学创始者引用之

(1) A. Comte(1798—1857)

(2) H. Spencer(1820—1903)

(3) L. F. Ward(1841—1913)

(二) 十九世纪初期浪漫主义下之历史方法

(A) 溯原法(Genetic Method)

——求得某制度之本源即等于已解释其意义与地位

(B) 历史之必然性

——人类不可违反或干涉之

(C) 历史方法之利弊

(1) 利

(a) 现世制度之历史的解释

(b) 相对观念与变化观念之产生

(2) 弊

(a) 不信人力可改历史潮流

(b) 视各制度之本源为其价值之标准

(三) 十九世纪后期之生物学方法——天演论

(A) 人类社会一系传下之演化——(反证甚多)

(B) 人类学与社会之比较方法

(1) 武断之社会进化阶级划分

(2) 武断之比较

(3) 主观学说之纷纭

(C) 生物型式之引用

(1) 社会为机体说

(2) 社会中之天然淘汰

(四) 十九与二十世纪间之心理学方法

(A) 本能说(Instinct)及其影响

(1) 以主观之本能论为社会科学基础

(2) 学说之纷纭

(B) 人类之社会性(群性)

(五) 二十世纪初期之统计法

(A) 实验调查

(B) 统计

(C) 功用的分析(Functional Analysis)

（丙）社会科学

（一）心理学

（A）背景——心理学原属哲学一部

（B）生物实验心理学——身与心之分别渐渐消灭

（1）H. Spencer(1820—1903)

——Principles of Psychology(1855)

（2）Wundt(1832—1920)

（a）名著——Outlines of Psychology

（b）在 Leipzig 设第一心理学试验室(1879)

（3）Wm. James(1842—1910)

——Principles of Psychology(1890)

（4）John B. Watson(1878—　)

（a）创行为心理学(Behaviorism)

（b）名著

——Behavior

——Psychology from the Behavioristic Standpoint

——Lectures on Psychology

（C）二十世纪初期之新派别

（1）德——Gestalt 派

（a）Köffka

（b）Köhler

（2）美——机体派(Organismic School)

——J. R. Kantar

（名著——Principles of Psychology）

（D）心灵分析学(Psychoanalysis)

（1）S. Freud(1856—　)

——General Lectures on Psychoanalysis

（2）C. Jung(1875—　)

（二）社会学及其派别

(A) 创始者

(1) A. Comte(1798——1857)

(2) H. Spencer(1820—1903)

(3) L. F. Ward(1841—1913)

(B) 地理学派

(1) F. Ratzel(1844—1904)

——Anthropogeographie

(2) E. C. Semple(1863—)

——Influences of the Geographic Environment

(C) 生物学派

(1) A. Comte(1798—1857)

——Principles of Positive Philosophy

(2) H. Spencer(1820—1903)

——The Study of Sociology

——Principles of Sociology

(3) Lester F. Ward(1841—1913)

——Dynamic Sociology

——Outlines of Sociology

——Pure Sociology

——Applied Sociology

(4) F. H. Giddinge(1855)

——Principles of Sociology

(5) 机体学派(Organic Theory)

(a) J. K. Bluntschli(1808—1881)

——General Theory of The State(德文)

(b) R. Worms(1869)

——Organisme et Société

(6) 达尔文学派(Social Darwinism)

(a) Walter Bagehot(1826—1877)

——Physics and Politics

(b) L. Gumplowicz(1838—1909)

——Der Rassenkampf

——Outlines of Sociology

(c) G. Ratzenhofer

——Wesen und Zweck der Politik

(d) F. Oppenheimer

——The State

(7) 民族定命说(Racial Determinism)

(a) J. A. de Gobineau(1816—1882)

——Essay on the Inequality of the Human Races

(b) Madison Grant

——Passing of the Great Race

(D) 心理学派

(1) 同情心(Sympathy)

——F. H. Giddings(1855—)

——Principles of Sociology

(2) 摹仿性(Imitation)

——G. Tarde(1843—1904)

——Laws of Imitation

(3) 群众心理(Mob Mind)

——G. Le Bon(1841—)

——The Crowd

(4) 其他

(a) W. McDongall(1871—)

——Social Psychology

(b) Graham Wallas(1858—)

——Our Social Heritage

(c) John Dewey(1859—)

——Human Nature and Conduct

(E) 文化派(Cultural Determinists)

(1) 意义——文化制度之历史传统为社会之主要元素

(2) 名家

(a) W.F.Ogburn

——Social Change

(b) 其他——近来新起名家甚多,多为人类学家批抨学派(见下)

(三) 人类学及其派别

(A) 创始人——天演论派

(1) H.Spencer(1820—1903)

——Principles of Sociology

(2) E.B.Tyler

——Primitive Culture

——Anthropology

(3) L.H.Morgan(1818—1881)

——Ancient Society

(4) W.Wundt(1832—1920)

——Elements of Folk Psychology

(5) J.G.Frazer(1854—)

——The Golden Bough

(6) E.Durkheim(1858—)

——Elementary Forms of Religious Belief

(B) 文化传播派(Cultural Diffusionists)

(1) F.Gräbuer

——Methode der Ethnologie

(2) W.H.Rivers(1864—1922)

——Psychology and Politics

——Social Organization

（3）G. Elliot Smith

——Migrations of Early Culture

（4）W. J. Perry

——Children of the Sun

（C）批评学派

（1）特点

（a）专就某社会之物质与精神环境而研究该社会之文化

（b）社会中之活动势力乃社会的与历史的——非地理的，生物的，心理的，或随意传播的

（2）创始人——F. Boas(1858—　)

——The Mind of Primitive Man

（3）A. L. Kroeber

——Anthropology

（4）A. A. Goldenweiser

——Early Civilization

（5）R. H. Lowie(1883—　)

——Culture and Ethnology

——Primitive Society

——Primitive Religion

（6）C. Wissler(1870—　)

——Man and Culture

（7）G. G. McCurdy(1863—　)

——Human Origins

（四）经济学及其派别

（A）经典派(Classical School)——演绎机械主义派

（1）D. Ricardo(1772—1823)

（2）Malthus(1766—1834)

（B）新重商主义派(Neo-Mercantilists)

(1) Sismondi(1773—1842)——瑞士

——New Principles of Political Economy

(2) P. List(1789—1846)

——National System of Political Economy

(C) 历史学派——视经济史为经济学主体(德国)

(1) A. W. Small

——Origins of Sociology

(2) W. Roscher(1817—1894)

(3) K. Knies

(4) G. Von Schmoller(1838—)

(5) A. Wagner(1835—1917)

(6) W. Cunningham(1849—1919)——英国

(D) 心理学派

(1) W. S. Jevons(1835—1882)

——The Theory of Political Economy

(2) C. Menget

(3) J. B. Clark(1847)

——Distribution of Wealth

(4) H. L. Moore

——Laws of Wages

——Economic Cycles

(5) F. Fetter

——Principles of Economics

(6) A. Marshall(1842)

——Principles of Economics

(7) F. W. Taussig(1859)

(8) E. R. A. Seligman(1861)

(E) 制度学派(Institutionalists)

——详细批评研究各个经济制度之功用

(1) J. A. Hobson(1858)

——Work And Wealth

(2) Sydney Webb, Lord Passfield(1859)

(3) T. Veblen(1857—1929)

——Theory of Business Enterprise

——Theory of the Leisure Class

(4) W. C. Mitchell

——Business Cycles

——"Human Behavior and Economics"

(Quarterly Journal of Economics, Vol. 29)

(5) W. F. Ogburn

——Social Change

(6) Werner Sombart(1863)德国

(五) 法理学及其派别

(A) 分析派(Analytical School)

——法官之嫡派法理学

(1) John Austin(1790—1859)

——Jurisprudence

(2) T. E. Holland(1835—1926)

——Elements of Jurisprudence

(B) 历史进化学派

(1) Savigny(1779—1861)

——Vom Beruf unserer Zeit

(2) H. S. Maine(1822—1888)

——Early History of Institutions

——Ancient Law

(C) 社会学派——研究各条法律实行后对于社会之影响

(1) B. N. Cardozo

——Nature of the Judicial Process

(2) F. Geny

——Science of Legal Method

(3) R. Pound(1870—)

——Law and Morals

——Introduction to the Philosophy of Law

——Spirit of the Common Law

(4) O. W. Holmes(1841—)

——Collected Legal Papers

(六) 政治学

(A) 特点——国家主义之爱国精神使政治学之科学研究最为困难

(B) 分析派

(1) 政治名词之定义

(2) 政治制度之分类

(3) 宪法之分析解释

(C) 历史学派

(1) 政治宪法与政治制度的变化之研究

(2) Woodrow Wilson(1856—1924)

——The State

(3) J. Bryce(1838—1922)

——Modern Democracies

——The American Commonwealth

(4) M. Ostrogorski(1854—)

——Democracy and Organization of Political Parties

(5) R. Michels(1876—)

——Political Parties

(D) 多元派(Political Pluralism)

(1) 反对主权说

(a) 社会乃多数团体所组成

(b) 抽象之国家存在

(2) O. Gierke

(3) Maitland(1850—1906)

(4) Leon Dugnit

——Law in the Modern State

(5) H. J. Laski

——Problem of Sovereignty

——Authority in the Modern State

——Grammar of Politics

(6) G. D. H. Cole

(七) 历史学

(A) 浪漫主义时代历史学之发达

(1) 天演论并增助其发达

(2) 历史为绝对权衡

——Die Welt geschichte ist das Welt gericht (Schiller)——[History is the final court of Appeal]

——What is rational is real, and what is real is rational (Hegel)

——两者皆宇宙进化之主要过程

(B) 历史哲学之发达

——寻求历史变化之定律

(1) Herder(1744—1803)

——Philosophy of History for the Education of Mankind (1774)

——Ideas for the History of Man

(2) Hegel(1770—1831)

——Philosophy of History

——Philosophy of Right

(3) Savigny(1779—1861)

——Vom Beruf unserer Zeit

(4) F. Schlegel(1772—1829)

——Philosophy of Life

——Philosophy of History

(5) J. G. Fichte(1762—1814)

——Vocation of Man

——Addresses to the German Nation

(6) Carlyle(1795—1881)

——Heroes and Hero-worship

(7) Buckle(1821—1862)

——History of Civilization in England

(8) A. Comte(1798—1857)

(9) K. Marx(1818—1883)

——The Communist Manifesto

——Das kapital

(C) 批评历史学——历史方法之确定(德国)

(1) 历史哲学潮流后之反动

——专研究历史事实之真相

(2) Leopold von Ranke(1795—1886)

(3) Niebuhr(1776—1831)

(4) Victor Cousin(1792—1867)

(5) David Strauss(1808—1874)

(a) 新约圣经"高等批评"之创始者

(b) Life of Jesus(1835)

(6) F. C. Baur(1792—1860)

——宗教史

(7) A. F. Wolf (1759—1824)

——语言学

(8) 一时各种社会科学皆成历史

——社会科学成社会的历史

(a) 哲学成哲学史

(b) 法理学成法律史

(c) 人类学成社会制度史

(d) 经济学成经济制度史

(e) 政治学成宪法发展史

(f) 伦理学成人类风俗史

(g) 神道学成宗教史

(D) 二十世纪之新史学

(1) 背景与意义

(a) 反对政治史,战争史,或伟人史

(b) 注意平民史与文化史

(2) 名家

(a) J.H.Robinson(1863—　)

——The New History

(b) H.E.Barnes

(E) 二十世纪之新历史哲学潮流

(1) 背景

(a) 数十年批评研究工作后之综合工作

(b) 欧洲大战与人类对于文明价值之疑问

(2) H.G.Wells(1866—　)

——The Outline of History

(3) O.Spengler(1880—　)

——The Decline of the West

(4) Masson-Oursel

——Comparative Philosophy

(5) Flinders Petrie(1853—　)

——Revelations of Civilization

(6) Keyserling(1880—)
——The World in the Making

(7) B. Croce(1866—)
——History, its Theory and Practice

(丁) 社会理想

(一) 古今理想之两大类

(A) 绝对的或乌托邦的

(B) 相对的或实验的

(二) 十九世纪后之中等阶级理想

(A) 经济个人主义

(B) 社会改良与社会立法

(1) 国家社会主义——德国

(2) 自由主义或进步主义——英国

(三) 十九世纪以来之劳工阶级理想

(A) 团体组织

(1) 工作情形与工价之改善

(2) 劳工管理实业
——实业民治主义(Industrial Democracy)

(B) 集团理想

(1) 马克斯主义

(2) 共产主义——布尔塞维克主义

(3) 工团主义

(4) 基尔特社会主义(Guild Socialism)

(5) 德国社会民主党之政策

(6) 英国工党之政策

(7) 美国劳工联盟会之政策

(四) 国际理想

(A) 国家主义

(1) 军国主义与经济国家主义——独立国

(2) 民族自决主义——未独立民族

(B) 大同主义或世界主义(Cosmopolitanism)

(1) 资本——“国际银行家”

(2) 劳工——“劳工国际”(The Internationale)

(C) 国际主义(Internationalism)

(1) 国际联盟

(2) 和平主义

(a) 不抵抗主义

(b) 废战主义(Outlawry of War)

(戊) 教育之发达

(一) 意义

(A) 民治主义实现之必需教育

(1) 公民教育

(2) 提高国民知识程度

(3) 教育万能为民治时代之普遍理想与信仰

(B) 各种知识学术内容之增加与专门训练之必需

(1) 自然科学

(2) 社会科学

(C) 社会之日趋复杂与职业教育之必需——实业革命

(D) 各种人生观与社会理想之复杂冲突及其宣传

(1) 各派皆欲实现其主义

(2) 各派视教育为最利宣传工具

(二) 十九世纪前之教育

(A) 中古时代

(1) 教育之主要目的在训练神士

(2) 神士阶级即识字阶级(智识阶级)

(B) 文艺复兴时代

(1) 少数阶级之人文教育

——新智识阶级后之产生

(2) 旧教育之抱残守缺

(C) 形式完成时代

(1) 两旧潮流之化合与继续

(2) 教育事业仍属教会的或私人的

(三) 十九世纪以来之普及教育理想及其实现

(A) 教育成国家事业——(尤其初级教育)

——教会或私人教育成附属业

(B) 教育制度之复杂与教育系统之完成

(1) 幼稚园

(2) 小学

(3) 中学

(4) 大学

(5) 研究院

(C) 强迫教育——全民教育

(D) 女子教育之发达

(E) 学校又与新潮流融合

——与中古时代相同

(四) 学校教育系统外之教育工具

(A) 幼年教育

(1) 家庭

(2) 育婴学校(nursery schools)

(3) 野外生活——童子军

(B) 成年教育

(1) 职业学校

(2) 工会

(3) 劳工教育班

(4) 父母教育(Parental Education)

(C) 普通教育

(1) 新闻纸

(2) 图书馆

(3) 博物馆

(4) 戏园

(5) 礼拜堂

(6) 无线电

(五) 教育学(Science of Education)之发达

(A) 本身无大价值

(B) 象征十九世纪来之教育发展与教育信仰

(六) 各种教育哲学之蜂起

参　考　书

Randall——The Making of the Modern Mind, chap. 19, 22

H. E. Barnes ——The History and Prospects of the Social Sciences

——The New History and the Social Studies

C. E. Merriam and H. E. Barnes——History of Political Theories, Recent Times

E. C. Hayes——Recent Developments in the Social Sciences

A. J. Todd——Theories of Social Progress

G. S. Hall——Makers of Modern Psychology

J. T. Merz——History of European Thought in the 19th Century, IV, chap. 10

E. S. Bogardus——History of Social Thought

J. P. Lichtenberger——Development of Social Theory

F. Müller-Lyer——History of Social Development

A. C. Haddon——History of Anthropology

G.P.Gooch——History and Historians in the 19th Century
E.Fueter——Historiographie Moderne
J.T.Shotwell——Introduction to the History of History
Gide and Rist——History of Economic Doctrines
T.Veblen——Place of Science in Modern Civilization
R.G.Tugwell——Trend of Economics
O.F.Boncke——Development of Economics
R.Pound——Interpretations of Legal History
F.Berolzheimer——The World's Legal Philosophies
H.E.Barnes——Sociology and Political Theory
E.Barker——Political Thought From Spencer to Today
C.E.Merriam——American Political Ideas
R.G.Gettel——History of Political Thought
W.F.Ogburn and A.Goldenweiser——The Social sciences and their Interrelations
R.H.Tawney——The Acquisitive Society
J.A.Hobson——Imperialism
J.H.Barnes——The Spirit of American Business
L.Mumford——The Story of Utopias
C.J.H.Hayes——Political and Social History of Modern Europe(中等阶级史)
Robinson and Beard——History of Western Europe(中等阶级史)
B.Russell——Proposed Roads to Freedom
N.Carpenter——Guild Socialism
S.and B.Webb——The History of Trade Unionism
——Industrial Democracy
——Decay of Capitalist Civilization
T.Kirkup——History of Socialism

J. Spargo——Socialism

M. Olgin——Soul of the Russian Revolution

N. Lenin——The State and Revolution

T. Veblen——The Nature of Peace

L. S. Woolf——Economic Imperialism

F. von Bernhardi——Germany and the Next War

H. von Treitschke——Politics

Norman Angell ——The Great Illusion

——The Fruits of Victory

Romain Rolland——Above the Battle

B. Russell ——Justice in Wartime

——Why Men Fight

H. G. Wells——The Salvaging of Civilization

J. Devey——Democracy and Education

P. Monroe——History of Education

第四十九章　欧美文明时代之文学

（甲）十九世纪文学之特点

（一）诗之发达——十八世纪为散文时代

（二）浪漫主义之复兴与新写实主义

——小说与戏剧

（乙）浪漫主义

（一）诗词

（A）英国

（1）先驱——Robert Burns(1749—1796)

（2）Wordsworth(1770—1850)

（a）自由精神之表现

（b）自然之赏鉴与神秘化

（c）特殊的人生观

——Ode on Intimations of Immortality

（d）名篇

——Tintern Abbey

——The Daffodils

——The Solitary Reaper

——The Happy Warrior

——Evening on Calais Beach

——The World is too Much with Us

——She Was a Phantom of Delight

——Upon Westminster Bridge

——Michael

（3）Coleridge（1772—1834）

（a）神怪作品名家

（b）名篇

——The Ancient Mariner

——Christabel

——Kubla Khan

（4）Walter Scott（1771—1832）

（a）叙事诗名家

（b）名篇

——Lay of the Last Minstrel

——Marmion

——Lady of the Lake

（5）Byron（1788—1824）

（a）自由放任的诗人

（b）自由精神之表现

——Byron与希腊独立运动

(c) 名篇

——Childe Harold's Pilgrimage

——The Giaour

——The Prisoner of Chillon

——Don Juan

——She Walks in Beauty

(6) Shelley(1792—1822)

(a) 彻底自由之提倡

(i) 政治社会经济的自由

(ii) 人心人格的自由

(b) 具体的提倡

(i) 社会主义

(ii) 民族自决

(iii) 妇女解放

(iv) 传统宗教与伦理之攻击

(c) 自然之赞美

(d) 名篇

——To a Skylark

——Ode to the West Wind

——The Cloud

——The Revolt of Islam

——Prometheus Unbound

——Adonais(吊Keats)

——The Cenci(戏剧)

(7) Keats(1796—1821)

(a) 自然与美之表扬

(b) 名篇

——Ode on a Grecian Urn

——To Autumn

——To a Nightingale

——Hyperion

（8）Thomas Hood(1799—1845)

——The Song of the Shirt

（9）W.S.Landor(1775—1864)

（a）浪漫时代诗词与维多利亚时代诗词之中间人

（b）名篇

——Imaginary Conversations(有诗意之散文)

——On His Seventy - fifth Birthday

（B）维多利亚时代之英国诗词

——Queen Victoria(1837—1901)

（1）Tennyson(1809—1892)

（a）当时最大表情诗人

（b）名篇

——Ulysses

——Locksley Hall

——Charge of the Light Brigade

——The Princess(全篇呆板,局部精美)

——Idylls of the king(三十年之工作)

——In Memoriam

——Crossing the Bar

（2）Robert Browning(1812—1889)

（a）特点

（i）艰涩诗品作者——当时少人赏鉴

（ii）乐观主义者——永生之信仰

（iii）创新诗体——戏剧体(dramatic lyric 或 dramatic romance)

（b）名篇

——In a Gondola

——The Last Ride Together

——Rabbi Ben Ezra

——Saul

——My Last Duchess

——Love in a Life

——Evelyn Hope

——A Grammarian's Funeral

（3）Mrs. Elizabeth Browning(1806—1861)

（a）十四行诗大家

（b）名篇

——Sonnets from the Portuguese

——My Kate

（4）Edward Fitzgerald(1809—1883)

（a）反基督教之命运主义(fatalism)诗人

（b）名篇——The Rubaiyat of Omar Khayyam

（i）名为译品

（ii）实为英文创作

（5）Matthew Arnold(1822—1888)

（a）批评家而兼诗人

（b）名篇

——The Buried Life

——Anoterity of Poetry

（6）Rossetti(1828—1882)

绘画家(Pre-Raphaelite)兼诗人

——诗中之绘画性

（a）英国最大十四行诗作者

（i）父为意大利人——故通意语

（ii）英十四行诗当初由意输入

(c) 名篇

——The House of Life(十四行诗丛)

——The Blessed Damozel

(7) William Morris(1834—1896)

(a) 绘画家兼诗人

(b) 名篇

——Defence of Guinevere

——Life and Death of Jason

——The Earthly Paradise

(8) Swinburne(1837—1909)

(a) 学者诗人——文学研究

(b) 诗法之完整与诗调之雄壮

(c) 名篇

——Atalanta in Calydon

——Hymn to Prosperine

——Tristram of Lyonesse

(9) George Meredith(1828—1909)

(a) 自然诗人与爱情诗人

(b) 名篇

——Love in the Valley

——Modern Love

(10) Christina Rossetti(1830—1894)

(a) 十四行诗家

(b) 神秘思想

(c) 名篇——Goblin Market

——The Prince's Progress

——A Pageant

——Singsong(儿童诗)

(11) Thomas Hardy(1840—1928)

(a) 英国文学史中音调最悲之诗人
——自然并非可爱家乡
(b) 名篇
——The Darkling Thrush
——The Dynasts(戏剧)

(12) James Thomson(1834—1882)
(a) 悲观主义之极端表现
(b) 名篇——The City of Dreadful Night

(13) W.E.Henley(1849—1903)
(a) 鼓励人类之诗人
(b) 名篇——Invictus

(14) Oscar Wilde(1856—1900)
——The Ballad of Reading Gaol

(15) Rudyard Kipling(1865—　)
(a) 大英帝国诗人
(b) 名篇
——Recessional
——If

(16) Francis Thompson(1859—1907)
(a) 结束维多利亚时代之诗人
(b) 名篇
——The Hound of Heaven
——Sister Songs
——Love in Dian's Lap
——Poems on Children
——The Poppy
——Ode to the Setting Sun

(C) 美国诗词
(1) 特点

(a) 少创作力——只为英诗附庸

(b) 无大诗人——Poe 与 Whitman 为例外

(2) W.C.Bryant(1794—1878)

(a) 自然诗人

(b) 名篇

——Thanatopsis

——To a Water Fowl

(3) Edgar Allan Poe (1809—1849)

(a) 奇怪诗品作家

(b) 名篇

——Israfel

——To Helen

——The Bells

——The Raven

(4) Longfellow(1807—1882)

(a) 美国传奇故事作家

(b) 欧洲文学译者

(c) 名篇

——Hiawatha

——Miles Standish

——The Wreck of the Hesperus

——Paul Revere's Ride

——A Psalm of Life

——The Village Blacksmith

——The Builders

——The Building of the Ship

——The Children's Hour

——The Day Is Done

(5) J.R.Lowell(1819—1891)

(a) 东美(Yankee)方言诗名家

(b) 名篇

——Commemoration Ode

——The Present Crisis

——The Biglow Papers

——The Vision of Sir Launfal

(6) O.W.Holmes(1809—1894)

(a) 东美方言作者

(b) 名篇

——The One - hoss Shay (The Deacon's Masterpiece)

——The Chambered Nautilus

——The Opening of the Piano

——God Save the Flag

——The Boys

(7) R.W.Emerson(1803—1882)

(a) 哲学家兼诗人

(b) 名篇

——Concord Hymn

——The Rhodora

——The Honey Bee

——The Snow Storm

——Brahma

——Each and all

(8) Whittier(1807—1892)

(a) Quaker 教徒

(b) 名篇

——Skipper Ireson's Ride

——Snow-bound

——The Eternal Goodness

——The Barefoot Boy

——Maud Muller

(9) Walt Whitman(1819—1892)

(a) 散文诗创始人

(b) 民治主义诗人

(c) 名篇

——Leaves of Grass

——O Captain! My Captain!

——When Lilacs Last in the Dooryard Bloomed

(D) 法国诗词——浪漫主义,Parnassianism,征象主义

(1) Lamartine(1790—1869)

(a) 浪漫诗词大家

(b) 名篇——Meditations

(2) Alfred de Vigny (1799—1863)——Poémes antiques et modernes

(3) Victor Hugo (1802—1885)

(a) 乐观主义诗人

(b) 名篇——Odes et poesies diverses

——Ballades

——Ode à la colonne

——Les Orientales

——Feuilles d'Automne

——Les Vois interieures

(4) Alfred de Musset(1810—1857)

(a) 悲哀诗人

(b) 名篇——Sorrow

(5) Theophile Gautier(1811—1872)

(a) 第一 Parnassian

(b) 名篇

——Emaux et camées

——Art

（6）Leconte Lisle(1818—1894)

（a）重理想而轻娱快

（b）名篇——La Venus de Milo

——Poemes antiques

——Poemes barbares

——Poemes tragiques

（7）Charles Baudelaire(1821—1867)

（a）不属任何派别——性近 Poe

（b）名篇

——Fleurs du mal

——Poe 之法译

（8）Theodore de Banville(1823—1891)

——Odes funambulesques

（9）Sully Prudhomme(1839—1907)

（a）诗哲

（b）名篇

——Justice

——Bonheur

——Les Epreuves

——Les Solitudes

（10）Hérédia(1842—1905)

（a）Parnassian

（b）名篇——Les Trophées(十四行诗丛)

（11）Richepin(1849—1926)

（a）不属任何派别

（b）名篇——Chanson de Gueux

（12）Mallarmé(1842—1868)

(a) 第一象征主义大家

(b) 名篇——Poe 之法译

Poesies(集)

(13) Paul Verlaine(1844—1896)

——Poemes saturniens

——Fetes galantes

——La Bonne Chanson

(14) Rimband(1854—1891)

——La Bateauivre

——Les Illuminations(集)

(15) Verhaeren(1855—1916)

(a) 比利时

(b) 名篇——Les Soires

——Les Debacles

——Les Visages de la Vie

——Les Forces tumultueuses

——La Multiple Splendeur

(16) Maeterlinck(1862—)

(a) 比利时

(b) 名篇

——Serres chaudes

——Douze chansons

(E) 德国诗词

(1) Heine(1797—1856)

(a) 浪漫主义者

(b) 名篇——The North Sea

(2) Liliencron(1844—1909)

(a) 表情诗人

(b) 名篇——Adjutantenritte

——Der Heidegänger

——Neue Gedichte

——Bunte Beute

——Gute Nacht

（3）Richard Dehmel(1863—1920)

（a）近代生活诗人

（b）名篇——Two Souls

（F）意大利

（1）Ngo Foscolo(1778—1827)

（a）英国影响

（b）名篇

——Carme Sui Sepolcri(Poem of the Tombs)

——Ode to the Graces

——Jacob Ortis

（3）Leopardi(1798—1837)

（a）悲观主义大诗人

（b）名篇——Brute Minore

——Il Risorgimento

——A Silvia

——La Ginestra

（3）Manzoni(1785—1873)

——Il cinque maggio

（4）Carducci(1836—1907)

（a）大学教授兼诗人

（b）古诗编辑者

（c）名篇

——Iuno a Satana

——Odi Barbare

（5）Gabriele d'Annunizo(1863—　)

(a) 文武全才之诗人

(b) 名篇——Il Libro d'Isotta

（二）小说

(A) 英国

(1) Sir Walter Scott(1771—1832)

(a) 侠义(Chivalry)小说家

——古代生活之活现纸上

(b) 名著

——Waverley

——The Heart of Midlothian

——The Bride of Lammermoor

——Guy Mannering

——Rob Roy

——Ivanhoe

——The Talisman

——Quentin Durward

——Kenilworth

——Old Mortality

(2) Jan Austen(1775—1817)

(a) 特点

(i) 浪漫生活之描写与讥讽

(ii) 日常琐事之艺术化

(b) 名著

——Pride and Prejudice

——Sense and Sensibility

——Northanger Abbey

——Persuasion

——Mansfield Park

——Emma

(3) Charles Dickens (1812—1870)

(a) 特点

(i) 平民小说家——专门描写平民生活

(ii) 诙谐(Humor)与流露之情感(Sentimentality)
——Pickwick Papers(1837)

(iii) 结构复杂精密

(b) 名著

——Pickwick Papers

——David Copperfield

——Oliver Twist

——A Tale of Two Cities

——Great Expectations

——Nicholas Nickleby

——Old Curiosity Shop

(4) Thackeray(1811—1863)

(a) 人生各方面之尽量描写

(b) 名著

——Vanity Fair

——Henry Esmond

——The Virginians

——Pendennis

——The Newcomes

(5) Emily Brontë(1818—1848)

——Wuthering Heights

(6) Charlotte Brontë(1816—1855)

——Jane Eyre

——The Professor

——Shirley

——Villette

(7) Elizabeth Gaskell(1810—1865)

——Mary Barton

——Cranford

——Charlotte Brontë 传

(8) George Eliot(1819—1880)

——Adam Bede

——The Mill on the Floss

——Romola

——Silas Marner

(9) Charles Reade (1814—1884)

(a) 中古生活之描写

(b) 名著——The Cloister and the Hearth

(10) Disraeli(1804—1881)

(a) 实业革命之描写

(b) 名著

——Vivian Grey

——Coningsby

(11) Bulwer - Lytton(1803—1873)

——Last Days of Pampeü

——Last of the Barons

(12) Dinah Craik(1826—1887)

——John Halifax, Gentleman

(13) Blackmore(1825—1900)

——Lorna Doone

(14) Charles Kingsley(1819—1875)

——Hypatia

——Westward Ho!

(B) 美国

(1) Washington Irving(1783—1859)

(a) 美国第一大小说家

(b) 名著

——Knickerbocker History of New York

——Sketch Book(短篇)

——The Conquest of Granada

——The Alhambra

(2) James Fenimore Cooper(1789—1863)

(a) 粗鲁生活之描写

(i) 印第安人与航海生活

(ii) 笔法与内容同

(b) 名著

——The Spy

——The Last of the Mohicans

——The Deerslayer

(3) Nathaniel Hawthorne(1804—1864)

(a) 特点

(i) 内心生活之描写

(ii) 神怪故事之创作

(b) 名著

——The Scarlet Letter(1850)

——The House of the Seven Gables

——The Marble Faun

——The Great Stone Face

(4) Edgar Allan Poe (1809—1849)

(a) 批评家——智理之发达

(b) 诗人兼短篇小说家

——奇怪情节与奇怪心理之描写

(c) 名著

——Ms. Found in a Bottle

——The Purloined Letter

——The Murders in the Rue Morgue

——Marie Roget

（5）Mrs. H. B. Stowe（1811—1896）

（a）奴隶制之描写

（b）名著——Uncle Tom's Cabin

（C）法国

（1）Balzac（1799—1850）

（a）特点

（i）善于人格之分析

（ii）人类琐事与人类欲望之详细描写

（b）名著（总名 Comédie humaine，人物五千）

——Eugenie Grandet

——Cesar Birotteau

——Cousin Pons

——Cousine Bette

——Le Père Goriot

——Seraphita

（2）Victor Hugo（1802—1885）

（a）中心题目

（i）人性中野蛮成分之描写

（子）苦痛

（丑）贫穷阶级

（ii）政治自由为惟一解决方法

（b）名著

——Nôtre Dame de Paris（The Hunchback of Nôtre Dame）

——Toilers of the Sea

——Les Miserables

（3）Alexandre Dumas(1802—1870)

（a）古代贵族浪漫生活之描写

（b）名著

——The Three Musketeers

——Count of Monte Cristo

——Olympe de Clèves

——The Forty　Five

——Twenty years After

（4）George Sand(1804—1876)

（a）法国最大女小说家

（i）爱情为中心题目

（ii）对平民之同情

（b）名著

——The Little Fadette

——Francois the Waif

——The Devil's Pool

（5）Stendhal——Henri Beyle(1783—1842)

——Le Rouge et le Noir

——La Chartreuse de Parme

（D）意大利

（1）Manzoni(1785—1873)

——I Promessi Sposi(The Betrothed)

（E）佛兰德(Flanders)

（1）Hendrik Conscience(1812—1883)

（a）爱国小说家

（b）名著

——In the Wonderful Year

——The Lion of Flanders

——Blind Rosa

——The Decayed Gentleman

——The Miser

(F) 斯堪的纳维亚(Scandinavia)

(1) Hans Christian Andersen(1805—1875)

(a) 丹麦人

(b) 名著——Fairy Tales

(i) 传统寓言

(ii) 自造寓言

(2) Fredrika Bremer(1801—1865)

(a) 提倡女权之瑞典女作家——芬兰种人

(b) 名著

——Sketches of Everyday Life

——The H Family

——Neighbors

——The President's Daughter

(G) 德国

(1) Grimm 弟兄

——Jacob Ludwig Karl(1778—1865)

——Wilhelm Karl(1787—1859)

(a) 训诂家兼文人

(b) 名著——Fairy Tales

(丙) 写实主义(Realism)或自然主义(Naturalism)

(一) 注意之点

(A) 人事详细描写

(B) 下流社会之生活

(C) 病态心理之人物

(D) 社会之病态现象

(二) 小说——长篇与短篇

(A) 英国

（1）George Meredith(1828—1909)

（a）介乎浪漫主义与写实主义之间

（b）特点

（i）悲惨小说作家

（ii）内容复杂

（子）叙事

（丑）思想

（iii）人心之描写

（c）名著

——The Ordeal of Richard Feverel(1859)

——The Egoist

——Beauchamp's Career

——Rhoda Fleming

——Harry Richmond

（2）Thomas Hardy(1840—1928)

（a）悲观主义小说家

——自然之不可思议的惨酷

（b）名著

——Far from the Madding Crowd

——The Return of the Native

——Tess of the D'Urbervilles

——The Mayor of Casterbridge

——Jude the Obscure(1895)

——因人反对，此后不再写小说

（3）Robert Louis Stevenson(1850—1894)

（a）冒险小说家

（b）名著

——Treasure Island

——Kidnapped

(4) H. G. Wells(1866—)

(a) 社会改良小说家

(b) 名著

——Mr. Britling Sees it Through

——The Undying Fire

——The Research Magnificent

——The Soul of a Bishop

——The World of William Clissold

(5) Joseph Conrad(1857—1924)

(a) 波兰人——航海小说家

(b) 名著

——Typhoon

——Lord Jim

——Youth

——The Nigger of the Narcissus

——短篇

(6) John Galsworthy(1867—)

——The Forsyte Saga

——The White Monkey

——Swan Song

(7) Rudyard Kipling(1865—)

——Kim

——短篇小说

(8) George Moore(1852—)

——Confessions of a Young Man

——Esther Waters

——Evelyn Innes

——Sister Tersa

(9) D. H. Lawrence(1885—1930)

——Sons and Lovers

——Women in Love

——Lady Chatterley's Lover

（10）Arnold Bennett(1867—　)

——The Old Wives' Tale

——Clayhanger

——The Card

——Hilda Lessways

——The Matador of the Five Towns

（11）Samuel Butler(1835—1902)

——The Way of all Flesh

——Erewhon

——Erewhon Revisited

（12）James Joyce(1882—　)

——The Dubliners(短篇集)

——Ulysses

——Portrait of the Artist as a Young Man

（B）美国

（1）Mark Twain——Clemens(1835—1910)

（a）新闻记者与游历家

——The Innocents Abroad

（b）有名滑稽家——Swift 式之攻击人类

（c）名著

——Huckleberry Finn

——Tom Sawyer

——Joan of Arc

——The Man that Corrupted Hadleyburg

——The Mysterious Stranger

——A Connecticut Yankee in King Arthur's Court

（2）William Dean Howells(1837—1920)

（a）写实主义宣传家与实行家

（b）名著

——A Modern Instance

——The Rise of Silas Lapham

——The Kentons

（3）Henry James（1843—1916）

（a）长住欧洲之美国小说家

——国际小说家

（b）名著

——Roderick Hudson

——Daisy Miller

——An International Episode

——The Portrait of a Lady

——The American

——The wings of the Dove

——The Golden Bowl

（4）J.C.Harris（1848—1908）

（a）黑人生活之描写

（b）名著——Uncle Remus

（5）Stephan Crane（1871—1900）

——The Open Boat

——The Red Badge of Courage（内争小说）

（6）Edith Wharton（1862—　）

——Ethan Frome

——Summer

（7）O.Henry——William Sydully Porter（1862—1910）

（a）短篇小说大家

（b）名著——Cabbages and Kings

——The Voice of the City

——Sixes and Sevens

——Waifs and Strays

（8）Sinclair Lewis(1885—　)

（a）美国社会各方面之详细描写

（b）名著——Main Street

——Babbitt

——Arrowsmith

——Elmer Gantry

——Dodsworth

（9）Theodore Dreiser(1871—　)

——Twelve Men

——Sister Carrie

——An American Tragedy

——The Titan

——The Financier

——The Genius

（10）James Branch Cabell(1879—　)

——Beyond Life

——The Cream of the Jest

——Jurgen

——Straws and Prayer Books

（11）Sherwood Anderson(1876—　)

——Winesburg, Ohio

——Poor White

——Many Marriages

——Dark Laughter

（C）法国

（1）Gustave Flaubert(1821—1880)

（a）鄙视人类之小说家

（b）名著

——Madame Bovary

——The Temptation of St. Anthony

——L' Education sentimentale

——Salammbô

——Bouvard et Pécuchet

(2) Guy de Maupassant(1850—1893)

(a) Flaubert 弟子

(b) 短篇小说大家

(c) 名著

——Une Vie(长篇)

——Fort comme la mort

(3) Emile Zola(1840—1902)

(a) 冗长繁复小说作者

(b) 名著

——L'Assommoir

——Nana

——La Débacle

——La Terre

(4) Anatole France(1844—1924)

(a) 深刻讽刺之怀疑主义者

(b) 名著

——Penguin Island

——Contemporary History(四本)

——The Crime of Sylvestre Bonnard

——The Queen Pédauque

——Thais

(5) Prosper Merimée(1803—1870)

——Colomba

——Carmen

(6) Alphonse Daudet(1840—1897)

——Froment Junior and Risler Senior

——Tartarin of Tarascon

——Sapho

(7) Goncourt 弟兄

——Edmond de (1822—1896)

——Jules de (1830—1870)

(a) 视象主义(Visualism)

(b) 名著——Renée Mauperin

(8) J.K.Huysmans(1848—1907)

——En Menage

——The Cathedral

(9) Pierre Loti(1850—1923)

(a) 海军将校

(b) 印象主义(Impressionism)

(c) 名著

——Marriage of Loti

——Madame Chrysantheme

——An Iceland Fisherman

(10) Paul Bourget(1852—　)

(a) 道德家

(b) 名著

——Disciple

——Promised Land

(11) Romain Rolland(1866—　)

(a) 和平大同主义者

(b) 名著——Jean Christophe

(12) Marcel Proust(1871—1922)

(a) 心理分析大家

(b) 名著

——A la Recherche du Temps Perdu

——Swann's Way

——Cities of the Plain

（13）Remy de Gourmont（1858—1915）

——A Night in Luxembourg

——A Virginal Mind

（D）德国

（1）Theodor Fontane（1819—1898）

（a）瑞士人

（b）名著

——Effi Briest

——Life's Confusions

（2）Gottfried Keller（1819—1890）

（a）瑞士人

（b）名著

——Green Henry

——短篇小说

（3）Thomas Mann（1875—　）

（a）1929 文学 Nobel 奖金

（b）名著

——The Magic Mountain

——Buddenbrooks

——Death in Venice 及其他短篇

——Early Sorrow

（4）Jakob Wassermann（1873—　）

（a）犹太人——神秘预言家

（b）名著——The World's Illusion

（E）意大利

（1）Gabriele d'Annunzio（1864）

（a）诗人，戏剧家，小说家，飞行家，政治家，军事家

（b）用字之丰富与笔法之雄壮

（c）名著

——The Intruder

——The Triumph of Death

——The Flame of Life

——Fire

——The Child of Pleasure

（F）西班牙

（1）Fernan Caballero（1796—1877）

（a）写实女作家

（b）名著——The Seagull

（2）Valera（1824—1905）

——Pepita Jimenez

（3）Perez Galdos（1845—1920）

（a）以十九世纪历史为题目

（b）名著——Episodios Nacionales（数本）

（4）Melendez Valdés（1754—1817）

（a）法国小说影响

（b）名著——Froth

Faith

（5）Emilia Pardo Bazan（1851—1921）

（a）与 George Sand 相近之女作家

（b）名著——Of My Country

——Mother Nature

（6）Pio Baroja（1872—　）

——The City of the Discreet

——The Quest

（7）Blasco Ibanez（1897—1928）

——Sonnica

——The Four Horsemen of the Apocalypse

(G) 荷兰

(1) Louis Couperus(1863—1923)

——The Books of Small Souls(四本)

(H) 丹麦

(1) Jens Jacobsen(1847—1885)

——Marie Grubbe

——Niels Lyhne

——Mogens 短篇小说集

(2) Schandorff(1836—1901)

——Little Folk

(3) Herman Bang(1857—1912)

——Near the Road

(4) Pontoppidan(1857)

(a) 1917 文学 Nobel 奖金

(b) 名著——Lykke—Per

(I) 挪威

(1) Jonas Lie(1833—1908)

——The Pilot and His Wife

——One of Life's Slaves

——The Commodore's Daughters

——Niobe

(2) Bjφrnson(1832—1910)

——Arne

——A Happy Boy

(3) Garborg(1851—1924)

——Tired Men

(4) Thomas Krag(1868—1913)

——Ada Wilde

(5) Knut Hamsun(1859)

(a) 已成小说四十种

(b) 1920 Nobel 奖金

(c) 名著

——Hunger

——The Growth of the Soil

——The Woman at the Well

(J) 瑞典

(1) Strindberg(1849—1912)

(a) 仇视女性之作家

(b) 名著——The Red Room

——Married 短篇集

(2) Selma Lagerlöf(1858)

(a) 瑞典国家学会(Swedish Academy)惟一女会员

(b) 名著

——The Saga of Gösta Berlings

——The Wonderful Adventures of Nils

(K) 俄国——(以受欧西潮流重要影响者为限)

(1) Nikolay Gogol(1809—1852)

(a) 俄国第一写实家

(b) 名著——Dead Souls(1842)

——Taras Bulba

(2) Ivan Turgenev(1818—1883)

——Memories of a Sportsman

——Fathers and Sons(虚无主义)

——On the Eve

——Waters of Spring

(3) Leo Tolstoy(1828—1910)

——Sebastopol

——War and Peace

——Anna Karenina

——Resurrection

（三）戏剧

（A）挪威

（1）Henrik Ibsen（1828—1906）

（a）早年诗剧

——Brand

——Peer Gynt

（b）中年散文剧

——A Doll's House

——Ghosts

——An Enemy of the People

——Rosmersholm

——Hedda Gabler

（c）晚年之象征诗剧

——The Master Builder

——When We Dead Awaken

（2）Bjornson（1832—1910）

（a）Iceland 神话戏剧

（b）名剧

——Sigurd the Bastard

——Sigurd the Crusader

（B）西班牙

（1）Jose Echegaray（1832—1916）

（a）数学家兼文人

（b）名剧

——The Son of Don Juan

——The Great Galeato

（C）英国

（1）G.B.Shaw(1856)

（a）继 Ibsen 之社会问题戏剧家

——The Quintessence of Ibsenism

（b）名剧

——Man and Superman

——Candida

——John Bull's other Island

——Arms and the Man

——Widower's Houses

——You Never Can Tell

——The Philanderer

——The Devil's Disciple

——Caesar and Cleopatra

——The Man of Destiny

——Major Barbara

——St.Joan

（2）John Galsworthy(1868)

（a）社会问题戏剧家

（b）名剧

——The Silver Box

——Joy

——Strife

——The Eldest Son

——The Little Dream

——Justice

——The Fugitive

——The Pigeon

——The Mob

——A Bit of Love

——Foundations

——The Skin Game

——A Family Man

(D) 德国

(1) Hermann Sudermann(1857—1928)

——Die Ehre Heimat(Magda)

(2) Gerhart Hauptmann(1862—)

(a) 慈悲剧家——罪恶皆由宇宙或社会而来

(b) 诗剧

——The Sunken Bell

——Henry of Ane

(c) 写实剧

——Lonely Lives

——The Weavers

——The Beaver Coat

——Drayman Henschel

——Michael Kramer

——Rose Bernd

(3) Schnitzler(1862—)

(a) 奥国犹太人

(b) 名剧

——Light of Love

——The Fairy Tale

——The Wide Domain

——The Lonely Way

(丁) 十九与二十世纪间文学之平民化

(一) 初级教育之普及与识字人数之日多

(二) 新闻纸为平民之普遍文学品

（三）新闻纸外之平民文学

（A）小说——往往附属于新闻纸

（B）活动电影与有声电影

（C）无线电讲演

（四）诗之退步

参　考　书

Stawell and Marvin——The Making of the Western Mind, chap. 41

Brandes——Main Currents in 19th Century Literature

Phelps——The Pure Gold of 19th Century Literature

Thorndike——Literature in a Changing Age

Macy, J.——The Story of the World's Literature

Jameson——Short History of European Literature

第五十章　欧美文明时代之美术

（甲）十九世纪前期

（一）古典主义之盛——Classicism

（A）意义

（1）Rococo之连续与模仿

（2）王制与贵族地位临时恢复之表现

（a）宫廷官所之装饰

（b）贵族阶级之享乐

（B）建筑

（1）法国 Pierre Fontaine(1767—1853)

——凯旋门 The Arch of the Carrousel

（2）德国 Karl Friedrich Schinpel(1781—1841)

(a) 柏林博物馆

(b) 新德国之表现

(3) 英国

(a) John Soane(1753—1837)——英伦银行工程(Bank of England)

(b) Robert Smirk(1780—1867)——大英博物馆(British Museum)

(4) 美国

(a) 国会大厦(Capitol)

(b) 白宫(White House)

(C) 雕刻

(1) 不甚发达

(2) 多摹仿希腊罗马

(D) 绘画

(1) Louis David(1748—1825)

(a) 拿破仑之至友及宫廷画家

(b) 历史伟迹之巨大构画

(i) 大帝国豪气之表现

(ii) "拿破仑马上像"

(2) Jean Dominique Ingres(1780—1867)

(a) 出身

(i) David 弟子

(ii) 研究希腊绘画

(b) 描写女性之画家

(二) 浪漫主义之并立

(A) Pierre Paul Prudon(1758—1823)

(1) 旅行意大利受 Leonardo da Vinci 与 Raphael 作品之影响

(2) 特色

(a) 色的调和

(b) 光线交错

(3) 寓意与象征的表现

(B) Eugene Delacroix(1799—1863)

(1) 特点

(a) 极量发挥色彩

(b) 不顾线与姿态之正确

(c) 名作——Dante 的小舟

(i) 以现实为起发点

(ii) 以空想美化之

(乙) 十九世纪后期

(一) 现实主义(Realism)与自然主义(Naturalism)

(A) 意义

(1) 旧文化之全消

(2) 中等阶级与资本主义全盛时代之表现

(B) 英国

(1) 现实主义之先驱——十九世纪初英国已起新风气

(2) 美术种类

(a) 油画

(b) 素描

(c) 水彩画——风景画

(3) 全国水彩画家协会之成立

(a) 美术家之团结与美术之技艺化

(b) 十九世纪始有之现象

(4) 题目

(a) 自然现象——山谷,荒野,树木,云

(b) 现实世界——城郭,风车

(5) 名家

(a) William Blake(1756—1827)

(b) John Constable(1776—1837)

(c) William Turner(1775—1851)

(C) 法国——Burbizon School

(D) 德国——写实派与自然派

(二) 新理想主义(Neo - Idealism)

(A) 英国之 Pre - Raphaelistes

(1) 攻击当时之摹仿画

(2) 返回意大利文艺复兴(十五世纪及其前)直接取诸自然的艺术

(a) 自然之忠实描写与理想化

(b) 宗教理想之现实描写

(B) 法国之新理想派

(1) 神话与《圣经》传说之象征画

(2) 印度中国波斯美术之影响

(3) 颓废精神之渐渐侵入

(C) 德国之理想派

(1) 以想象描写历史事迹

(2) 裸体画

(三) 印象主义(Impressionism)

(A) 中国日本纯属印象之绘画影响甚大

(B) 描写为事物之第一印象

(1) 先此绘画

(a) 注重细部描写

(b) 注重题材内容

(2) 印象派

(a) 注重大体印象

(b) 注重色彩与光线的技巧

(C) 名家

(1) Edouard Manet(1832—1883)法人

(2) Chande Monet(1840—1926)法人

(D) 后期印象派(Post - Impressionism)或表现派(Expressionism)

(1) 仍受东洋影响

(2) 注重以线描写之力与“动”——印象派注重事物静止时之形光色

(丙) 现代之建筑雕刻与工艺

(一) 建筑

(A) 浪漫主义(Romanticism)——Gothic Revival

(1) 伦敦国会议事堂(1840—1857)——Charles Barry(1795—1860)

(2) 比利时京都之大法衙——Joseph Poelaert(1816—1879)

(3) 巴黎大戏场(Grand Opera)——Jean Louis Charles Garnier(1825—1899)

(B) 军国主义帝国主义的建筑

(1) 德国Ulm之“陆军卫戍的教会”——Theodor Fischer(1862—　)

(2) 德国其他建筑

(C) 钢铁架之建筑

(1) Eiffel Tower(1889)——Alexandre Gustave Effel(1832—　)

(2) 冲天建筑(Skyscrapers)

(a) 百货商店(Department Stores)

(b) 市场所

(D) 洋灰(Concrete)建筑

(E) 海上浮城之大军舰与大邮船

(二) 雕刻——Auguste Rodin(1840—1917)

(A) 人体姿势

(B) 题意——主观的与思想的

(C) 名作——“The Thinker”,“Man with a Broken Nose”,“The Gate of Hell”

(三) 工艺美术与商业美术

(A) 织物 (B) 陶器 (C) 家具 (D) 室内装饰 (E) 广告

(丁) 二十世纪之新兴美术

(一) 法国之立体派(Cubism)

(A) 主旨——于平面绘画上试行立体的表现

(B) 方法

(1) 分解物体使成断片

(2) 组断片使成新式样

(C) 结果——事物各方面之全体表现

(二) 意大利之未来派(Futurism)

(A) 主旨——表现作者之感情

(B) 特点——作品皆爆发急激的

(三) 德国之表现派(Expressionism)

(A) 主旨——主观的表现

(B) 特点——严烈

(四) 瑞士之达达派(Dadaism)

(A) 1917 逃脱战地之七人所创

(B) 自暴自弃之变态艺术——虚无主义

(戊) 结论

(一) 十九、二十世纪美术评价

(1) 以怪异为事之派别化的艺术

(a) 古今各国美术之胡乱摹仿——毫无纪律

(b) 派别之林立与派别之无穷

(2) 变态表现

(a) 暗示分裂,颓废,革命,自灭的状态

(b) 形式完成后之形式破裂——不可理解之物极必反的宇宙秘密

(二) 十九世纪后美术之日趋愈下

参　考　书

Cheney——Primer of Modern Art
丰子恺——西洋美术史

第五十一章　西洋文化之新局面与新趋向

(甲) 欧战后西洋文化重心之由西欧移至北美

(一) 经济重心已由伦敦移至纽约

(二) 政治重心亦局部的移至北美
——美国于欧洲势力之日大

(三) 知识重心亦渐移至北美
——美国人之肤浅乐观态度并非完全无根据

(乙) 独裁专制主义之复兴与党治之新潮流

(一) 公然独裁政治
——法西斯党治下之意大利

(二) 民治名义下之独裁倾向
——欧美各国

(丙) 资本势力之日大

(一) 资本势力之国际性——美国

(二) 实用科学之日愈发达与资本主义

(丁) 思想界之混乱

(一) 创造哲学之破产与哲学思想之派别分歧

(A) 唯心主义

(1) 康德派(Kantians)

(2) 黑格儿派(Hegelians)

(B) 唯物主义或唯人主义

(1) 实际派(Pragmatists)与工具派(Instrumentalists)

(2) 心理学家之种种

(3) 心灵分析派(Psychoanalysts)

(4) 社会主义派别之种种

(5) 个人主义

(C) 神秘主义

(1) 肤浅乐观与无限悲观之反动

(2) 千变万化之基督教派别与无数新教之产生或输入

(D) 大批讨论日常问题之通俗哲学家(Popular Philosophers)

(1) 社会学家

(2) 戏剧家

(3) 小说家

(4) 杂志报纸之手笔(Journalists)

(E) 课堂哲学家(Lecture-room philosophers)

(1) 以哲学为职业之大学教授

(2) 哲学史之反刍

(二) 今日之创造思想与积极思想

(A) 相对主义之新思潮(Relativism)

(1) 自然界之相对论

——Einstein 之相对论

(2) 人世界之相对论

(a) 比较历史——Spengler

(b) 比较哲学——Masson-Oursel

(c) 比较艺术——Flinders Petrie

(B) 革命主义之新思潮(大变化由于革命非由十九世纪信仰之天

演进化）

（1）自然界

（a）突变论（Mutations）

（i）生物以及宇宙一切现象之突然变化

——寻断环（the missing link）

（ii）近于基督教之创造论（Special Creation）

（2）人世界

（a）社会主义与共产主义势力之日大

——激烈革命之提倡

（b）历史哲学家——Spengler

——历史上不可解之突然变化与循环原理

（戊）全世势之日趋恶化

（一）全世大乱之趋向

（A）军国主义帝国主义与国际仇恨心理之日盛

（B）和平提倡之无济于事

（1）官样文章之弭战协定

——战备与战术之积极猛进

（2）纸上谈兵之大同主义

（a）当位者有作用之口号

（b）少数无能为理想家之宗教

（3）帝国傀儡之国际联盟

（a）委托统治制度

（b）理事会中之永久理事制

（c）重要问题莫不取决于少数强国

（d）国联只能解决无关重要之问题

（C）全世各国之纵横离合

（1）新同盟协约的均势局面之酝酿

（2）第二次大战之难免与科学战术之日精

——短期间文化毁灭之可能

(D) 全世人心之浮动

(1) 思想与人生观之混乱

(2) 但谋捣乱以求或然之解决与出路

(二) 全世各民族文化之大转机

(A) 西洋文化势力之普及全世

——势力且将日增

(B) 西洋文化命运与人类命运之打成一片

参　考　书

Beard(ed.)——Whither Mankind

Spengler——Decline of the West

Keyserling——The World in the Making

Nearing, S.——Where is Civilization Going?

Masson-Oursel——Comparative Philosophy

Flinders Petrie——The Revelations of Civilization

中国文库·哲学社会科学类

（已出书目）

【第一辑】

马克思主义哲学纲要　韩树英主编 …………………… 人民出版社
中国哲学史新编（上中下册）　冯友兰著 ……………… 人民出版社
中国哲学史大纲（卷上）　胡适著 ……………………… 东方出版社
科学与哲学　张东荪著 …………………………………… 商务印书馆
知识论（上下册）　金岳霖著 …………………………… 商务印书馆
法相唯识学（上下册）　太虚著 ………………………… 商务印书馆
大众哲学　艾思奇著 ……………………………………… 人民出版社
中国伦理学史　蔡元培著 ………………………………… 商务印书馆
中国近三百年学术史　梁启超著 ………………………… 东方出版社
西方美学史（上下册）　朱光潜著 ……………… 人民文学出版社
通货新论　马寅初著 ……………………………………… 商务印书馆
资本主义的起源　厉以宁著 ……………………………… 商务印书馆
改革：我们正在过大关
　吴敬琏著 …………………………… 生活·读书·新知三联书店
发展的道理　樊纲著 ………………… 生活·读书·新知三联书店
价值体系的历史选择　李从军著 ………………………… 人民出版社
汉语史稿　王力著 ………………………………………… 中华书局
音韵丛稿　何九盈著 ……………………………………… 商务印书馆
中国修辞学史　周振甫著 ………………………………… 商务印书馆
中国翻译简史（五四以前部分）
　马祖毅著 ………………………………… 中国对外翻译出版公司

【第二辑】

马克思主义哲学史（修订本）（共九卷）
　黄楠森等主编 …………………………………………… 北京出版社
文化与人生　贺麟著 ……………………………………… 商务印书馆
中国佛教哲学要义（上下卷）　方立天著 …… 中国人民大学出版社
中国哲学史方法论发凡　张岱年著 ……………………… 中华书局
基督教哲学年　赵敦华著 ………………………………… 人民出版社

海德格尔哲学概论　陈嘉映著……… 生活·读书·新知三联书店

现象学及其效应——胡塞尔老生代德国哲学

倪梁康著……………………………… 生活·读书·新知三联书店

东西文化及其哲学　梁漱溟著………………………… 商务印书馆

形式逻辑　金岳霖主编……………………………… 人民出版社

论逻辑经验主义　洪谦著……………………………… 商务印书馆

德国古典美学　蒋孔阳著……………………………… 商务印书馆

美学概论　王朝闻主编……………………………… 人民出版社

两汉经学今古文平议　钱穆著………………………… 商务印书馆

汉代学术史略　顾颉刚著……………………………… 东方出版社

中国资本主义发展史(全五册)

许涤新　吴承明主编……………………………… 人民出版社

中国官僚政治研究　王亚南著……………… 中国社会科学出版社

江村经济——中国农民的生活　费孝通著…………… 商务印书馆

微观经济学纵横谈　梁小民著……… 生活·读书·新知三联书店

用辩证的眼光看市场经济

董辅著……………………………… 生活·读书·新知三联书店

刑法学原理(共三卷)　高铭暄等主编……… 中国人民大学出版社

物权法研究　王利明著……………………… 中国人民大学出版社

汉语语法史　王力著………………………………… 商务印书馆

语法修辞讲话　吕叔湘　朱德熙著………………… 辽宁教育出版社

汉语现象论丛　启功著………………………………… 中华书局

启功讲学录　启功著………………………… 北京师范大学出版社

中国学术思想史随笔　曹聚仁著…… 生活·读书·新知三联书店

外国教育史(修订本)(上下册)

王天一等编著……………………………… 北京师范大学出版社

当代翻译理论　刘宓庆著………………… 中国对外翻译出版公司

财政学与中国财政——理论与现实(上下册)

马寅初著……………………………………………… 商务印书馆

英语史　李赋宁著…………………………………… 商务印书馆

【第三辑】

毛泽东哲学著作五篇　毛泽东著…………………… 人民出版社

胡适选集　胡适著…………………………………… 吉林人民出版社

论道　金岳霖著……………………………… 中国人民大学出版社

中国政治史　周谷城著………………………………… 中华书局

中国近百年政治史(1840～1926)　李剑农著…… 复旦大学出版社

中国文化史(上中下册)　柳诒徵著…………………东方出版中心
生育制度　费孝通著……………………………………商务印书馆
中国文化与中国的兵　雷海宗著…………………………商务印书馆
中国法律与中国社会　瞿同祖著……………………………中华书局
20世纪西方哲学东渐史(1-4)
　汤一介主编……………………………………首都师范大学出版社
老庄新论　陈鼓应著……………………………………商务印书馆
通俗哲学　韩树英主编……………………………中国青年出版社
晚清政治思想史论　王尔敏著……………广西师范大学出版社
中国传统政治哲学　周桂钿主编……………………河北人民出版社
哲学通论　孙正聿著…………………………………复旦大学出版社
简帛古书与学术源流　李零著………生活·读书·新知三联书店
中国反贪史(上下卷)　王春瑜主编………………四川人民出版社
中国现代化历程(三卷)　虞和平主编…………江苏人民出版社
竞争法论　徐士英著……………………………世界图书出版公司
金翼　林耀华著……………………………生活·读书·新知三联书店
马氏文通　马建忠著……………………………………商务印书馆
乾嘉学派研究　陈祖武　朱彤窗著……………河北人民出版社
科学翻译学　黄忠廉　李亚舒著………中国对外翻译出版公司
禅宗思想渊源　吴言生著……………………………………中华书局
丝绸之路宗教研究　李进新著………………………新疆人民出版社

【第四辑】

中国伦理思想研究　张岱年著…………………………江苏教育出版社
中国古代哲学的逻辑发展　冯契著……………………东方出版中心
魏晋玄学论稿(增订版)
　汤用彤著………………………………生活·读书·新知三联书店
易学哲学史　朱伯崑著…………………………………昆仑出版社
儒家辩证法研究　庞朴著……………………………………中华书局
唯物辩证法大纲　李达主编…………………………………人民出版社
郭象与魏晋哲学(增订本)　汤一介著……………北京大学出版社
逻辑经验主义的认识论　当代西方科学哲学
　江天骥著……………………………………………武汉大学出版社
中国古代思想史论　中国近代思想史论　中国现代思想史论
　李泽厚著………………………………生活·读书·新知三联书店
思·史·诗——现象学和存在哲学研究
　叶秀山著…………………………………………………人民出版社

中国思想史　　葛兆光著 ………………………… 复旦大学出版社

有无之境　　陈来著 ……………………… 生活·读书·新知三联书店

中国社会主义经济问题研究　　薛暮桥著 ……………… 人民出版社

社会主义经济论稿　　孙冶方著 …………… 中国大百科全书出版社

中国经济体制改革的模式研究

　　刘国光著 ……………………………… 中国社会科学出版社

农业与工业化　　张培刚著 …………………… 华中科技大学版社

财政信贷综合平衡导论　　黄达著 …………… 中国人民大学出版社

非均衡的中国经济　　厉以宁著 …………… 中国大百科全书出版社

论竞争性市场体制

　　吴敬琏　刘吉瑞著 ………………… 中国大百科全书出版社

中国奇迹:回顾与展望　　林毅夫主编　…………… 北京大学出版社

版权法(修订本)　　郑成思著 ……………… 中国人民大学出版社

国际法　　周鲠生著 ……………………………… 武汉大学出版社

国际私法新论　　韩德培主编 …………………… 武汉大学出版社

刑法哲学　　陈兴良著 ……………………… 中国政法大学出版社

法理学(第二版)　　沈宗灵　张文显主编 ………… 高等教育出版社

民法解释学　　梁慧星著 …………………………………… 法律出版社

民俗学概论　　钟敬文主编 ………………………… 上海文艺出版社

中国心理学史　　高觉敷主编 ……………………… 人民教育出版社

心理学简札　　潘菽著 ……………………………… 人民教育出版社

冷眼向洋　　资中筠等著 ……………… 生活·读书·新知三联书店